U0109750

基督教文化研究丛书

主编 何光沪 高师宁

七编 第2册

保尔·克洛岱尔天主教戏剧中的佛教影响研究

黄冠乔 著

花木兰文化事业有限公司

国家图书馆出版品预行编目资料

保尔・克洛岱尔天主教戏剧中的佛教影响研究 / 黄冠乔 著 --
初版 -- 新北市：花木兰文化事业有限公司，2021〔民 110〕
目 4+232 面；19×26 公分
（基督教文化研究丛书 七编 第 2 册）
ISBN 978-986-518-373-8（精装）
1. 西洋戏剧 2. 宗教剧 3. 剧评
240.8 110000570

基督教文化研究丛书
七编 第 二 册 ISBN：978-986-518-373-8

保尔・克洛岱尔天主教戏剧中的佛教影响研究

作 者 黄冠乔
主 编 何光沪 高师宁
执行主编 张 欣
企 划 北京师范大学基督教文艺研究中心
总 编 辑 杜洁祥
副总编辑 杨嘉乐
编 辑 许郁翎、张雅淋 美术编辑 陈逸婷
出 版 花木兰文化事业有限公司
发 行 人 高小娟
联络地址 台湾 235 新北市中和区中安街七二号十三楼
电话：02-2923-1455 / 传真：02-2923-1452
网 址 http://www.huamulan.tw 信箱 service@huamulans.com
印 刷 普罗文化出版广告事业
初 版 2021 年 3 月
全书字数 229123 字
定 价 七编 9 册（精装）台币 22,000 元

保尔·克洛岱尔天主教戏剧中的佛教影响研究

黄冠乔 著

作者简介

黄冠乔，男，1982年生，湖南永兴县人士，上海师范大学比较文学与世界文学学科点与法国索邦高等研究实践学院（EPHE）宗教学系联合培养的双博士，目前供职于上海师范大学外国语学院法语系，研究方向为中法文学文化关系。完成上海高校选拔培养优秀青年教师科研专项基金项目（ssc08033）和教育部青年项目（13YJCZH054）各一项，在中国、法国和泰国学术期刊上发表论文近十篇。

提　　要

保尔·克洛岱尔（Paul Claudel）是十九世纪下半期到二十世纪上半期法国戏剧文学界上耀眼的明星之一，亦是法国文学现代主义的奠基人物，鲜明的基督宗教精神和具有佛教色彩的"东方风情"是其剧作的最大特色。基督教救赎论是克洛岱尔大部分作品的核心命题，但是他并不固守以此岸的赎罪换得彼岸灵魂得救的神学教条，而是创造性地从印度、中国和日本吸收了具有地域和民族特色的佛教解脱思想，赋予了其戏剧作品奇异的美学品格。依据其东方经历、文艺思想发展过程，以及不同阶段佛教知识来源的特点，我们归纳出三种刻板的佛教认知印象：印度佛教——"颓废、寂静主义和虚无主义深渊"、中国佛教——"堕落腐化、等待基督福音救赎"和日本佛教——"忧伤之美动人心魄且能疗愈西方文明"。本文选取其最能反映这三种佛教印象的戏剧代表作——《金头》、《第七日的休息》及《缎子鞋》，以时间为序，结合东西方宗教文学交流的大背景，深入解析天主教神学、佛教义理及传统艺术在克洛岱尔戏剧世界中的汇通和再现。

本研究为上海师范大学 2019 年度校人文社会科学研究精品力作培育项目“保尔克洛岱尔戏剧诗学中的佛教”（编号 310-AC7031-19-003008）以及上海师范大学“比较文学与世界文学”创新团队科研工作阶段性成果。

“基督教文化研究丛书”总序

何光沪 高师宁

基督教产生两千年来，对西方文化以至世界文化产生了广泛深远的影响——包括政治、社会、家庭在内的人生所有方面，包括文学、史学、哲学在内的所有人文学科，包括人类学、社会学、经济学在内的所有社会科学，包括音乐、美术、建筑在内的所有艺术门类……最宽广意义上的“文化”的一切领域，概莫能外。

一般公认，从基督教成为国教或从加洛林文艺复兴开始，直到启蒙运动或工业革命为止，欧洲的文化是彻头彻尾、彻里彻外地基督教化的，所以它被称为“基督教文化”，正如中东、南亚和东亚的文化被分别称为“伊斯兰文化”、“印度教文化”和“儒教文化”一样——当然，这些说法细究之下也有问题，例如这些文化的兴衰期限、外来因素和内部多元性等等，或许需要重估。但是，现代学者更应注意到的是，欧洲之外所有人类的生活方式，即文化，都与基督教的传入和影响，发生了或多或少、或深或浅、或直接或间接，或片面或全面的关系或联系，甚至因它而或急或缓、或大或小、或表面或深刻地发生了转变或转型。

考虑到这些，现代学术的所谓“基督教文化”研究，就不会限于对“基督教化的”或“基督教性质的”文化的研究，而还要研究全世界各时期各种文化或文化形式与基督教的关系了。这当然是一个多姿多彩的、引人入胜的、万花筒似的研究领域。而且，它也必然需要多种多样的角度和多学科的方法。

在中国，远自唐初景教传入，便有了文辞古奥的“大秦景教流行中国碑颂并序”，以及值得研究的“敦煌景教文献”；元朝的“也里可温”问题，催生了民国初期陈垣等人的史学杰作；明末清初的耶稣会士与儒生的交往对话，带来了中西文化交流的丰硕成果；十九世纪初开始的新教传教和文化活动，更造成了中国社会、政治、文化、教育诸方面、全方位、至今不息的千古巨变……所有这些，为中国（和外国）学者进行上述意义的“基督教文化研究”提供了极其丰富、取之不竭的主题和材料。而这种研究，又必定会对中国在各方面的发展，提供重大的参考价值。

就中国大陆而言，这种研究自1949年基本中断，至1980年代开始复苏。也许因为积压愈久，爆发愈烈，封闭越久，兴致越高，所以到1990年代，以其学者在学术界所占比重之小，资源之匮乏、条件之艰难而言，这一研究的成长之快、成果之多、影响之大、领域之广，堪称奇迹。

然而，作为所谓条件艰难之一例，但却是关键的一例，即发表和出版不易的结果，大量的研究成果，经作者辛苦劳作完成之后，却被束之高阁，与读者不得相见。这是令作者抱恨终天、令读者扼腕叹息的事情，当然也是汉语学界以及中国和华语世界的巨大损失！再举一个意义不小的例子来说，由于出版限制而成果难见天日，一些博士研究生由于在答辩前无法满足学校要求出版的规定而毕业受阻，一些年轻教师由于同样原因而晋升无路，最后的结果是有关学术界因为这些新生力量的改行转业，后继乏人而蒙受损失！

因此，借着花木兰出版社甘为学术奉献的牺牲精神，我们现在推出这套采用多学科方法研究此一主题的“基督教文化研究丛书”，不但是要尽力把这个世界最大宗教对人类文化的巨大影响以及二者关联的方方面面呈现给读者，把中国学者在这些方面研究成果的参考价值贡献给读者，更是要尽力把世纪之交几十年中淹没无闻的学者著作，尤其是年轻世代的学者著作对汉语学术此一领域的贡献展现出来，让世人从这些被发掘出来的矿石之中，得以欣赏它们放射的多彩光辉！

2015年2月25日
于香港道风山

目次

缩略语表

B.S.P.C	*Bulletin de la société Paul Claudel*, Paris
C.P.C	*Cahiers Paul Claudel*, N.P.F. Paris, Gallimard, 1969
J.I et II	*Journal*, tome I (1968), tome II(1969), Paris, Gallimard, Bibliothèque de la Pléiade.
M.imp.	*Mémoires improvisés*, Idées N.R.F. Paris, Gallimard,1969
O.C t.I à XXVII	P.Claudel, *œuvres complètes*, Paris, Gallimard.
Po.	P.Claudel, *œuvre poétiques*, 2e édition, augmentée, Bibliothèque de la Pléiade, Paris, Gallimard, 1967
Pr.	P.Claudel, *œuvre en prose*, Bibliothèque de la Pléiade, Paris, Gallimard, 1965
S.S.D	P.Claudel, *Sous le Signe du Dragon*, œuvres complètes, t. IV, Paris, Gallimard.
Th.I et II	P.Claudel, *Théâtre*, Bibliothèque de la Pléiade, Paris, Gallimard. Edition revue et augmentée, tome I (1967), tome II (1965).

绪 论

第一节 研究缘起：克洛岱尔和佛教

一、佛教西渐史回顾

佛教（Bouddhisme）这个术语是西方的创造，它真正为西方所了解，尚不足两个世纪[1]。西方的佛教研究最初笼统地涵盖在十八世纪发端的印度学体系内，到了十九世纪才逐渐分离出来[2]。从十九世纪下半期到现在，它在西方的接受经历了一场从“理性主义”哲学体系到多元化的“实用主义”精神财富的转变，它对西方思想的影响力从早期局限于书面知识的智性关注逐渐变成了能有效整合心理和肉体调控技能的“内省科学[3]”。甚至经由欧美佛教学者的诠释而向着能替换基督宗教信仰的西方佛教范式转型[4]，连基督宗教界都

1 bouddisme 这个术语是从 1817 年才开始使用的，它是欧洲早期东方学家们的发明。其拼写法甚至直至十九世纪六十年代才定型：在英国家作 Buddhism，而法国则是 bouddhisme。传统的佛教团体则用 *dharma*（梵文）或 *dhamma*（巴利文）来指称佛陀教授的道理。见法国人米歇尔-让-弗朗索瓦·奥泽雷的著作《东亚宗教创始者菩萨或佛陀研究》（Michel-Jean-François Ozeray, *Recherches sur Buddou ou Bouddou, instituteur religieux de l'Asie orientale*），布鲁诺-拉贝出版社。转引自弗里德里克·勒努瓦：《佛教在西方的接受》，陆象淦译，第欧根尼 2002 年 02 期，第 1 页。

2 布尔奴夫（Eugène Burnouf）1844 年发表的《印度佛教导论》（*Introduction à l'histoire du Bouddhisme indien*）标志着印度佛教研究真正脱离印度学，成为独立的研究领域。

3 Matthieu Ricard, Jean-François Revel, *Le moine et le philosophe*, NIL 1997-1. p.143.

4 弗里德里克·勒努瓦：《佛教在西方的接受》，陆象淦译，第欧根尼 2002 年 02 期，第 10 页。西方佛教界在二十世纪后半期出现了全异于传统大乘的激进“左翼佛

在"梵二公会"后提出了"天主禅"、"基督禅"等融合耶佛的理论和实践主张[5]。戴维斯（Rhys Davids）认为，佛教最初以一种理性宗教的样貌进入西方视野，因它与西方思考有着共同的宗教色彩，有着相似的理性思辨，也容易被西方所接受[6]。勒努瓦（Frédéric Lenoir）提到，西方人特别为佛教与西方现代性的近缘关系所打动，表现为佛教与通过人的自身努力排除一切痛苦和获得"拯救"或"喜乐幸福"的现代概念之间具有同构性。自从学术界发现佛教以来，就不断地用"现代主义"色彩浓厚的三棱镜对其进行诠释。但是随着佛教研究的发展和深入，西方的佛教观渐渐陷入了张力巨大的悖论之中：一方面，按照西方哲学的先验思想和概念范畴，佛教（主要指佛陀时代的原始佛教）被视为一种与现代性相容的哲学体系，只是在某些地区被民间迷信歪曲成宗教[7]。知识界怀着智性兴趣，把佛教理解为一种无神论的哲学和道德训诫[8]。为此，在十九世纪下半期反教权主义情绪高涨的法国，佛教被当成反对教条的、封闭的、非人道的的天主教传统的思想武器而得到传播，被拉入了理性、自由、进步、正义的科学主义阵营；另一方面，它又被视为与现代西方理性截然相异的一种反理性的异教（以藏传佛教传统为代表）神智学体系，其内部培养了一个"信奉虚无主义和'无神论[9]'的学者精英阶层"[10]。在西方为佛教的属性争吵不休时，随着殖民主义力量陆续深入亚洲各佛教地区，十九世纪下半期起各区域佛教团体都发起了旨在反殖民侵略和救亡图存的国

教"团体，亦称"参与佛教"或"入世佛教"（Bouddhisme engagé），其派别主要有新乘（navayana）、第四乘（Fourth yana）、世间乘（Loka yana）或世界乘（Terrayana）等既有联系又有区别的团体。

5 二十世纪六十年代初天主教梵蒂冈第二次大公会议召开以来，有些天主教神父有意"援佛入耶"，希望融通禅宗和基督教传统，提出"基督禅"（Christian zen）的构想，即借用"禅法"服务与基督徒的灵修。见李四龙：《西方佛教学术史》，北京大学出版社 2009 年 11 月第一版，第 46 页。

6 Rhys Davids, *Buddhism: Its History and Literature*, Cosimo Classics 2005-12.

7 戴维斯将原始佛教的的"理性主义"和"纯净"同藏传佛教的"浊"对立起来。见 Rhys Davids, *Buddhism*, SPCK Edition 1877. p.208-209.

8 弗里德里克·勒努瓦：《佛教在西方的接受》，陆象淦译，第欧根尼 2002 年 02 期，第 2 页。

9 不同于唯物主义的"无神论"，佛教的无神主张指否认世界存在着主宰一切的最高的神，各种超自然的生命形态都被划归六道众生之列。

10 弗里德里克·勒努瓦：《佛教在西方的接受》，陆象淦译，第欧根尼 2002 年 02 期，第 2-3 页。

际性佛教复兴和佛教现代性运动[11]。亚洲佛教开始寻求用西方思想来诠释自我，在与基督宗教文明的对话中传播佛教信仰的种子。及至二十世纪六十年代，在这种积极主动的"耶佛对话"的推动下，西方佛教学术话语中的二元主义不攻自破，杂糅了非理性、神话、魔法思想尤其是实用主义的多元诠释成为主流。存在主义的、精神的和心理的动机战胜了单纯的智性兴趣，不少西方人开始实践佛教修行，通过静思功夫来领会自己内心的变化，并开始从信仰层面接纳佛教[12]，由此产生了持续至今且犹在升温的西方佛教文化热。

在十九世纪下半期到二十世纪上半叶法国文学的非理性主义思潮中，我们可以明显察觉到这股润物无声的"佛风"的气息。这段时期是其艺术精神发生"内在化"转向、文学范式从帕斯卡以来的理性主义传统转向注重感性、直觉和超验感受的非理性主义的重要时期。深受梵语佛教影响的叔本华和尼采建构的十九世纪日耳曼非理性主义思潮——唯意志论（volontarisme）[13]是

11 中国太虚、杨文会和印顺的"人间佛教"、锡兰安纳伽里伽·达磨波罗（Anagārika Dharmapāla, 1864-1933）的"新教式佛教"（Protestant Buddhism）、印度的阿姆贝卡（Bhimrao Ramji Ambedkar, 1891-1956）所领导的贱民皈依佛教的运动及"新乘"（Navayana）、越南一行禅师（Thich Nhat-hanh, 1926-）在欧洲和美洲兴起的"参与佛教"（Engaged Buddhism）等等，都是针对所在国不同的文化历史环境，开展的不同特色的佛教复兴运动。

12 弗里德里克·勒努瓦：《佛教在西方的接受》，陆象淦译，第欧根尼 2002 年 02 期，第 2-3 页。

13 源自拉丁文 *voluntas*，意即"意志"。在哲学上，歪曲、夸大意志的本质和作用，主张将意志、情感本能冲动置于理性（理智）之上，即意志高于理性，而且将意志看作宇宙的本质基础和真相，认为意志"创造"世界万物。唯意志论的学说产生于十九世纪上半叶，作为一种哲学流派和思潮，形成并流行于十九世纪下半期的欧洲各国。主要代表有德国的叔本华、E.哈特曼、尼采，英国的卡莱尔，法国的居约、布特鲁。叔本华在《作为意志和表象的世界》中认为："生活意志"是世界的基础，万物的本原，是"世界的内在内容和本质"，"世界上形形色色的事物都是这个意志的表现、客观化，世界只是这个意志的一面镜子"。这种生活意志是盲目的，非理性的、无目的的，既不能通过理性，也不能通过经验来理解。意志不受理性制约。人的记忆力、性格、智慧、心理都由意志决定，人的肉体是意志的产物。只有这种意志才能解释"人本身的存在，给他揭示出他的存在、他的行动、他的运动的意义和内在结构"。尼采提出"生命本身就是强力意志"，认为生命过程就是有机体发挥其强力意志去剥削外界环境、驱使外界环境为其服务的过程。人的一切行动都受意志的主宰，是意志所创造的活动。他把战争看作是强力意志的最高实现，认为强力就是道德。见金炳华主编：《马克思主义哲学大辞典》，上海辞书出版社 2003，第 173 页。

其重要的理论铺垫；而自然科学领域，尤其是物理学界对“不确定性”（principe d'incertitude）[14]的发现，进一步颠覆了理性法则在科学主义和唯物主义中的根基，为西方文学整体上迈向现代主义[15]扫清了道路。佛教则在美学和艺术精神上，以充满“异国情调”（exotisme）的多元化方式滋养了象征主义者，为后浪漫主义时代的反实证主义、自然主义的美学潮流——“颓废主义”（Décadentisme）[16]输送资源，将非理性主义的致思方式几乎延展到了文艺创作的每一个角落。象征主义充分意识到了人与其他生命之间的感应关系，并特别关注生命本真的呈现。谈论佛教一度成为西方文学沙龙中的时髦，不少作家对拥有古老的智慧典籍的原始佛教和其神秘传说充满了瑰丽的想象，并从充满佛教美学意蕴的亚洲艺术作品中寻找与非理性主义思潮具有同构性

---

14 即海森博格(Werner Heisenberg)1927年提出的不确定性原则(principe d'incertitude de Heisenberg)，称：我们无法同时知道一个粒子的位置和它的速度，粒子位置的不确定性，必然大于或等于普朗克斯常数除于2π（$\Delta x\Delta p\geq h/2\pi$），表明微观世界的粒子行为与宏观物质很不一样。参见史蒂芬·霍金：《果壳总的宇宙》，湖南科学技术出版社2014年3月版，第42-43页。此外，爱因斯坦的“相对论”、戈德尔的数学“不完备定理”亦都在科学上印证了：作为对象的本体，它的本质非常有限，而形式却是无限的。不确定原理深刻地影响了二十世纪哲学思考的走向。见柳东林：《哲思黜退，禅意盎然：现代西方文学的禅化述要》，中国社会科学出版社发行部2011年12月，第14页。

15 现代主义这个概念内涵极其丰富，本文在此不做深入辨析。在文学领域，它指的是二十世纪西方文艺界反对前辈艺术家传统的题材、观念和技法的一场艺术革新运动。包括文学上的意识流（stream of consciousness）和自由诗（free verse），音乐上的无调性（atonality）和序列主义（serialism），以及建筑方面的功能主义（functionalism）。其特点是消除感伤主义、装饰艺术和具象主义。见[英]艾伦·艾萨克斯主编:《麦克米伦百科全书》，郭建中等译，浙江人民出版社2002，第791页。

16 亦称“颓废派”、世纪末文艺。源出拉丁文 *decadentia*，本义为堕落、颓废。十九世纪下半叶后出现于西欧的反映悲观颓废情绪的创作倾向。主张“为艺术而艺术”，要求艺术完全与“自然”对立，风格上坚持高技巧，题材偏于离奇古怪，宣扬个人中心主义、悲观颓废情绪和变态心理。最早见于波德莱尔的《恶之花》和戈蒂埃1868年的评论，1886年至1889间法国的兰波（Rimbaud）、魏尔兰（Verlaine）和马拉美（Mallarmé），及英国的阿瑟·西蒙斯（Symons）、奥斯卡·王尔德（Wilde）和欧内斯特·道森（Dowson）组成文艺团体并创办《颓废者》杂志，从此以此自号。其哲学基础是叔本华的虚无主义和尼采的主观唯心主义。象征主义、唯美主义都是其分支和发展。见乐黛云等主编：《世界诗学大辞典》，春风文艺出版社1993年1月版，第146页“颓废派”条目。

的神秘主义元素。在龚古尔兄弟、亨利·卡扎里（Henri Cazalis）[17]、普鲁斯特、亨利·米肖（Henri Michaux）等众多对佛陀的世界充满智性兴趣的作家中，一位颇具特殊性的跨文化写作者——保尔·克洛岱尔[18]（Paul Claudel, 1868-1955）进入了我们的视野。

二、克洛岱尔的佛教想象：一种佛耶对话的视角

克洛岱尔是比较文学天然的研究对象，其文学生涯长达65年（1890-1955）[19]，围绕着三个身份展开：登上职业顶峰的法国外交官、虔诚的天主教徒、著作等身的大作家。作为职业外交官，克洛岱尔几乎走遍全球，欧洲、亚洲、南北美洲都留下了他的足迹，其中东方经历——以印度（英国治下广义的南亚印度语言文化圈）、中国和日本为主——是其最引起为傲的谈资：虽然终身未曾踏上印度本土，但他往来于欧美和远东时多次停留锡兰（斯里兰卡），观察当地佛教文化，不断印证和刷新学生时代以来的具有叔本华思想印记的佛教观；在中国度过了十四年韶华[20]（1895-1909），之后又在二十世纪二十年代担任五年驻日大使（1921-1927），其间对道家思想和中国佛教颇为关注，对日本佛教艺术则钟爱有加。此外，作为天主教徒，克洛岱尔于1886年在巴黎圣母院晚祷弥撒中感应圣灵，历经四年的心理斗争后彻底皈依，自此以弘扬天主的荣耀为终身使命，其写作充满了浓厚的宗教色彩；作为跨越十九和二十世纪重要的法国作家，克洛岱尔利用当外交官的有利条件、毕生都孜孜于借鉴世界各地不同民族的文化和美学资源，创造一种与不可见的本质世界进行"通感"（correspondance）的"综合艺术"（synthèse d'art），而戏剧就是这种艺术形式的最佳载体。他以罕见的创作激情，在几乎所有文类中笔耕不辍，

17 象征主义诗人，笔名Jean Lahor，1840-1909，沉迷于印度佛教，与克洛岱尔交好，着有《幻梦集》（*L'Illusion*（1875-1893））、《虚无之书》（*Le Livre du néant*（1872））等作品，影响巨大。

18 法文全名为保尔-路易-夏尔-玛丽·克洛岱尔（Paul-Louis-Charles-Marie Claudel）。国内较早出版的法国文学史著述亦将其名译为保尔·克罗代尔或克劳代尔。其在驻华14年（1895-1909）间亦使用过"高乐待"和"高禄德"两个中文化名。克洛岱尔这个译名最早见用于钱钟书《管锥篇》，本文袭用之。

19 据2007年出版的《克洛岱尔和文学史》（*Paul Claudel et l'histoire de littérature*）国际研讨会论文集的纲要，克洛岱尔进入文学史的标志事件是1890年发表剧作《金头》（*Tête d'Or*），而终结的标志则是其1955年辞世。

20 1895年抵达上海时为27岁，离开时已经41岁。

留给世界一个极其庞大的作品体系（参见附录一“保尔·克洛岱尔的文学创作生涯及作品介绍”），1946 年更凭借其戏剧成就而当选为法兰西文学院院士，享有法国戏剧界“整个二十世纪最耀眼的代表性巨星”之美誉[21]。

从文学史的角度看，克洛岱尔早年受到兰波和马拉美的熏陶，可算是后期象征主义的得力干将。但是在象征派宣告解散后，在日益多元化的法国文学现代主义风潮中，他没有融入任何派别，而是游走于东西方文化之间，创造了大量以基督精神为底蕴、表现东方神秘主义并融汇异国美学色彩的亦诗亦剧的作品。这种精妙的复杂性和跨界性造就了克洛岱尔的独特魅力，吸引了世界各地的读者们持续不衰的关注。朱利安·格林（Julien Green）的评判颇具代表性，她认为克洛岱尔“是从天上掉下来的一颗陨石。与他的时代、他的国家完全不合拍”，原因在于其文学创作受到的外来影响远远大于法国[22]。东西学界对克洛岱尔作品中的异文化元素的研究颇为丰富，其中以“东方”为主题的著述尤为细致。仔细分析克洛岱尔的“东方性”，其中能将印度、中国和日本这三个重要区域贯穿在一起的关键线索，正是佛教。可惜，佛教似乎是克洛岱尔研究中的雷区，学界但凡有所涉猎，总是语焉不详、隔靴挠痒。究其缘由，首先是因为佛教元素的文学存在非常分散和驳杂，而且和作者对印度哲学、道家、儒家和日本神道及禅佛教的论述相互混淆，叙述方式往往伴随着天马行空的想象和个性化的诠释；其次，克洛岱尔本人不懂东方文字，所有的佛教知识都来自东方学家和相关艺术家，而他喜欢隐藏资源出处，又给实证考据增加了难度。

虽有困难，但研究克洛岱尔和佛教，并非拉席沃（François Lachaud）所称的“几乎不可能的任务[23]”。贝尔纳·胡（Bernard Hue）在仔细梳理克洛岱尔文学创作中的东方元素后认为，这位持开放心态的天主教徒其实对佛教始终充满着智性兴趣，他在大量阅读佛教经典的基础上，实地感受不同区域

21 若马龙（J.D. Jomaron）称其为“这个世纪里唯一的戏剧大家”。见 Jacqueline de Jomaron, *Le théâtre en France, du Moyen Âge à nos jours*, Armand Colin Éditions 1992. p.797. 克洛岱尔的大部分作品都是到了二十世纪才逐渐为人为知，《缎子鞋》1945 年在法兰西剧院的首演将其推上了荣誉顶峰，故有此谓。

22 Green Julien, *Journal*, 2 mai 1949. cité in Gérald Antoine, “Claudel et la langue française”, in *Bulletin de la société Paul Claudel*, №162, p.19.

23 François Lachaud, *Le poète et les Buddhas : Claudel et la tradition religieuse aistique*, Claudel et le Japon: cinquantenaire de la mort de Claudel, actes du Colloque International et de la Table Ronde. p.82-83.

的佛教文化，一方面视佛教信仰为堕落的迷信，另一方面却又非常欣赏其哲学和艺术[24]。这种精英主义的佛教观的其实浓缩了叔本华、戴遂良（Léon Wieger）、戴密微（Paul Démiéville）等学者的佛教诠释思想，以及瓦格纳、卡扎利斯、富田溪仙（Tomita Keizen）、雪舟等杨（Sesshu Toyo, 1420-1506）[25]等与佛教关系密切的艺术家的身影。他笔下呈现的佛教既有现实层面的记述和哲学层面的况义，亦有美学层面的升华和发挥，不失为从文学层面探究佛教西传之影响的经典样本。

鉴于克洛岱尔作品的体量极为庞大，涉及佛教的内容又过于分散，本研究综合考虑克洛岱尔自身在东方国家的外交经历、文学思想发展过程，以及不同阶段佛教知识来源的特点，抽离出三种高度意象化的佛教认知：**颓废、寂静主义和虚无主义深渊**——印度佛教；**等待基督福音救赎的、堕落的**中国佛教；以及**具有忧伤之美的、能疗愈西方**的日本佛教。我们选择三部不同时期的戏剧代表作——《金头》（*Tête d'Or*）、《第七日的休息》（*Le Repos du Septième Jour*）及《缎子鞋》（*Le Soulier de Satin*），用文学史外部研究结合文本细读相结合的方法，研究克洛岱尔对佛教的想象和接受。

三、从天主教救赎神学观诸佛教解脱论：克洛岱尔的出发点

十九世纪下半期以来，为了应对实证科学以及近代哲学（以笛卡尔和康德为代表）的挑战，罗马天主教高层提出了“**回归圣阿奎那**”的呼吁，以稳固天主教意识形态。1879 年，教皇利奥十三世（Leo XIII, 1810-1903）发布《永恒之父》（*Aeterni Patris*）通告，揭开了“新多玛斯主义”（Néo thomisme）[26]

24 Bernard HUE, *Littératures et arts de l'Orient dans l' Œuvre de Claudel*, Librairie C.Klincksieck, p.20.

25 日本临济宗画僧。备中（冈山县）人。号云谷轩、杨智客。明朝时期渡海至我国天童山，返日后，居于山口之云谷庵。其水墨画独树一帜，笔力豪俊，尤善花鸟画，门人颇多而蔚成一派，世称云谷流。丁保福《佛学大辞典》，第 643 页。

26 又称新经院哲学，天主教的官方哲学，现代西方哲学中影响最大的宗教唯心主义流派。它渊源于中世纪以多玛斯·阿奎那为代表的经院哲学。比利时神父曼匀西于 1894 年出版的《新经院》评论中，正式提出“新多玛斯主义”之名。一战后，“新多玛斯主义”迅速在欧洲兴起，其理论已基本建立。二战后，流传到北美，60 年代后陷入危机，热潮消退。核心议题为本体存在论。即：只承认上帝为最高的因，是永恒不变的存在，每个有限的本质，都是对上帝本质的一种分有；世界有两个：一为经验世界，显现为假象或现象。二是超验世界，亦是世界本质，是

思想运动的序幕。虽然共同尊奉多玛斯·阿奎那，这场“历史的和动态的[27]”的运动内部存在着许多不同流派，一直活跃到梵二公会（Le IIe Concile Œcuménique du Vatican）[28]时期。新多玛斯主义把持天主教官方论坛数十年，二战以及战后孕育出了奉多玛斯之名的声势浩大的“新神学”（Nouvelle théologie thomiste），各种来自其它文化的神哲学元素都吸纳到了天主教神学中。这种多元化的趋势对天主教阵营内部的文艺创作产生了特别的影响，各种灵修和神秘主义美学应运而生，催生出了一场“天主教文学复兴”浪潮（Grande renaissance de la littérature chrétienne）[29]，克洛岱尔便是这其中的佼佼者[30]。浓厚的基督宗教神学底蕴，是我们研究克洛岱尔戏剧作品的历史背景

真正的存在。前者通过理性可以认识，后者只能靠信仰进行把握。由此，在认识论上，割裂感性认识与精神认识。认为人具有精神性的灵魂，能从感觉材料中抽象出观念，使理智在自身之内产生所要把握的观念，由‘信仰’导向‘内在性’的真理。参见程志民,江怡主编:《当代西方哲学新词典》,吉林人民出版社 2004,第 293-294 页。

27 周伟驰教授细分为拉格朗日（Reginaldo Garrigou-Lagrange,1877-1964）和马利坦（Jacques Maritain,1822-1973）的传统派、马雷夏尔（Joseph Marechal,1878-1944）的先验派（Transcendental Thomism）、吉尔松（Etienne Gilson,1884-1978）的存在主义多玛斯主义（Existential Thomism）、马塞尔（Gabriel Marcel）的位格多玛斯主义（Personalist Thomism）和手册式多玛斯主义（Manual Thomism）等主要派别，见周伟驰：《现代多玛斯-阿奎那研究》，https://www.douban.com/note/157501701/第 1 页。

28 指自 1962 年至 1965 年间，教宗若望二十三世及其后任保禄六世主持召开的一系列旨在“寻求教会的自我更新以面对“现代化”的世俗世界的挑战，及回应科技时代所带来的物质主义、忽视人的灵性层次、贫富不均等诸当代社会问题”的系列大会的总称，出版了《第二届梵蒂冈公会议文件集》中，形成了新的天主教官方神学体系。此会是天主教适应时代的标志，引起许多具有自由化倾向的天主教内或教外神学家的积极回应。见丁光训主编:《基督教大辞典》，上海辞书出版社 2010，“梵二神学”条目，第 423 页。

29 Jean Duchesne, *Histoire chrétienne de la littérature: l'esprit des lettres de l'Antiquité à nos jours* , Éditions Flammarion 1996. p.832.

30 二十世纪初，法国信奉天主教的文艺团体中出现了在文艺批评、小说、诗歌等众多领域“全才”型的“B 字三杰”（Les“trois B”）：布尔热（Paul Bourget, 1852 - 1935）、巴赞（René Bazin,1853-1932）和波尔铎（Henri Bordeaux,1870-1963），是为这场宗教文学热潮的主要推手。此外，还有颇有争议的“第四杰”巴雷斯（Maurice Barrès,1862-1923），诗歌领域的雅姆（Francis Jammes,1868-1928）、诺埃尔（Marie Noël,真名 Marie Rouget, 1883-1967），以及热衷于神秘主义、且喜欢

和出发点。而在所有神学命题中，“救赎”主题是他思考的核心，佛教亦正是因为独特的解脱思想（délivrance）吸引了他的目光。

本研究的核心主题之一——具有普世意义的“得救论”（Sotériologie）[31]在众多宗教和哲学系统中都或多或少的存在着，其理论架构和践行仪式各不相同，但都指向同一种终极关怀——脱离痛苦、获得恒久的幸福。

（一）天主教救赎论

从宗教角度看，承自两希文明的近现代西方文化是一种罪感文化。其内在精神是强调灵魂归依上帝，以超越时空和超越现实的宗教人格神（上帝）为本体，世间的一切幸福与不幸、安乐与痛苦都由上帝赐予，都是本体的表现和作用。人类被上帝逐出乐园，造成悲剧命运。为改变命运必须奋力斗争，以求重新回到上帝的怀抱；而为了求得上帝的宽恕，人们必须自我惩罚，以心灵和肉体的紧张痛苦为代价，获得意念超升和灵魂的永世安宁，并视与上帝同在为最大喜悦，为上帝献出血肉为最大幸福[32]。人要获得终极关怀，必须通过赎罪（rachat）来实现最后的得救（salut），这个过程统一在救赎（rédemption）的进程中。

罗马天主教的教义承认在救恩中，人的意志与神的恩典仅为一种合作关系；因为亚当的罪，只令人陷入软弱的境况，而不是灵性死亡，因此人可寻求救恩。即每个人天生都有自由意志，有选择善恶的能力，人的意志并不因亚当的堕落而受到影响。当然，天主教教义是不断发展演变的。主流传统强调神的超越性（transcendence），教会是一个权威、神圣而洁净的机构[33]；另有

表现神学题材的诗人德拉图尔杜班（Patrice de La Tour du Pin, 1911-1975）、埃曼纽尔（Pierre Emmanuel,真名 Noël Mathieu,1916-1984）、热拉尔（Jean-Claude Renard, 1922-2002）。在这场优秀天主教作家（尤其是诗人）扎堆出现的文学复兴浪潮中，克洛岱尔并非孤例。

31 Sotériologie 该术语出古希腊语，由 soter（赎救）和 logos（文本或话语）两个语义成分构成。用该词来概括各大宗教的救赎思想，固然陷入了西方中心主义的窠臼，但是古希腊-古希伯来文明中的救赎思想的确是最为丰富和全面的，在没有更有普适性术语的情况下，姑且用这个词来概述。

32 吕智敏主编：《文艺学新概念辞典》，文化艺术出版社 1990，第 326-327 页。

33 亦名如“中世纪主义”（Medievalism）、“罗马教主义”（Romanism）、“梵谛冈主义”（Vaticanism）、“教皇权威主义”（Papalism）和“耶稣会主义”（Jesuitism）。

较小众的改革派传统，则强调神的内蕴性（immanence），以教会为社群。基督宗教救赎理论以人类与造物主的关系为核心，以寻求与造物主重新合一为最高理想，内容涵盖了“上帝救赎人类的旨意，耶稣基督的赎罪工作，关于罪的教义，关于称义与成圣的教义，人获得恩宠的途径，人的最终命运[34]”等六大主要理论。其众多繁杂的理论派别大致分为**普世救赎论**及**善功救赎论**两类。前者认为：救赎是适用于所有人的、无条件的。救赎的因由并非因为后天的努力，而是因为造物主的恩宠或慈悲。因此，所有符合救赎条件的人都可以得到救赎；而后者倾向于认为，救赎是要透过后天的不断努力和补救才可以得到。亦有学派称其为“客观救赎论”和“主观救赎论”。

基督宗教的救赎神学理论极其繁杂，派别极多，且互有冲突。本文的研究基于在安瑟伦[35]神学教义和道德理论基础上发展起来的救赎论（doctrine de rédemption），以及基督宗教文学背景下衍生出来的世俗救赎论[36]，兼顾其它教派的理论。安瑟伦的理论包括三个部分：**原罪说**、**赎罪说**和**拯救说**。原罪说宣称人类的原罪是不服从上帝安排的宇宙美善和秩序，误用自由意志，不安于现状，擅自窃取智慧；赎罪说强调人类要得救，必须向上帝赎罪，赎罪等于偿还欠债，洗净污垢；拯救说认为人凭自己的力量既无力赎罪，又无自由意志自愿赎罪，因为人犯了原罪，就丧失了自由行为的能力，陷入“无能”的状态。只有靠神人基督耶稣的死做出无限量的功德，再把他的功德转让给人类，使人类得到拯救。但是救赎的结果在今生无法显现，只有在死后天主之国才能成全。

追根溯源，rédemption 这个术语的希伯来文词源为 *ransom*，希腊文词源为 *agorazo*，拉丁文词源为 *redimere*，字面意思都指“买回”，通常指从市场上购买高价的商品，特别是奴隶。基督教用以形容上帝用重价将罪人赎回，并使之重获自由和释放。“罪”为先在的事实，“赎”为因，而“救”为所求之果。由于人类始祖犯罪，致使整个人类都具有与生俱来的原罪，且无法自救；既犯了罪，便需付出“赎价”来补偿，而人又无力自己补偿，故上帝差遣其子耶稣基督为人类的罪代受死亡，流出宝血以赎相信者的罪[37]。至于赎

34 丁光训主编：《基督教大辞典》，上海辞书出版社 2010，第 277 页。

35 以上帝存在的本体论证明和先信仰后理解为理论前提，是极端唯实论在伦理上的反映，也是对奥古斯丁神学预定论的修正和发展。

36 如尼采的审美救赎思想。

37 丁光训：《基督教大辞典》，上海辞书出版社 2010，第 327 页。

价的对象，历代教父颇有分歧：奥古斯丁认为人既犯了罪，便是魔鬼的奴仆。为助其脱离魔鬼的奴役，便由耶稣的血作为赎价，给付魔鬼而将其赎回。《新约·圣经》中亦有称信徒为“以重价买回”者。安瑟伦则认为人犯罪，便向上帝欠下了债，自己无力偿还，耶稣的血乃是向上帝偿付的赎价[38]。无论对象是谁，其结果都是通过耶稣基督的牺牲，使人领受救恩，致使人类与上帝重新和合为一。

因此，救赎作为对希伯来-罗马文化契约精神的体现，可以细分为“赎罪”（rachat）和“救恩”（salut）两个子范畴。二者是同步发生、相互转化的两个渐进过程，赎罪的最终完成也就伴随着救恩的完全实现。按照传统的福音派神学的立场，救赎问题的核心是人和上帝之间的关系。这种关系因始祖亚当违约而背上原罪，它表现为两个方面：其一，人背离了上帝的律法和诫命，和上帝关系的破裂；其二，因为违背律法，人的本性变得败坏，有了一种喜欢邪恶的倾向，内在地倾向于罪。对于第一个方面，这种破裂的关系已经因耶稣的牺牲而得到了弥补。艾利克森认为，这意味着人在上帝眼中已经被宣布为公正和义了，已经被视为完全满足了上帝公义的要求[39]。上帝的拣选和有效恩召已经发生，但是个体赎罪的完成，还需要在达成客观上与基督联合，以及在主观上改过自新。与基督的联合指称义（justification）和收纳（adoption），前者指人因为被动地与基督在法律地位上联合，后者指重归上帝的恩宠，并被赋予机会享受慈爱的圣父所赐予的一切益处；主观方面的悔改和呼应，主要指归信（conversion）和重生（regeneration），前者是基督徒对上帝所赐的救恩作出的回应，即悔改转离自己的罪，以信心转向基督的行为，后者则是上帝对单个信徒的改变，赋予他们的生命以新的属灵的活力与方向。总而言之，拣选和有效恩召属于救赎的“前件”，之后客观方面的称义、收纳及主观方面的归信和重生属于救赎的“开始”。这既是赎罪被接纳的开始，也是救恩降临的开始。

救恩的完全实现是一个漫长的过程。从福音派的观点来看，蒙恩者还需完成成圣（sanctification）和得荣耀（glorification）两个里程碑式的步骤，其中尚需付诸无比的坚忍，经受重重考验。成圣的概念，希腊文作 *hagias*，意为

---

38 同上，第 398 页。

39 [美]米拉德·艾利克森：《基督教神学导论》（第二版），陈知纲译，上海人民出版社 2012 年 5 月版，第 404 页。

“变为神圣质性”。基督教指信徒在获得“称义”或“重生”后实现信仰生活和道德生活的纯净无瑕的境界。“称义”是前提，“圣灵”是内在动力，“圣洁无瑕”是结果[40]。而得荣耀亦归于末世论的理论范畴，指新天新地最终到来以前，已死的信徒先要经历身体的复活，然后与活着的圣徒一起“身体得赎”，领受不会朽坏的、满有荣光的身体，准备进入新天新地的永恒状态[41]。

图一：救赎包含的诸方面[42]

前件	开始	继续	完成
拣选 有效恩召	**客观方面：** 与基督联合 称义 收纳 **主观方面：** 归信 重生	成圣	坚忍　得荣耀

（二）佛教的解脱思想

而相较于西方基督宗教苦涩的罪感文化，印度文明圈和中华文明圈并没有这种原罪的精神负担。虽然各有特色，但在宗教和哲学精神上都追求人与整个宇宙自然的和谐统一，无论是印度教、佛教还是道家，在最高的终极关怀层面贯穿其中的就是内涵外延各有侧重的解脱思想。

“解脱”是印度哲学、宗教通用术语，是梵文 *Vimukta*，*Mukti* 或 *Moksa* 的意译。在印度教中最早见于奥义书。按照奥义书“业报轮回”学说，一个人死后其灵魂可以在另一躯壳里复活，即“再生”。由于人的无明，灵魂总是处于生、死、再生的“轮回”痛苦之中。解脱就是使灵魂从生死轮回中解

40 丁光训：《基督教大辞典》，上海辞书出版社 2010，第 706 页。另外，加尔文认为坚持上帝在个人生活中的主权，绝对顺服圣律即可达到；希腊正教认为禁欲、舍己和受教会圣事的培育是途径；早期耶稣会人士强调受训练的祈祷；爱德华·约拿单强调恩宠，认为德行的习惯被“注入”人的内心。“成圣经历”的讨论已不再局限于教义神学领域，而成为虔修神学的一大课题。

41 同上。

42 某些神学派别还会在开始阶段“主观方面”加上“受启”（illumination）。

放出来，达到与宇宙本体——梵相合一的极乐境界。奥义书还规定，解脱的主要方法是证悟“梵我同一”的真理和坚持各种修行，如苦行、布施、正行、不杀、实语、禁欲等。这种思想后来为佛教吸收，成为核心教义之一[43]。谓人摆脱了烦恼和精神负担，获得一种精神自由和慰藉。解脱思想的出现约早于轮回思想。古时人们举行宗教仪式祈祷苍天，送死者灵魂上天，此为解脱的雏形。以后为印度宗教哲学各派所发挥，谓摆脱了生死和流转即为解脱，是通过修持瑜伽而得到的一种生前精神升华和思想意志释放的境界[44]。

在佛教各大传统中，某些禅定状态和对佛教教义的悟解也看作解脱。解脱和涅槃之间既有区别又有相通，谈到去烦恼、除迷障时多作解脱；指断绝生死，不拘于业报轮回时，解脱即是涅槃，是一种最高的宗教解脱。解脱思想在亚洲各佛教文化区域都产生重大影响[45]。

汉传佛教既继承了印度哲学中的解脱观，又吸纳了道家的解脱思想，孕育出了禅宗。以上三个层面，禅家的解脱和道家有共通之处：其一，解脱意蕴，在于自在无累。慧能提出“三无”——无念、无相、无住。无念在于消除内念之累，无相侧重于超脱外相之累，无住则是着重超脱由世欲纠葛而引起的情感之累。神会提出外弃境相，内泯意念，以无内外之累为“解脱法身”；其二，解脱途径上，禅家继承和发扬了道家的超越观念，视万物为一心所现，以心观之，物物无别，所谓“无二无别，离一切限量分别[46]”。在善恶观上，以心和道为宗，“不念是非善恶，平常心是道”。在生死观上，亦是唯心为真，并无生死之别，要堪破生死之执念；其三，在解脱的境界上，亦主张一种绝对的自由。外离一切法相与分别的束缚、内超一切情念与烦恼的牵累，主体超越短暂与永恒及有限与无限的对立而获得精神高度升华、无限扩展的极自信状态，且超越主客对立和物我分别而达到的与宇宙自然融合无碍，概言之，“来去自由，通用无滞[47]”也。在此基础上，禅宗也有自己的创见，表现为入世倾向：其一，禅宗的解脱寓于现实之中，绝对的自由表现在“饥来饭，

43 任继愈主编：《宗教大辞典》，上海辞书出版社 1998，第 384 页。

44 蒋永福、吴可主编：《东西方哲学大辞典》，江西人民出版社 2000，第 344 页。

45 同上。

46 [唐]慧能：《坛经》，丁福保校注，上海古籍出版社 2016 年 10 月版，《般若》部第一节第 69 页。

47 同上，《般若》第三节。

困来即眠[48]”的日常性上，区别于道家的超世解脱；其二，解脱亦协同政治伦常。清净之心是佛性的外化，身处山林或尘世并无差别。

相较于东方传统中的种种解脱观念，尤其是最后一点，对十九世纪的法国文艺圈，尤其是克洛岱尔产生了深远的影响。

（三）克洛岱尔的救赎观：以耶解佛、耶佛互证

“我首先是一个天主教徒（catholique）[49]！”克洛岱尔在多个场合公开地宣称，以截然区分与基督新教（protestant）[50]。这个身份意识的背后，是对梵蒂冈教宗以及庞大的教会组织，以及传统的天主教教理神学的认可。这种双重的认可，在其文学创作中频频出现，其中具有明显的个人特色的神学思想，则带有明显的《圣经》、圣多玛斯（St. Thomas Aquinas）之《神学大全》的痕迹，此外他对圣德文（St.Bonaventure）[51]、圣奥古斯丁亦有所涉猎。

---

48 禅家提倡“平常心是道”的一种说法，与自心是佛、人人具足，无须刻意苦行修炼、做作多事，不必执着言句知解等禅家观点有密切联系，反映出禅宗不同于其他佛教宗派的特点。《大珠语录》卷下：“有源律师来问：‘和尚修道，还用功否？’师曰：‘用功。’曰：‘如何用功？’师曰：‘饥来吃饭，困来即眠。’”见袁宾、康健主编：《禅宗大词典》，崇文书局 2010。“饥来吃饭，困来即眠”条目，第 418 页。

49 “*je suis avant tout catholique*.”Claudel, Paul, « Lettre-préface sur l'Annam », in Œuvres complètes de Paul Claudel, t. IV : « Extrême-Orient », Paris, Gallimard, 1952, p. 386.

50 天主教乃救主基督所创立，是从宗徒们传下来的教会，遵守基督所教导的一切教义、诫命和净化圣化人灵的圣事，没有改变、加添或删减。基督新教系指是于公元十六世纪初叶自天主教分裂出去的教派。最初的教派有三支：一是路德教派（1517 年立宗），主张人只靠信德即可成义得救，不需行任何善工；二是加尔文教派（与路德宗同时），除同意路德所云“人只靠信德即可成义得救”的主张外，还提出“人的成义得救早由天主所预订”；三是英国教派，（公元 1534 年自立），成为英国国教，英王亨利八世自立为教宗。三大教派又渐产生了许多新教派，如路德教派又分列出福音堂、美以美会；加尔文教派又分裂出惟一神派、清教徒、公理会、长老会、浸礼会等；从英国国教又分裂出圣公会、高级教会、低级教会、自由教会、牛津公教会等。各宗派在过去四百余年内分裂为一百多大大小小的教派，统称为“誓反教”（protestant），以示与天主教分离之意。来华传教时，诸派认为该名不够和善，遂以基督教之名取而代之，称为基督教。本文袭用这种教内外通用的命名体系。

51 San Bonaventura, 1221 -15 July 1274. 生于意大利巴热罗城（Giovanni di Fidanza），精通士林派神哲学，1257 年和圣多玛斯同时考取神学博士，著述颇丰。Dominique Millet-Geard 考据认为，Claudel 应该阅读过其《小论集》（*Breviloquium*），从“类比”（analogie）思想中获得诗学启迪。见 Dominique MILLET-GÉRARD, *Claudel Thomiste ?*, Honoré Champion Éditeur 1999. P.17.

1886 年找到天主教信仰，1890 年彻底皈依之后，克洛岱尔的戏剧创作有了一个终极目的，即用基督精神来解释神秘的宇宙和人的命运。他坦言："人间的所有情感、所有事件，即使普天共有，也只不过是上帝与人之间关系的戏剧谕示，这部唯一的长剧将永不谢幕[52]。"在基督宗教神学传统中，神与人因"约"而形成拯救和被拯救的关系，这种人神关系的发展变化围绕着赎罪展开。为此，克洛岱尔的大部分剧作都以表现"以赎得救"的过程为核心目的。在"赎"的层面，他笔下的主人公为摆脱俗世的羁绊、全身心地皈依耶和华而进行艰难而痛苦的探索，而最后领悟到"主内"的自由，得救的轻松和淡逸，则具有东方宗教及哲学传统"解脱"的美学色彩。

在学习阶段和来华前的职业生活中，克洛岱尔对《圣经》中的耶稣故事进行的半神学、半历史主义的研究，杂糅时下盛行的叔本华的日耳曼-印度式唯意志论，构成了其早期救赎思想的主要特点，并在其剧作《金头》得到了安美的呈现；到了驻华阶段，他的宗教思想开始系统化地吸纳"新多玛斯主义"（néo-Thomisme）以及传教士汉学时期的汉语索隐神学，亦从中国道家思想中获取了些许灵感，《第七日的休息》就是最好的诠释；离开中国后，随着其在宗教研究领域的深入和文学视域的进一步拓展，他的神学思想表现出了更开放的、兼收并蓄的多元化特征，尤其是对圣奥古斯丁、圣德文的阅读，结合驻日期间对道家及禅佛教了解的深入，克洛岱尔的戏剧创作表现出了匠心独具的融通之美，代表作《缎子鞋》就是这种融汇东西的综合艺术的最佳体现。尤其是其救赎理念，因悟通了道家的自由人格和禅佛教之自然无累、通用无滞的境界，表现出了独具一格的飘逸、悠远的审美情调。

第二节　国内外相关克洛岱尔研究综述

作为二十世纪法国最重要的戏剧家，以及十九至二十世纪东西方文学和文化交流史上里程碑式的人物，克洛岱尔的作品及其文学生涯是全世界学者们研究的热门话题。仅以法国为例，1955 年以来，以克洛岱尔为关键词的博士论文就达 280 篇之多[53]，然而所有这些研究论文和著述中，深入论及克洛

52 Simon, A. *Dictionnaire du théâtre français contemporain*, Paris, Larousse, 1970. p.57.
53 根据笔者在法国最大的博士论文检索引擎 http://www.theses.fr/查证的结果（截至 2020 年 6 月）

岱尔戏剧中的救赎神学和东方宗教哲学之关联的作品则较为稀少，尚为一个有待开发的领域。为此，本文以“**戏剧、天主教救赎论和**佛教解脱思想”这三个互有交集、且互为必要但不充分条件的关键词为核心，展开文献的搜寻和梳理工作。

一、克洛岱尔戏剧研究

作为法国近现代戏剧史上的一座高峰，各类通志性质的戏剧史和戏剧文学专论都辟有专章研究克洛岱尔，其中最具参考价值的是若马龙（Jacqueline de Jomaron）组织编撰的《法国戏剧史：从中世纪到现在》（*Le théâtre en France, du Moyen Âge à nos jours*）[54]和国内宫宝荣教授编写的《法国戏剧百年：1880-1980》[55]，两本专著分别从西方戏剧的整体发展和传承的角度和东西方文学交流与比较的视角界定了克洛岱尔在文学史上的意义，各有侧重，且理据充分，给本研究理论提供了多样化的参照。

言及克洛岱尔戏剧的整体研究，除了七星出版社 1965 年和 1967 年相继出版的两卷本《戏剧》[56]中的评注，最重要的文献当属他的自选集《我的戏剧观》（*Mes idées sur le théâtre*）[57]，当中整合了珍贵的收稿以及作者对多部作品的自评和回忆，史料价值非凡。此外，就是米歇尔·利乌勒（Michel Lioure）在 1971 年出版的专著《克洛岱尔戏剧美学研究》（*L'Esthétique dramatique de Paul Claudel*）[58]。这本颇为详实的文学史著述从克洛岱尔戏剧生涯的起始开始记述，从教育、职业、爱情及婚姻、信仰等诸方面挖掘戏剧作品的外部成因，并萃选主要代表作（含本研究的三部作品）进行语言学和文体学角度的剖析，是研究克氏戏剧不可绕过的基础文献。

进一步细分，研究本课题的三部戏剧的重要专著有：

针对《金头》，最具有价值的是多米尼克·米耶-热拉尔（Dominique Millet-Gérard）从宗教角度切入的专著《〈金头〉，本源之颂歌》（*Tête d'or. Le chant*

54 Sous la direction de Jacqueline de Jomaron, *Le théâtre en France, du Moyen Âge à nos jours*, Armand Colin Éditions 1992

55 宫宝荣：《法国戏剧百年：1880-1980》，生活.读书.新知三联书店 2001-12 版。

56 P.Claudel, *Théâtre*, Bibliothèque de la Pléiade, Paris, Gallimard. Éditions revue et augmentée, tome I（1967）, tome II（1965）.

57 Paul Claudel, *Mes idées sur le théâtre*,Gallimard 1966.

58 Michel Lioure, *L'Esthétique dramatique de Paul Claudel*, Librairie Armand Colin 1971.

de l'origine）[59]，将其中对天主教信仰的质疑和犹疑、对勒南的唯科学主义及日耳曼-印度虚无主义思想的批判分析得细致入微，文献功夫非常扎实；此外，可以作为案头参考的是利乌勒的评注版《克洛岱尔的〈金头〉》（*Tête d'Or de Paul Claudel*）[60]，出版时间较早，优点在于点评细致，文学性较强。

对于《第七日的休息》这部典型的神学剧，研究的人不多，最重要的研究资料莫过于雅克·乌里耶（Jacques Houriez）的详细评注本[61]，前段为其从文学和史学角度进行的研究，后段为点评，胜在所引文献丰富，不足在于对中国文化元素的评述常流于臆想，尚有辩驳的空间。

《缎子鞋》是克洛岱尔最成功、也是最难全面分析的作品，这部百科全书式的作品吸引了众多学者从不同侧面去解析它。对本课题而言，研究克洛岱尔的元老级学者皮埃尔·布吕奈尔（Pierre Brunel）[62]的奠基性专著《面对批评的〈缎子鞋〉：悖逆和争议》（*Le Soulier de Satin devant la critique : dilemme et controverses*），胜在视野广阔，综纳各家观点，是一部早期《缎》剧研究的小百科；此外就是学者米歇尔·欧特朗（Michel Autrand）从戏剧文学及表演艺术角度入手分析的著作《〈缎子鞋〉戏剧学研究》（*Le Soulier de satin, étude dramaturgique*）[63]，述及该剧对中国、越南和日本戏剧表演艺术的借鉴，具有独特的参考价值；最后是多米尼克·米耶-热拉尔从宗教艺术角度进行诠释的专著《〈缎子鞋〉的巴洛克形式》（*Formes baroques dans Le Soulier de Satin*）[64]，事无巨细地回溯了巴洛克与宗教艺术精神的关联，以及该剧在美学风格上对天主教艺术的传承和创新。此外，还得提一下雅克·乌里耶的小册子《〈缎子鞋〉中的圣经内容和圣徒》（*La Bible et le sacré dans "Le Soulier de satin" de Paul Claudel*）[65]，对于梳理该剧中的天主教元素颇有帮助。

---

59 Dominique Millet-Gérard, *Tête d'or. Le chant de l'origine*. Presses de l'Université de Paris-Sorbonne, 2011.

60 Michel Lioure, *Tête d'Or de Paul Claudel*, éd. critique, Annales littéraires de l'Université de Besançon n 291, et Les Belles Lettres, 1984.

61 Jacques Houriez, *Éditions critique du Repos du Septième Jour*, Annales littéraires de l'Université de Besançon, Les Belles Lettres, 1987.

62 Pierre Brunel, *Le Soulier de Satin devant la critique : dilemme et controverses*, Minard, 1964.

63 Michel Autrand, *Le Soulier de satin*, étude dramaturgique, Champion, 1987.

64 Dominique Millet-Gérard, *Formes baroques dans Le Soulier de satin*, Champion, 1997.

65 Jacques Hourier, *La Bible et le sacré dans "Le Soulier de satin" de Paul Claudel*, Lettres modernes Minard 1987

二、天主教救赎神学研究

在天主教救赎神学领域，本研究引以德国神学家路德维格·奥托（Ludwig Ott）所著的《天主教信理神学》[66]为依据，参考美国神学家艾利克森（Millard J. Erickson）编着的通识神学教材《基督教神学导论》[67]。此外，涉及圣多玛斯神学的内容，一概参考《神学大全》（*Somma Theologiae*）的段德智译本[68]。

法国学界研究克洛岱尔的天主教神学思想，从诗歌领域入手比较多。克洛岱尔晚年完全转向了圣经释经学，且有大量圣诗（Psaume）遗世。在这些研究诗学中的神学思想的专著中，可以自资参照的有艾丹·尼科尔斯（Aidan Nichols）出版的通论式神学研究：《虔信的诗人：有关克洛岱尔的神学研究》（*The Poet as Believer: A Theological Study of Paul Claudel*）[69]，虽然是其从诗歌及诗学领域进行切入，却也对戏剧研究提供了背景材料，殊途同归。

进一步细分，研究克洛岱尔和多玛斯主义之渊源的专家首推巴黎索邦大学的多米尼克·米耶-热拉尔教授，其专著《克洛岱尔是多玛斯主义者吗？》（*Claudel Thomiste ?*）[70]，加上其指导的博士图尔克（Bostjan Marko Turk）的专著《克洛岱尔和存在：论多玛斯主义对其作品的影响》（*Paul Claudel et l'actualité de l'être:L'inspiration thomiste dans l' œuvre claudélienne*）[71]。此外，涉及克洛岱尔和奥古丁哲学的关联，有艾梅·贝克（Aimé Becker）的《克洛岱尔和圣奥古斯丁：精神传承研究》（*Claudel et St.Augustin, une parenté spirituel*）[72]，考据充分，可用之为研究克洛岱尔天主教思想来源及变化的重要依据。

此外，值得一提的还有安德烈·瓦雄（Andre Vachon）的作品《克洛岱尔作品中的时间和空间》（*Le temps rt l'espace dans l'œuvre de Paul Claudel*）

66 [德] 奥脱：《天主教信理神学》（上下册），王维贤译，光启出版社 1967。

67 [美]艾利克森（Millard J. Erickson）：《基督教神学导论》，陈知纲译，上海人民出版社 2012 年 5 月。

68 [意]多玛斯·阿奎那：《神学大全》（七卷本），段德智译，商务印书馆 2013 年 10 月版。

69 Aidan Nichols, *The Poet as Believer: A Theological Study of Paul Claudel*, Routledge 2011-06.

70 Dominique Millet-Gérard, *Claudel Thomiste ?*, Honoré Champion Éditeur1999.

71 Bostjan Marko Turk, *Paul Claudel et l'actualité de l'être:L'inspiration thomiste dans l'œuvre claudélienne*, TÉQUI 2011.

72 Aimé Becker, *Claudel et St.Augustin, une parenté spirituel*, Éditions LETHIELLEUX 1984.

[73]，这部作品并未直接分析其宗教观念在作品中的体现，而是从时间及空间的象征手法入手，按时间顺序，梳理了我们的剧作家的时空观中的宗教因素以及来世俗文化的元素。涉及克氏时空系统和东方佛教哲学的关联，是不容忽视的基础性文献。

三、克洛岱尔与佛教研究

如果说对克洛岱尔戏剧中的基督宗教救赎神学元素的研究还属于奠基的话，对其中“东方性”（aspects orientaux）最显着的成分——佛教的考察才真正进入本课题的创新性研究层面。

对于佛教与西方文学文化的关系这个宏观层面的考察，本文最重要的理论参考首推李四龙教授的专著《西方佛教学术史》[74]、弗里德里克·勒努瓦（Frédéric Lenoir）的纲领性论文《佛教在西方的接受》[75]，以及吕巴克神甫（Henri de Lubac）的重量级作品《西方与佛教的相遇》（*Rencontre du bouddhisme et de l'occident*）[76]。

在克洛岱尔作品中的佛教元素这个相对微观的层面，贝尔纳·胡（Bernard Hue）教授的专著《克洛岱尔作品中的东方文学和艺术》（*Littératures et Arts de l'Orient dans l'œuvre de Claudel*）可谓本课题所依据的“圣经”。该作根据克洛岱尔作品中的佛教元素的类别，分解为三大民族文化特色鲜明的子领域：印度性（spécificité indienne）、中国风（chinoiserie）和日本热（japonisme）。作者极为细致地考证了其间文化联系，梳理了克洛岱尔文艺思想发展的东方路径，是本课题基本研究框架的基石。其次，欧仁·罗伯特（Eugène Roberto）专注于克洛岱尔早期文学创作，其《克洛岱尔的视野》（*Visions de Claudel*）[77]是了解克氏佛教知识来源的重要参考书。伊万·达尼埃尔（Yvan Daniel）在克洛岱尔协会的学刊（B.S.P.C）第 171 期上发表的文章《克洛岱尔思想及宗

73 Andre Vachon,*le temps et l'espace dans l'œuvre de Paul Claudel*, Éditions Du Seuil 1965.

74 李四龙：《西方佛教学术史》，北京大学出版社 2009 年 11 月第一版。

75 [法] 弗里德里克·勒努瓦：《佛教在西方的接受》，陆象淦译，第欧根尼 2002 年 02 期，法文版为 1999 年总第 187 期（Frédéric Lenoir, “Adaptation du bouddhisme à l'Occident”, *Diogènes* No.187.1999）

76 Henri de Lubac, *Rencontre du bouddhisme et de l'occident,* Les Éditions du Cerf, 2000.

77 Eugène Roberto, *Visions de Claudel*, Marseille, Éditions Lecomte, 1958 ; un vol, in 8°, VIII. p. 282.

教作品中的亚洲‘灵性’》（*Oriens nomen ejus : Les spiritualités asiatiques dans la pensée et l'œuvre religieuse de Paul Claudel*）亦非常凝练且提纲挈领地归纳了这位跨界的天主教戏剧家对印度、中国和日本三地的宗教传统，尤其是对佛教解脱思想进行“诸说混合”式的吸收（considérations syncrétiques），对本文的研究大有启发。

具体细分，研究克洛岱尔之东方性不同侧面的学术成果如下：

首先，克洛岱尔和印度佛教。克洛岱尔并未真正踏足过南亚大陆，仅仅是往返欧洲和东亚之间时数度逗留斯里兰卡。他对南亚神哲学（théosophie）的了解，主要来自 18 世纪以来的欧洲“印度复兴”（亦称“东方复兴”）文化浪潮的影响，其眼中的印度，更接近叔本华、瓦格纳、埃德加·吉涅（Edgar Quinet）、亨利·卡扎利斯等人向西方所呈现的印度形象。所以，史华伯（Raymond Schwab）的著作《东方复兴》（*La Renaissance orientale*）[78]中涉及印度的部分为本研究还原了最重要的历史情境。以此为立足点，加上贝尔纳·胡在《克洛岱尔作品中的东方文学和艺术》指明的研究路径，本文涉及克洛岱尔的“印度性”的部分才能在此框架下深入挖掘，完成研究。

研究克洛岱尔和中国佛教，道家是绕不开的一环，他对佛教的感观往往和道家思想搅和在一起。有关克洛岱尔和中国佛道元素的著述较为丰富，其中较为重要的综括型研究作品有：吉勒贝尔·加多弗尔（Gilbert Gadoffre）的《克洛岱尔和中国万象》（*Claudel et l'uinvers chinois*）[79]，以及伊万·达尼埃尔的《克洛岱尔和中央帝国》（*Paul Claudel et l'Empire du Milieu*）[80]，这两本大百科式的著作详实地记录了克洛岱尔在中国的外交、写作、情感、宗教生活等诸方面的细节。此外在文学研究领域，1992 年余中先教授在巴黎索邦四大完成的博士论文《保尔·克洛岱尔戏剧中的中国》（*La Chine dans le théâtre de Paul Claudel*），归纳和分析了中国文化元素在其戏剧作品中的体现和变形，开启了中国学人在海外研究克洛岱尔的序幕；黄蓓教授于 2007 年在巴黎索邦第四大学提交了其博士论文《谢阁兰的〈画〉和克洛岱尔的〈百扇帖〉：一场关于远东绘画艺术的对话》（Peintures *de Segalen et* Cent Phrases pour éventails *de Claudel : un dialogue au travers de la peinture extrême-orientale*）亦部分涉及

78 Raymond Schwab, *La Renaissance orientale*, Éditions Payot&Rivage,2014.
79 Gilbert Gadoffre, *Claudel et l'uinvers chinois*, Gallimard 1968.
80 Yvan Daniel, *Paul Claudel et l'Empire du Milieu*, Les Indes savantes 2003.

克洛岱尔对中国道家和佛教哲学的况义和接受；索邦四大中国博士生吴雅琴（Yaqin WU）的博士论文《克洛岱尔作品中的四大元素》（*Les quatres éléments dans l'œuvre de Paul Claudel*），论及光、气、水、土四种元素的基督教、道家哲学以及佛教中的象征意义和在克洛岱尔作品中的呈现；最近的还有北京大学和索邦四大联合培养的博士生周皓的博士论文《从行到逸：克洛岱尔的东方解读》（*De la Marche à la Fuite : Lire Claudel en partant de l'Orient*），该文用史学研究的方法，用大量的实证文献，历时地梳理了克洛岱尔的个人诗学理念在东方道家思想的影响下的境界升华的过程。这种不局限于文本分析，而是把作家嵌入到具体的时空情境中，将其作为一个“历史事件”来审视，细究其历史现场背后的普遍性文学规律，给予了本文非常有益的启示。在“克洛岱尔和道家”这个研究领域，法国学者欧蒂勒·勒克莱克（Odile Leclerq）女士于 1971 在普罗旺斯大学（Université de Provence）完成的博士论文《克洛岱尔和中国道家》（*La présence de la Chine du Tao dans l'œuvre de Paul Claudel*）中详细梳理了克洛岱尔的创作和道家思想的关系。除了大部头的专著[81]，2010 年和 2015 年武汉大学和法国雷恩大学出版的两本以“克洛岱尔与中国”为主题的论文集[82]基本上汇聚了所有研究克洛岱尔的学者的代表性论文。综上所述，对克洛岱尔作品中的中国元素感兴趣的学者大有人在，著述颇丰，但多半局限在阐释他与道家的关系，对中国佛教的研究尚有待深入。

克洛岱尔和日本佛教，这个领域的研究成果更为丰硕和多元化。虽然克洛岱尔在日本只待了不到六年，但是“诗人大使”的名头异常深入人心，甚至被尊为和小泉八云[83]齐名的弘扬日本文化的英雄。最重要的纲领性文献当

81 值得一提的还有黄伟博士从历史学角度研究克洛岱尔驻闽外交生活的论文《高乐待与中国：晚晴一位法国外交官的在华行迹》（福建师范大学 2010 年博士论文），以及几篇新近的硕士论文：杨姗：《汉字隐喻性对二十世纪法国诗人的文化影响：以保尔·克洛岱尔和维克多·谢阁兰为例的分析》，中国海洋大学法语语言文学专业 2012 年硕士论文；魏笑甜：《克洛岱尔戏剧与圣经原型》，山西师范大学 2014 年硕士论文。

82 杜青钢、王静主编：《克洛岱尔与中国》（*Paul Claudel et la Chine*），武汉大学出版社 2010-12；及 Sous la direction de Pierre Brunel et Yvan Daniel, *Paul Claudel en Chine*,Presses Universitaires de Rennes 2013.

83 小泉八云（Koizumi YAKUMO，1850-1904），原名拉夫卡迪奥·赫恩（Lafcadio Hearn），生于希腊，长于英法，1890 年赴日，1896 年入日本籍。著名的作家和日本学家，写过不少向西方介绍日本文化的书，现代怪谈文学的鼻祖。

属日本学家米歇尔·瓦塞尔曼（Michel Wasserman）的《金与雪：克洛岱尔和日本》（*D'or et de neige : Paul Claudel et le Japon*）[84]。相较于中国研究偏重克洛岱尔对道家的借鉴，西方和日本学界研究克洛岱尔的创作时更偏重日本佛教艺术（尤其是禅宗）对他的影响。在戏剧领域，日本学者西野绫子（Ayako Nishino）完成于 2011 的博士论文《能剧对克洛岱尔文艺理论的影响》（*L'influence du théâtre nô sur la synthèse des arts de Paul Claudel*）在论述能剧艺术时提到了克洛岱尔对日本佛教艺术的吸收。在美术和诗歌领域，两位索邦四大的博士生在法国完成的论文《克洛岱尔和美术》（*Paul Claudel et les Beax Arts*）和《克洛岱尔和日本抒情诗》（*lyrique japonaise de Paul Claudel*）[85]分析了禅宗艺术中的禅画和禅诗对克洛岱尔的影响。此外，霍克森（Jan Walsh Hokenson）的比较文学专著《日本、法国及东西方美学：1967-2000》（*Japan, France, and East-West Aesthetics : French literature 1967-2000*）[86]梳理了法国现当代文学对日本美学的接受，其中禅宗美学是一个显性的要素；法国远东学院（EFEO）的日本专家弗郎索瓦·拉绍（François Lachaud）的论文《佛教和日本热：从龚古尔兄弟到克洛岱尔》（*Bouddhisme et Japonisme des Goucourt à Claudel*）则以近代法国文坛为例，举出了以日本佛教美学为特色的“日本热”如何征服法国作家的旁例。但其另一篇演讲文献《诗人与佛陀：克洛岱尔和亚洲宗教传统》（*Le poète et les Buddhas : Claudel et la tradition religieuse aistique*）[87]则从文献学的角度，揭示了克洛岱尔和《那先比丘经》这部重要典籍的关系，为本文提供了重要的文学史证据。此外，日本还有一个充满活力的克洛岱尔研究机构——日本的索菲亚大学（上智大学/Université de Sophia）在二十世纪 70 年代建立的“克洛岱尔研究会”（Cercle des études claudéliennes），该机构在 1977-1978 间出版了五期会刊《黑鸟：克洛岱尔研究杂志》（*l'Oiseau Noir, revues d'étudesclaudeliennes*），发表了用法文、日文和德文撰写的研究论文，涉及克洛岱尔对道家、佛教、儒家、神道

84 Michel Wasserman, *D'or et de neige: Paul Claudel et le Japon*, Gallimard 2008.

85 Takaishi Naito（高石内藤）, *Claudel et les beaux arts*, Université Paris Sorbonne IV, thèse doctorale 1987 ; Paolo d'Angélo, *lyrique japonaise de Paul Claudel,* Université Paris Sorbonne IV, thèse doctorale 1992.

86 Jan Walsh Hokenson, *Japan, France, and East-West Aesthetics: French literature 1967-2000*, Fairleigh Dickinson University Press 2004.

87 收入 *Claudel et le Japon: cinquantenaire de la mort de Claudel*, actes du Colloque International et de la Table Ronde, p.74-94.

等传统宗教和哲学派别的认识和吸收，论证严谨，亦是研究克洛岱尔与东方文化之交集的珍贵材料。

第三节　研究框架和意义

一、研究框架与设计

从大的学科范畴来讲，本研究属于比较文学领域的文学与宗教学交叉研究。在文学类别子范畴上，属于戏剧文学文本的研究。就研究方法而言，可归入主题研究。由于克洛岱尔的戏剧创作具有极为鲜明的跨界性，文学批评界通常从法国现代戏剧史、天主教文学史（二十世纪欧洲天主教文学复兴史）、东西文学交流史（中法、日法）几种历时框架和视角来进行定位，并展开相关研究[88]。博采众家之论，本文框定的研究主题为：活跃在十九世纪末至二十世纪上半期法国文坛的保尔·克洛岱尔戏剧作品对天主教"救赎"神学命题的重思，以及融汇佛教精神进行的改造。

马塞尔·雷蒙（Marcel Raymond）认为，克洛岱尔首先是一位诗人，其戏剧作品也是诗的另一种集成形式，青少年时代的他迈上了"基督教、浪漫主义和古希腊文化相结合的三条道路，并致力于寻找某种原始主义以及与'原初母体'水乳交融[89]"。这种"原始主义和原初母体"就是天主，就是幽冥不可见但可以证明、且为人所天然分有的上帝的灵，而建构具有神性的、"通灵的"（voyant）的整体综合艺术，并以这种属灵的诗性来统摄所有艺术，以达成对整体世界（la totalité）的颂扬，贯穿了他毕生的诗学追求。为了实现这种艺术理想，继新圣多玛斯主义和以马拉美、兰波为主的前期象征主义诗学后，他通过广泛的阅读和近距离观察、学习，吸收和化用印度佛教、中日两地汉传佛教（尤其是道禅美学）的非理性主义思想资源，以东方式圆融无碍的解脱观来充实自己苦涩的天主教赎救观，把天主教神学中的"赎"与佛教式的"救"——身心解脱之后达到的彻底自由——嫁接起来。

88 国内外的文学史家和文学批评家常给克洛岱尔贴上"天主教作家"、"后象征主义作家"、"外交官文学家"及"东方写作"、"诗人剧作家"、"晚清首位驻华法国作家"、"日本文化大使"等标签，归纳了其不同侧面。

89 马塞尔·雷蒙：《从波德莱尔到超现实主义》，邓丽丹译，河南大学出版社 2008-4 第 138 页注 2。

本文遵循**文学史的考证和文本分析相结合的原则**，以时间为序，分三个阶段梳理其天主教神学理念借鉴佛教思想资源，完成两次美学突破和升级的过程。叔本华的唯意志论哲学、法国同时代艺术家作品中表现的佛教精神、印度佛教典籍和古典文学的译本是克洛岱尔早期救赎剧的重要参考资料。他将其与多玛斯主义结合，完成了犹信犹疑、彷徨失措的尝试——《金头》，表达了这样的价值观：彼岸的赎救无法求证，人间的一切努力都将归于虚无，不如在死亡来临之时求得当下的解脱；到达中国并接触道家哲学后，克洛岱尔将其视为天主教神学在东方的变体。他沉迷于汉语索隐神学，视道家为天主教的东方变体，且幻想以基督福音拯救堕落的中国佛教。他孜孜于将佛道两家的解脱思想融入了他与神灵“共生”之新诗学体系中，实现了调和天主教与佛道思想的第一次突破，并在其中国剧《第七日的休息》中进行重演；而他于 1921-1927 年担任驻日大使期间，继续研究道家哲学和佛教思想，并体悟浸透着禅意的日本诗歌、戏剧和美术，在形式和精神实质上实现了其第二次重要的突破——禅化，即：在诗性的言说方式上，“一方面把兰波式的辐射精神性转化为对现代诗的语言节奏和直觉性之美的体悟，另一方面则赋予了文学的‘精神本体’以宗教的庄严感[90]”。而在个人得救的终极追求上，早期的苦涩、迷茫、焦虑，至此终于表现出了自在、圆融的喜乐和逍遥。其早期恢弘的宇宙诗学架构在汇通了禅的致思方式后，不但没有减损其信仰和艺术表现效果，反而将“暗示力”（pouvoir de suggestion）的魅力发挥到了极致。大气磅礴的《缎子鞋》中，基督徒狂热的牺牲精神，最后都在放下、超越分别心的状态下，达到了无欲无求的自在无累境界。

二、意义和创新

本文从两个层面切入：天主教主流神学的流变在文学中的反映，以及佛教思想对法国天主教现代文学的影响。

从天主教文学的角度来看，克洛岱尔生活在梵蒂冈两次大公会议之间，在第三共和国世俗化浪潮和反教权政策的冲击下，传统的天主教正统神学坚固的藩篱已经开始消解，神学思想已经开始了多元化的革新之路。十九世纪末二十世纪初，伴随着哲学领域的非理性主义浪潮、科学领域（以理论物理学为代表）对“不确定性”的发现，以及文艺领域的东方热（印度风、中国

90 葛雷，梁栋：《现代法国诗歌美学描述》，北京大学出版社 1997 年 4 月，第 193 页。

热、日本潮）以及全亚洲佛教文化圈旨在反殖民主义的佛教复兴和现代化浪潮[91]，法国的天主教文学团体在各种新奇的文化资源的滋养下，也发起了一波天主教文艺复兴运动，克洛岱尔就是进行影响研究的典型个案。通过对克洛岱尔文学实践的考察，可以管窥这一波文艺浪潮的整体精神特质。

十九世纪下半页到二十世纪上半期这段时期，东西方文学文化交流一个最典型的特征就是：东西方非理性主义思潮划时代的相遇。西方文学和艺术界对以佛教为代表的东方解脱论的认识和接受，发生了一个从**基督宗教式的救赎情结**到**东方式的解脱精神**的转向，而克洛岱尔的文学生涯，正好就对应着这段转向。其在远东的职业和跨文化文学创作经历，使其成为比较文学天然的研究对象，亦能作为典型案例来诠释法国象征主义戏剧诗学一种不同的发展方向。

本课题的创新点在于上述东方佛教文化艺术和法国十九世纪末二十世纪上半页戏剧文学的视域融合的前提下，以知识重演的方式完成对文学现象的描述和剖析。

“重演”（répétition / Wiederholung）这个概念源出海德格尔，他把自己对过去伟大思想家们的阐释理解成“重演”，过去之物藉此而获得了一个新的、自身的当下性[92]。重演之关键，在于赋予一种来自异文化的古代思想以当下性。德国学者艾尔波菲特（Rolf Elbofield）在分析道家思想在西方的接受时提到，当下性意味着“不再把哲学当作一个可以清晰定义的和隔绝历史因素的观点来理解”，并由此形成一个既不隔绝于自己文化传统，又超离异文化的语境的讨论平台。在亚洲，当西方哲学被接受，而同时仍未忘记自己过去的传统时，新的讨论平台就产生了。这样，如果我们的话，总是会出现一种对古代思想（诸如赫拉克利特、老子、道元、龙树等人的思想）的重演的可能性[93]。

91 佛教复兴运动几乎遍及了殖民统治下所有信仰佛教的亚洲国家：中国太虚、杨文会和印顺的“人间佛教”、锡兰安纳伽里伽·达磨波罗（Anagarika Dharmapala, 1864-1933）的“新教式佛教”（Protestant Buddism）、印度的阿姆贝卡（Bhimrao Ramji Ambedka,1891-1956）所领导的贱民皈依佛教的运动及“新乘”（Navayana）.见王欣:《近代殖民主义对佛教西传的影响》，宝鸡文理学院学报（社会科学版）2013 年第 1 期，第 1-2 页。

92 艾尔波菲特:《德国哲学对老子的接受：通往“重演”的知识》，朱锦良译，《世界哲学》2010 年 6 月刊第 2 页。

93 同上。

作为一个坚定的、具有天主教主体意识的作家，克洛岱尔对佛教解脱思想的理解和接受是以不背离正统的天主教神学理论为前提的，而他则在此基础之上叠加和吸纳东方思想。正是一种这样的知识重演，解脱思想——可细分为印度原始佛教哲学、汉传大乘佛教义理、道家哲学以及禅佛教思想，在他的叙述和重构下获得了一种新的当下性。我们可以把这种努力视为在诗学或美学领域“重演”的开端，因为克洛岱尔一直孜孜于建构一种全新的“综合艺术表现形式”（une nouvelle synthèse d'art）。终其一生，哪怕在宗教情感最浓烈的年代，克洛岱尔都对其充满了兴趣。其戏剧美学体系中对东方解脱精神的吸收，就属于莱特（Dale S.Wright）所说的浪漫的精神主义研究方法。“浪漫的”佛教研究，是要取得突破，达到全新的理解境界，也是一种克服西方的科学的理性主义固有缺陷的方法[94]。

对这种多重视域的发掘，既是探究和归纳克洛岱尔之文学性的有效途径，可以之为重思佛教思想及其美学呈现对法国现代作家之现代性的塑造的有益参考。

94 李四龙：《欧美佛教学术史：欧洲的佛教形象与学术源流》，北京大学出版社 2009 年 11 月版，第 6 页。

第一章　发现印度佛教：东西方非理性主义思潮的相遇

第一节　“印度复兴”：以东方为名的文化革新运动

一、内因：十九世纪西方非理性主义的突破

就其概念而言，非理性主义（或称反理性主义）指与理性主义相对的各种思潮的总和[1]，它发端于十九世纪初，兴盛于十九世纪末而繁荣于二十世纪。它是“以推崇人的自然情感、意志、生命冲动和无意识本能的至上作用来否定理性和社会至上作用，从而突出个人力量和实体性地位的一种思潮。它断言理性思维根本无法揭示客观现实中的确定关系及规律，因此必须抛弃。客观现实就其本性来说，也并不是为法则和规律性所支配的，而是非理性的。在所有前马克思主义哲学中，或多或少地存在着非理性主义的因素[2]”。

1 在哲学上，有博格森提出的崇尚直觉的生命哲学，有弗洛伊德的无意识性本能理论，还有海德格尔和萨特关于以虚无和绝对自由解释人的存在本性的存在主义哲学。在艺术领域有反小说派、象征主义、未来主义、荒诞派和黑色幽默等文学流派，有印象派、野兽派、达达派、抽象派、主体主义绘画众家，还有表现主义音乐、摇滚乐、迪斯科和霹雳舞的风行。就连科学也染上某些非理性主义色彩，否定真理的绝对性，把一切都说成假说的形式。见石磊，崔晓天，王忠编：《哲学新概念词典》，黑龙江人民出社 1988 年版第 201 页。

2 同上。

十九世纪是科学的时代，是自然科学的方法全面影响哲学、美学、文学等传统人文领域的时代。科学的介入导致了两种互相对立的思维范式：以科学主义为旗帜的实证主义哲学、科学美学和自然主义文学思潮；以及作为对立面的关注形而上的本体存在的非理性主义思潮，表现为从叔本华、尼采的非理性主义哲学、从康德到黑格尔的传统美学以及其后的美学人本主义，及十九世纪后半叶在文学领域流行的颓废派、象征主义。从十九世纪到二十世纪，自然科学虽然取得了辉煌的进步，但在人文领域却被非理性主义思想逼得节节败退，渐至形成"科学主义和非理性主义"两座尖峰分庭抗礼的局面。后者则到了二战后继续发展，孕育了盛极一时、一度掌握西方几乎所有现代学科的话语权力的存在主义和后结构主义，达到其理论巅峰。

要理解西方非理性主义的来龙去脉，首先我们要梳理一番其产生的思想传统和哲学土壤——理性（*ratio*），即"概念、判断、推理等思维形式或思维活动"，哲学史上通常用以表示推出逻辑结论的认识的阶段和能力的范畴[3]。理性主义在西方有着久远的历史，最早可以上溯到古希腊时期对理性的研究与实践[4]。由此，与其将之定义为一整套思想体系，不如说它是一种认识论传统。及至十七世纪，以法国为代表的欧陆形成了笛卡尔（René Descarte,1596-1650）式的唯理论（rationalisme）传统[5]，而在同期的英国则出现了由洛克开创的经验论思想，其以理性反思和重视（外在或内在）经验着称，为牛顿的科学主义奠定了基础。笛卡尔的唯理论和牛顿式科学主义的结合，将理性的范畴扩大到了所有"以理性而不是以感知、揭示或传统为基础的有关的思想体系，包括哲学的、科学的或宗教的思想体系。但是，其后自然科学的飞速进步使得唯理论变得越来越唯科学化。十八世纪初，休谟（David Hume，1711-1776）发展出了彻底的怀疑主义，其不可知论开启了批判理性的先河。

---

3 刘炳瑛主编：《马克思主义原理辞典》，浙江人民出版社 1988，第 714 页。

4 同上，柏拉图把人的心理活动分为意志、理性、激情,可能是理性一词的最早使用。亚里士多德提出主动理性和被动理性的区别，前者是推理的纯粹形式，后者是与感觉相联系的推理形式。巴奈修把理性区分为理论理性和实践理性，认为实践理性比理论理性更有用处，因而应先于理论理性。

5 笛卡尔的理论国内学界一般译称为"唯理论"，其法文术语和"理性主义"同为"rationalisme"。哲学史家亦有另一种分类法，即把黑格尔之前的理性主义在哲学史上归为"古典理性主义"，其后的称为"理性主义"。

随着德国古典主义哲学迎来其黄金时代（1770-1844），受休谟影响的康德形成了理性主义及经验主义者的综合学说体系。

康德认为，世界分为现象和本体两个部分，本体又可称为物自体、或自由意志、或上帝的自由创造。它是不以人的意志为转移的，是不可知的。人只能认识现象，而绝不能认识本体。确切地说，人借助于感性的先天形式（空间、时间）和知性的先天形式（因果性、必然性等）整理感觉素材所获得的科学知识，还只是对"现象界"的认识，而人的认识能力却要求超出"现象界"达到对"自在之物"的认识，理性主义对客观事物的认识功能就此终结。高小斯认为，在康德看来，对现象世界的经验并非人类知识的真正来源，人所具有的"先天综合能力"所达到的对"先验"存在的理解和感悟才是真正可靠的认识。他在追问人的"先验"认知行为与"先天"认知能力如何可能的过程中，推导出人能够进行一种既非经验判断、亦非理性推理的"纯意识行为"，并将其归之于人的本性。他由此将终极关怀完全置于人本身，呼唤"人本身即是目的"。这一转换，将哲学从神哲学向外发问、追寻和扩张的思路，转向向内寻求自己心性的取向。这种对终极追问取向的转换，和佛教哲学、尤其是禅宗的心性本体论有了通约之处[6]。康德对理性的贬斥和对人直觉和悟性的肯定，为非理性主义思潮的崛起，在理性主义思想内部提供了理论依据[7]。

德国古典哲学在反思和批判"启蒙理性"的基础上，扬弃了理念、自然质料等理性化的实体，开始转向了对绝对精神、强力意志等非理性存在的建构，导致了近代以认识论为基础的理性本体论向以人类自身为本原的本体论哲学转变。西方哲学发展到了十九世纪四十年代，传统哲学在德国古典哲学及其黑格尔绝对唯心主义的庞大体系中达到了理性主义的顶点，亦标志着一个时代的终结。

与古典哲学一道凋零的，还有欧洲的旧制度。在政治领域，1848 年波及整个欧洲的资本主义革命风潮确立了资产阶级的普遍统治。法国经过拿破仑第二帝国的反复后，也于 1871 年确立了共和政体，全欧洲自此进入了长达五十年的和平和高速发展时期。良好的社会环境给以内燃机和电动机

6　高小斯：《禅话，西方哲学的禅化》，人民出版社 2008 年 11 月，第 183-186 页。

7　柳东林：《西方文学的非理性特点及禅意研究》，吉林大学比较文学与世界文学专业 2010 年博士论文，第 10-11 页。

的发明和应用为特征的第二次工业革命以巨大的发展空间，资本的迅速积累促使其经济形态从自由竞争走向垄断，劳资对立日益严重，各种新的社会矛盾都集中爆发出来。极度膨胀而无序的工业化浪潮在引发了世界性的殖民风潮的同时，也开始在其内部——古老的欧洲酝酿着新的革命和战争。诚如恩格斯所言，“和启蒙学者的华美约言比起来，由‘理性的胜利’建立起来的社会制度和政治制度竟是一幅令人极度失望的讽刺画[8]。”启蒙理想被法国大革命后欧洲动荡和断裂的社会现实击得粉碎，一种普遍的失望和愤懑情绪蔓延开来，与笃信科学和进步的资本主义乐观精神形成鲜明对比。与此种形势下，哲学思潮亦出现了两种彼此悖逆的趋向：一是以孔德为代表的实证主义和科学主义思潮，以“新启蒙主义运动”为标志，崇尚科学的理性精神，鼓吹秩序和进步，认为人类可以借助科学和大工业推动道德进步，逐步建立一个物质丰盈的幸福、和谐的新世界；与此相反的则是自看到了工业化之负面影响的“世纪末”思潮，这批知识精英对欧洲的现状和前景作出了悲观的估计，认为工业文明的盲目扩张和对人之非理性一面的张扬将引发欧洲文明的灾难。它把批判“非理性的人”作为自己的主题，导致了哲学思考范式的“人类非理性本体论”转向，涌现出了一大批非理性主义哲学家，包括十九世纪四十年代开始流行于法国的叔本华的唯意志论、哈特曼的“无意识哲学”、克尔恺郭尔的存在论、尼采的“超人意志论”、狄尔泰和博格森建构的“生命哲学”等。非理性主义（irrationalisme）终于迎来了它的春天。

二、外因：印度复兴的源起

“复兴”（德、英、法 *Re-naissance* 意 *Rinascimento*）这个术语源自中古意大利语 *rinascere*，意指再生或复活，大写的 *Renaissance* 特指十四世纪末到十六世纪之间，以意大利为中心，扩散到全欧洲的美术、文艺乃至文化上的革新运动。东罗马帝国的灭亡和大量古希腊、古罗马艺术品和典籍运抵意大利构成了此次西方近代文明自我革新的知识学基础。这场轰轰烈烈的运动全面弘扬人文主义，提升人的“理性”的巨大价值，推动了意识形态从“神性”向“人性”的回落，亦成为“黑暗的中世纪”和“近现代”

8　恩格斯：《社会主义从空想到科学的发展》，转引自雍容、黄遇奇主编：《中外文学流派》，西南师范大学出版社 1987，第 358-369 页。

的分野[9]。

随着文艺复兴运动和继之而起的启蒙运动（Les Lumières）[10]、宗教改革、工业革命、十九世纪中期的资产阶级民主革命浪潮逐渐尘埃落定，资本主义制度得以在欧洲广泛确立。当其反封建英雄的耀眼光环消褪后，资产阶级思想家许诺的美好前景并未实现，而尚未成熟的新社会制度的顽疾亦逐渐暴露出来，表现为新生产关系下的劳资对立与冲突，及与科学主义、享乐主义联系在一起的工业化对环境和传统精神文明、道德体系的冲击（详见第二节“哲学的非理性转向”）。失望、愤懑的知识界呼吁“疗愈”工业化造成的文化创伤的声音越来越响亮，古学复新和再向东方寻找智识资源[11]成为其主要手段，一场具有社会文化史分期意义的全新的“复兴”运动已然山雨欲来，而印度恰在此时一头扎进了西方的视野。

早在十六世纪地理大发现以来，充满神秘主义气息、拥有古老的宗教体

9　见丹尼斯·哈伊着：《意大利文艺复兴的历史背景》，李玉成译，生活·读书·新知三联书店 1988 年 4 月版，第 31 页。此外，雅各布布·布克哈特（Jacob Burckhardt,1818-1897）认为，欧洲文艺复兴的真正历史价值在于把古学复兴和意大利人的创造天才相结合，把古曲文化加以改造，以适合自己的需要。这种观念发展成为西方对“复兴”之社会文化史分期功能的共识。见[瑞士]雅各布布·布克哈特：《意大利文艺复兴时期的文化》，何新译，商务印书馆 1997，第三篇《古典文化的复兴》第 110-112 页。

10　启蒙运动指十七和十八世纪欧洲各国为扫除天主教的迷信和世俗的蒙昧思想而发动的资产阶级文化教育运动。这个运动高举理性的旗帜，认为一切事物都必须在理性法庭面前接受无情的审判，以决定其存在或消灭。启蒙运动遍及欧洲各国，而以法国与德国的运动为最典型。见金炳华主编：《马克思主义哲学大辞典》，上海辞书出版社 2003，第 54 页。狭义的启蒙运动特指法国的启蒙运动。

11　在文艺领域内，以十八世纪七十年代德国“狂飙突进”（*Sturn und Drang*）文学运动为开端，以抵触现实困境、追求理想社会为主要特征的浪漫主义思潮充当了既反封建、反古典主义，又抵触工业化的文化革新运动的急先锋。就文学传统而言，浪漫主义这个术语源出于中世纪情节离奇、富于幻想的“浪漫传奇”，它的发展壮大离不开启蒙主义和感伤主义的铺垫。不论是早期把资本主义工业发展带来的社会进步描绘成“灾难”的消极浪漫主义，还是进入成熟期后“正视现实，渴望斗争，崇尚自由解放精神，既否定封建社会的黑暗统治，也批判资本主义的罪恶现实”的积极浪漫主义，都重在抒发对现实的不满，并把美好理想寄托在作为“他者”的宗教世界或异教文化中。在这样的背景之下，作为“他者”的东方世界以前所未有的热度进入了西方的视野，成为这一波文化复兴运动的主色彩。

系和智识传统的“东方[12]”早在启蒙文学时代就开始了浪漫化的过程[13]，思想界和文艺界的美化和关注促成了席卷全欧州的“东方趣味[14]”（Orientalisme）。及至十八世纪中叶，随着以英国为主的殖民力量逐渐把南亚次大陆纳入囊中[15]，相较于更为遥远和陌生的远东和衰颓的、伊斯兰化的《圣经》中的东方世界，魅力无穷的印度几乎成为彼时“东方”概念的主要内涵，以印度学为主的学院派研究[16]在国家力量的支持下开始发酵。奠基人威廉·琼斯和其1784年在印度加尔各答开创的亚洲学会（Asiatic Society）开创了这门学科的纯学术化道路[17]，因为与彼时欧洲科学主义和实证主义的氛围相适应，“东方学”很快融入了知识界反封建、反古典主义和反教权话语体系，得到了快速发展。也正是在其冲击下，原本已经充斥着各种伪神秘主义、无稽传说和江湖骗术[18]的变味的“东方趣味”到了十九世纪中期已然没有了市

12 西方视野中的“东方”是一个在地理上不断拓展的过程，地理大发现后，印度和东亚逐步成为了西方的“东方”范畴的主流文化区域，十九世纪末西方的东方热和这两个文化区域有关。

13 根据史华伯的研究，西方知识界对地理上的东方世界的兴趣最早可追溯到古希腊时代，但真正对其现代性文化生成具有补充意义的东方文化输入则是文艺复兴和地理大发现才开始的，在启蒙运动和浪漫主义思潮的推动下才上升为流行的文化现象。见 Raymond Schwab, *La Renaissance orientale*, 1950. p.13.

14 “orientalism”这个英文术语在萨义德（Edward Said）这里用于指代一个“相当广泛的现代政治学术文化领域”，包含着几个方面的含义：1. 一门历史悠久的学科，2. 一种思维方式，3. 一种权力话语方式。（Said, *Orientarism*, 1978. p.22）。从西方的东方研究学术史角度来看，作为一门拥有主体学科意识的“东方学”，十六到十七世纪是其酝酿期，十八世纪晚期得以确立（王宁等：《神奇的想象—南北欧作家与中国文化》，宁夏人民出版社 2005，第 31 页），十九世纪随着殖民主义在全球的扩张而发展到顶峰，这个漫长的酝酿期的特点呈现为本文所述的“东方趣味”，或“东方风”。

15 1600 年英国侵入南亚地区，建立东印度公司。1757 年印度开始沦为英殖民地，1849 年全境被英占领。

16 史华伯（Raymond Schwab）总结道：对西方而言，十八世纪是一个进步的时代，但东方还大部分区域在“黑暗”中，还有待去发现。发展严肃的“东方学”势在必行，这是当时西方殖民主义的共识。见 Raymond Schwab, *La Renaissance orientale*, p.9-10.

17 严格说来，1784 年孟加拉国亚洲学会建立，东方学才获得了决定性的迅速勃兴。

18 路易·勒鲁（Louis Renou）如此描述十九世纪中晚期的“东方印象”：东方趣味（东方主义）已经进入了我们的思维模式，（东方作品）严格意义上的‘古典性’已经被消解了。大众中弥漫着各种（有待澄清的）偏见和无知，既有文化素养低

场，取而代之的以研究印度古典文献学[19]为核心的“东方学”（orientologie）新传统。

在此基础上，历史学家埃德加·吉涅[20]（Edgar Guinet,1803-1875）提出了“东方复兴”（Renaissance de l’Orient）的概念。他在专著《诸宗教的圣智》（*Du Génie des religions*）中写道：“在最初的这种（印度）发现热潮中，东方学家们在亚洲腹地发现了一种比古希腊、罗马更悠久、更富有哲理、且更富有诗意的古文明系统[21]。”在这个意义上，“东方复兴”其实指的就是“十九世纪北印度古代文献的发现并运抵欧洲，其重要性比之于十五世纪拜占庭陷落后古希腊手稿运抵欧洲（意大利）[22]”，这是完全文化史意义上的“复兴”。在他眼中，安格提尔、琼斯对印度文献的破解和译介堪比拉斯卡利斯[23]（Laskaris，约 1204 -1261）对《伊利亚特》、《奥德赛》的解读[24]。甚至，“就如文艺复兴终结了中世纪一样，东方复兴终结了古典时代，这是一场‘宗教和世俗世界的大革命’”[25]。吉涅的“复兴”论的两大要点：其一、西方对印度经典的发掘造就了其古典文化在西方语境下的复活（东方主义视角）；其二、西方借用和吸收古印度思想创造着自己的现代性文化[26]。这两种论点都得

的传播东方文化的“庸俗爱好者”的搅局，也有神智学家、伪神秘主义者的误导。见 Raymond Schwab, *La Renaissance orientale*, p.11。

19 史华伯认为 1870 是古典文献学的“关键拐点”（tournant de 1870）。见 Raymond Schwab, *La Renaissance orientale*. p.10

20 全名为让-路易·埃德加·吉涅（Jean Louis Edgar Quinet），法国历史学家、诗人、哲学家和政客，持共和主义信念，反对教权。其学术成就主要在政治学领域内，着有《犹太人流散论》（*Les Tablettes du Juif-errant, ou ses récriminations contre le passé, sans préjudice du présent*, A. Beraud, Paris, 1823）、《现代希腊》（*De la Grèce moderne, et de ses rapports avec l’antiquité*, F.-G. Levrault, Paris, 1830）、《人民的教育》（*L’Enseignement du peuple*, Chamerot, Paris, 1850）。涉及东方学的观念见于其作品《诸宗教的圣智》（*Du Génie des religions*, Charpentier, Paris, 1842.）

21 Edgar Guinet, *Du Génie des religions*, Charpentier, Paris, 1842. p.2-3.

22 原文中称为“梵语文献”的发现，但是事实上，根据狄雍的考证，这批在北印度和尼泊尔找到的文献包括混合梵语、巴利语和藏语材料，都以佛教文献为主。见 Raymond Schwab, *La Renaissance orientale*, p.29

23 希腊文写作 Λάσκαρις/Λάσκαρης，东罗马帝国著名的希腊古典学学者。

24 见 Raymond Schwab, *La Renaissance orientale*, p.29.

25 *Ibid.*

26 史华伯将吉涅的“东方复兴”归纳为：十八-十九世纪随着殖民活动的开展，西方对亚洲的文化现象、象征符号的猎奇爱好，和对于其的瑰丽幻想，这股炙热的好奇心，

到了广泛的接受，浪漫主义相对多元的“东方兴趣”和走纯学术道路的以印度研究为基石的“东方学”被整合成了一个统一体。基于古印度文献在其中无可比拟的重要作用，“东方复兴”亦称之为“印度复兴”。

纵观印度古代文献被发现并译介到欧洲整个历程，相较于异常丰富且仍然拥有“实践中的宗教传统”的印度教和佛教资料，有关奥义书和婆罗门典籍、吠陀时代的文学作品数量不多，并未形成持续的学术热潮。其影响亦主要局限于少数学者和文艺界，尤其是寄托了后者对一个前工业化的“原初他者”文明体系的所有美好想象和怀旧情感体验。由此，印度教和佛教文献的解读和剥离是一个历史性的起点。正如东方学的发展得益于这场“印度复兴”，印度教研究和佛教研究从印度古典文献研究中各自独立只是一个时间问题。但是因为印度教是一个非常含糊且不成体系的复杂的宗教现象，内部派系多到难以计数，而且近代一直没有涌现出优秀的改革者或宗教经验，其宗教实践没能跨出印度文化覆盖的地域。所以，在十九世纪末国际范围的佛教复兴运动和佛教现代性运动兴起后，印度佛教界精英在国际上发声，锋芒很快就盖过了印度教。印度佛教很快就裹挟着一盘散沙的印度教，成为“印度学”的核心内容，随后干脆发展成为独立的学科。而在开创独立的西方佛教学术体系的道路上，法国走在了前列。

三、法国佛教学术的发展和佛教圈的回应

西方世界与佛教发生联系可追溯到公元前三世纪[27]，但是十九世纪西方对古

渗透进入哲学、诗人和艺术家的作品中，随着学界不断破解东方尘封的圣典，大批宗教、历史文献资料译介成西方语言，亦掀起了探索、辨识东方古迹的考古热潮。”

27 狄雍（J.W.De Jong,1921-2000）将起点上溯至公元前 300 年，他考证了十九世纪以前欧洲人认识佛教的可能性以及有关传说的证据，但与现代佛教学术没有关系。韩德（Alan Hunter）认为，从大历史的角度看，佛教和基督宗教所代表的文化之间存在着久远的密切联系。他提出了一个始于史前时代并一直持续到公元 500 年左右的“世界性的宗教网络”的概念。在这个网络系统中，“因为历史原因，西方文化长廊末端的基督教与东方的佛教之间的联系从公元五世纪到十五世纪开始大量减少”，约到了十六世纪地理大发现时代，佛教文化区域重新进入了西方知识界和殖民主义势力的视野，二者才进入了关系重建期，他考证了十九世纪以前欧洲人认识佛教的可能性以及有关传说的证据，但与现代佛教学术没有关系。见[英]韩德（Alan Hunter）：《一个早期的世界网络：欧亚宗教》，收入王智成、赖品超主编：《文明对话与佛耶相遇》（*Diologue of civilazations,Buddhist-christian encounter*），社会科学文献出版社 2012 年 11 月，第 5-6 页。

代佛教文献的发现才具有真正的文化史意义，开启了一个对话和碰撞的新时代。弗雷德里克·勒努瓦（Frédéric Lenoir）据此认为，佛教在西方真正为人所了解的历史还不足两百年。十九世纪二十年代，佛教（bouddhisme）这个术语才见诸东方学学者的笔端，在这之后才意识到佛教是拥有诸多派系的"信仰之树"[28]。

1826 年，被誉为欧洲佛教研究之父的布努夫（Eugène Burnouf,1801-1852）和拉森（Christian Lassen,1800-1876）合作完成的巴利语语法著作[29]通常被学界视为西方佛教文献学研究的起点[30]。在此之前，巴利文尚鲜为人知，此书的出版推动了巴利语和巴利佛典研究的兴盛。随后以梵语和巴利语为主导、兼顾汉藏等其它语言文献的佛教研究渐成规模。西方学者陆续通过各种途径搜集到了大量的巴利文、梵文、汉文与藏文佛典，编撰了相关语法和词典，校勘了大批佛典，并在各类科研机构与大学中为佛教研究争取到了职位。"佛教文献学"中渐次分离出了专门的地域佛教文献研究，并发展出了梵语佛教、巴利佛教、中亚佛教、汉传佛教和藏传佛教六大研究系统。佛教研究成为东方学中最耀眼的一环，在某种程度上甚至盖过了其风头。1880 年前后，欧洲的佛教学术界开始走向全面繁荣，出现了大批如戴维斯（T.W.Rhys Davids, 1843-1922）这样成果斐然的学者，并逐渐形成了三大学派[31]：侧重研究南传

28 弗里德里克·勒努瓦：《佛教在西方的接受》，陆象淦译，第欧根尼 2002 年 02 期，第 1 页。

29 《巴利语散论：恒河彼岸的圣典语》（Eugène Burnouf & Christian Lassen, *Essai sur le Pali : Langue sacrée de la presqu'île au dela du Gange*. Paris : Société Asiatique, 1826）该书的出版被认为是西方近代佛教研究的起点。

30 根据李四龙的考证，布奴夫之前，尚有英国东方学家何德逊（Brian Hodgson,1800-1894）于 1819 年受英国政府委托前往尼泊尔任职，并用 5 年时间收集梵文写经 381 卷、200 多种，是为西方公认的发现和研究梵文佛典的第一人，其成果对布奴夫的佛教研究有重要贡献。在巴利文研究方面，亦有 1824 年在锡兰传教的英国人哥乐（Benjamin Clough）在科伦坡出版的《简明巴利语法》（B.Clough, *A compendious Pali Grammar, with a Copious Vocabulary in the same Language*. Colombo 1824）。但是，这些学者的佛教研究并未继续深入，布奴夫则奠定了"梵巴汉藏"的佛教文献学基础，因此，西方佛教史的开端应设定在十九世纪 20 年代。本文认可这种划分。见狄雍著：《欧美佛学研究小史，佛教哲学：一个历史的分析》（世界佛教名著译丛第 71 册），霍韬晦、陈旒鸿译，台湾华宇出版社 1985 年版，第 2-3 页。

31 英国学者孔泽（Edward Conze,1904-1979）在 1968 年指出，1935 年欧洲形成了三大学派。见 Edward Conze, "Recent Progress in Buddist Studies," *Thirty Years of Buddhist Studies*. Columbia: University of South Carolina Press, 1968.

巴利经典的旧英德学派[32]（école ancienne d'Anglo-allemand）、致力于研究阿毗达磨论藏和因明学传统的列宁格勒学派[33]（école de Leninrad），以及以文献学、哲学分析为基础，结合民族学、社会学等跨学科的方法，多角度研究不同部派的法比学派[34]（école Franco-Belge）。这种学术氛围奠定了文献学的研究态势和学术规范，其繁荣状态一直到"二战"爆发才被打断。

综合李四龙和狄雍[35]的西方佛教学术史分期，佛教研究大致经历了如下四个阶段：十九世纪二十至七十年代的起步阶段；十九世纪八十年代到"二战"的成熟阶段；战后到二十世纪七十年代则是佛教研究中心从欧洲向美洲转移和方法论转型的阶段；最后是佛教研究的多元化发展时期。"二战"是整个佛教学术史的分水岭，区分了一种"佛教历史文献学"研究范式和一种"哲学、美学、文献学"等诸多研究领域并重的多元研究范式[36]。前一时期，西方知识界以对佛教的智识兴趣为主，对佛教信仰基本保持着理性的距离；而到了后一阶段，佛教信仰开始在欧美扎根，并发展成为披头士文化的思想工具（尤以美国为盛），几乎所有佛教派别都能在西方找到皈依者[37]。

32 以英国的戴维斯和奥登伯格（Hermann Oldenburg,1854-1920）为代表，宣扬"巴利佛教才是原始和纯粹佛教的概念"，导致早期西方学者将梵语佛教、汉传佛教、藏传佛教等地域佛教传统误判为"堕落的佛教"。

33 以舍尔巴茨基和罗森伯格为主，这个学派试图给出许多佛教术语的准确意义，且并不完全依赖印度的文献，兼顾藏传佛教、汉传佛教的诠释传统。

34 主要由列维、布桑、戴密微、拉摩（Etienne Lamotte,1903-1982）等人领军。

35 其对西方佛教学术史的分期见于狄雍：《欧美佛学研究小史，佛教哲学：一个历史的分析》，（世界佛教名著译丛第 71 册）霍韬晦、陈旋鸿译，台湾华宇出版社 1985 年版，第 4-12 页。

36 李四龙在狄雍的学术史分期基础上略作修改，提出：西方佛教研究大致经历了三个阶段：十九世纪二十~七十年代，佛教研究的初始期；十九世纪八十年代到"二战"，佛教研究的成熟期；"二战"后到二十世纪七十年代，佛教学术中心的变化和研究范式的转型；二十世纪八十年代后，佛教研究的多元化和方法创新时期。见李四龙，《欧美佛教学术史》，北京大学出版社 2009 年 11 月版，第 4 页。

37 其影响渗透到了西方文化的方方面面，甚至基督宗教内部都出现了"基督禅"（Christian-Zen）的呼声。鉴于二战后佛教在西方已然发展成为显性的社会文化，与欧美现代性文化彼此互融，牵涉到了过多跨学科的理论面向，故而不在本文关注范畴之内，本研究重点在于探讨起步阶段和成熟阶段的佛教研究（即以文献学研究为主的佛教学术范式阶段）在法国社会的接受。

佛教研究群体以佛教为纽带，把西方视野中的印度和“远东”连结成了一个文化连续体和共同体，并对西方现代文化和文学艺术产生了长远而持续的影响。西方知识界对佛教的理性主义诠释和西方民众对佛教的巨大兴趣也成为了西方文学艺术的现代性转型的重要推力。

由于西方的佛教文献学从一开始就带有强烈的“东方主义”印记，佛教作为一种亚洲本土萌发的智识体系，是被西方强行带入与基督宗教文明的对话中，带着萨义德所说的“被注视者无法言说自己的焦虑”。二者在话语权上是严重不对等的，甚至连“佛教”这个术语都出自西方学术阵营[38]。西方殖民主义活动导致东方佛教文化区域的民族情绪日益激烈，佛教学术的发展亦刺激佛教团体走向觉醒和文化自觉，在这个背景下，从十九世纪七十年代开始，亚洲佛教区域也出现了与民族主义紧密相连的两股佛教革新浪潮：佛教振兴运动和佛教现代性改革。

王欣认为，佛教振兴运动在本质上是佛教界发起的反殖民主义、复兴民族国家的政治运动，这股风潮几乎遍及了殖民统治下有佛教信仰的亚洲国家，是近现代佛教发展的一大趋势[39]。中国太虚、杨文会和印顺的“人间佛教”、锡兰安纳伽里伽・达磨波罗（Anagārika Dharmapāla, 1864-1933）的“新教式佛教”（Protestant Buddhism）、印度的阿姆贝卡（Bhimrao Ramji Ambedkar, 1891-1956）所领导的贱民皈依佛教的运动及“新乘”（Navayana）、越南一行禅师（Thich Nhat-hanh，1926-）在欧洲和美洲兴起的“参与佛教”（Engaged Buddhism）等等，都是针对所在国不同的文化历史环境，开展的不同特色的佛教复兴运动。

而佛教现代主义主要表现为：新基础主义的佛教学术范式[40]和世界性佛教组织的创立。东方佛教团体接纳西方新基础主义的研究模式，并以之作为评判佛教正统性的标准，固有其主动融入西方现代知识体系、借以传播佛教思想的动机，有其进步意义，但其忽视汉传佛教、藏传佛教等实践中的佛教的做法，也在客观上助长了西方认为“汉传、藏传佛教是堕落的佛教”的观

38 见绪论部分注 1。

39 王欣：《殖民主义和西方佛教研究》，宝鸡文理学院学报（社会科学版）2013 年 01 期。

40 同上，所谓新基础主义的形式，即是把以巴利文为经典的佛教看作是佛教的规范，或者把巴利文经典作为检验佛教的标准。

念；而世界性佛教组织的创立，使得佛教走出了主动向西方传播的第一步[41]。国际化的佛教组织有效地推动了佛教在南亚、东南亚的复兴，亦为二十世纪初佛教信仰在欧美地区的传播，并冲击基督宗教的旧有神学理论体系埋下了伏笔。

在基督宗教意识形态日益受到质疑和指责的十九世纪末，西方在亚洲的殖民活动在地理上进一步打破了西方精神的封闭状态，西方开始以新的兴趣审视西方以外的文明，并从中吸取改良甚至取代基督教的思想资源。十九世纪末“神智学会”（Theosophical Society, 1875）的建立就体现了西方寻求精神变革的端倪。1893 年召开的世界宗教议会（World’s Parliament of Religions）为佛教与西方思想文化的汇通拉开了序幕，西方世界开始以新的兴趣审视东方的文明。这也表明西方这一波“印度复兴”文化革新进入了新的高潮。

总而言之，“印度复兴”并非西方吸收印度古典佛教哲学和文化艺术进行单向的自我疗愈的进程，而是呈现出一种具有对话意识的双向交流：一方面，西方工业文明在“东方学”、尤其是佛教学术影响下的一场面向“现代性”的我变革；另一方面，东方佛教文化区域在反殖民主义背景下的“现代化”，尤以“佛教复兴”运动为文化变革的先锋。

第二节　法国十九世纪文学艺术中的印度佛教：以克洛岱尔为镜

“佛教成了一种时尚：所有人都在谈论它，却没人认识它。诚然，最近出现了大量号称介绍正统佛陀理念的书：但是这些文学作品对于佛教的幻想的、巴洛克式的、病态的或江湖骗子式的解读，迟滞了科学的佛教研究[42]。”

41 达摩波罗在 1891 年 5 月创建了国际性组织摩诃菩提会（Mahabodhi Society），旨在修复菩提伽耶的寺庙，此外，他还建立了国际佛教社团（僧伽），计划不但以亚洲，而且以欧洲、美洲的语言文字，尤其是英语来出版佛教文献。10 月，首届国际佛教大会在菩提伽耶召开，中国、日本、锡兰和缅甸都派了代表参加。这次大会代表了佛教史上前所未有的佛教普世运动。摩诃菩提会于 1892 年 5 月创办了佛教杂志《摩诃菩提会和统一的佛教世界》，并号召在欧洲和美国进行佛教传播活动。见宋立道：《佛教民族主义在南亚、东南亚的发展》，载《佛学研究》1996 年第 5 期，第 2-3 页。

42 H.Oldenberg, *Bouddha, sa vie, sa doctrine, sa communauté*,1894. p.2-8.

法国印度学家莱维（Sylvain Lévi）如是评论十九世纪末西方社会对佛教的感观。

佛教思想在十九世纪被视为一种笼统的“虚无主义”。在两位非理性主义的哲学家——叔本华（Arthur Schopenhauer,1788-1860）和尼采（Friedrich Wilhelm Nietzsche, 1844-1900）的阐释和解读下，佛教，尤其是印度佛教[43]，成为了弥散在整个十九世纪中后半段的颓废主义的理论资源之一。随着东方学的进展，汉传佛教、藏传佛教等实践中的佛教开始受到重视。以舍尔巴茨基（Theodore Stcherbasky）的《佛教逻辑[44]》（*Buddhist Logic*）为代表，佛教在现代比较哲学的框架内得到各种西方式的诠释，“几乎每一种流行的哲学主张或文化理论，都有相应的佛教哲学诠释方式[45]”。

1882-1886年间，在实证哲学主义和唯科学主义的影响下，法国的文学氛围整体上沉浸在颓废、悲观主义和世俗化（laïcisation）的浪潮中。青春期的克洛岱尔倍感压抑，他和时下大多数爱好东方的同龄人一样，视东方“圣书”和充满东方韵味的西方作品为日常精神食粮。早在1862年，印度佛教专家布奴夫（Eugène Burnouf）在法兰西学院演讲时说：“（佛教）它比印度对我们的意义还要大，先生们，这是关于世界源头的一页，关于人类精神史的一页，我们尝试着从整体上破译它[46]”。这赋予了克洛岱尔眺望和幻想印度的绝佳理由。

不过克洛岱尔眼中的印度并不那么讨人喜欢，相较于生机勃勃的欧洲工业文明区域，他从各种文献和报道中看到的是“慵懒地躺在喜马拉雅山脚下，困在冥思玄想中的停滞的亚洲。”在他看来，从太平洋到巴尔干半岛、从北冰洋到喜马拉雅山麓，散布着一大片“松散、黏滞；漂泊不定、无根亦没有前景的民族”[47]。他们仿佛被遗忘在太阳找不到的角落里的老鼠，卑微而坚强

---

43 印度佛教其实是一个非常笼统而模糊的称呼，西方佛教研究分成五大传统：梵语佛教、巴利语佛教、中亚佛教、汉传佛教、藏传佛教这里指的是印度语言文化范围内的梵语佛教和巴利语佛教。见李四龙：《欧美佛教学术史》，北京大学出版社2009年11月第一版，序一第4-9页。

44 即舍尔巴茨基：《佛教逻辑》，宋立道、舒小炜译，商务印书馆1997年版。（Theodore Stcherbatsky, Buddhist Logic, 2 vols, Leningrad 1930, 1932.）

45 李四龙：《欧美佛教学术史》，北京大学出版社2009年11月版，第18页。

46 Bernard Hue, *Litteratures et arts de l'Orient dans l'œuvre de Claudel*, C. Klincksieck 1978. p.34.

47 OC XXVI p.260

地活着。正是因为在外部世界找不到得救的希望，他们转而寻求内在精神的解脱，印度佛教就是这种寻求内在自我解脱的巨大愿力结出的璀璨奇葩。

研究克洛岱尔的著述已然汗牛充栋，但是甚少有人关注印度佛教思想对克洛岱尔的影响。他其实分不太清楚印度教和佛教，因为对印度教和印度古典哲学缺乏了解，常常一厢情愿地把从文献中接触到的印度思想元素归结为具有偶像光环的佛陀的教诲。1884 到 1885 年间，在这段克洛岱尔自己所谓的集中学习文学理论的时期，他阅读了不少“伟大的印度文献”（des grands textes indiens）[48]，后来驻华期间又在和友人的通信中再次确认自己曾读过不少印度古诗和“佛教书籍”[49]，其中最重要的当属记录原始佛教义理的《方广大庄严经》（*Lalita Vistara*）的片段[50]和一篇科学报告《尼泊尔游记》（*le Voyage au Népal*）[51]。尤其是后者，作者勒庞（G.Le Bon）详细介绍了《方广大庄严经》中记述的佛陀本生故事，归纳了原始佛教中“六识皆为幻”的理念及“人生是苦”的圣谛[52]，对克洛岱尔初步形成自己的印度佛教观起到了一定作用。但是由于克洛岱尔始终未能掌握一门工具性的东方语言，他不得不倚重各类译介材料和具有佛教美学气息的艺术作品。和当时受到佛教影响的大多数法国作家一样，他的佛教知识来源渠道主要有如下几种：

一、苦与解脱：叔本华的唯意志论

1884 年，16 岁的克洛岱尔开始在路易大帝高中学习哲学课程，遇到了自己极为欣赏的哲学教师布尔铎（Auguste-Laurent Burdeau，1851-1894）[53]。据霍肯森（Jan Walsh Hokenson）的考证，布尔铎正是鼎鼎大名的印度佛教专家

---

48 *Litteratures et arts de l'Orient dans l'œuvre de Claudel*. p.46.

49 *Correspondqnce Claudel-Frizeau*, p.36.

50 又称《神通游戏经》、《大庄严经》。主要叙述释尊从兜率天宫下，至初转法轮之间的一些事迹。亦即本经是依据大乘思想，因应佛身观之发展而形成的佛传。

51 据 Bernard Hue 考证，这两篇文献都发表在克洛岱尔在 1884-1886 年间常读的杂志《环游世界》（*Le Tour du Monde*）上。见 *Litteratures et arts de l'Orient dans l'œuvre de Claudel*, p.46.

52 同上，及脚注 97。

53 奥古斯特-洛朗·布尔铎毕业于巴黎高等师范学院（ENSP），从 1874 年起担任路易大帝高中的哲学教师。他是康德的忠实拥趸，也是叔本华的主要著作的法文译者。克洛岱尔坦言他是自己“高中时代非常喜爱的为数不多的几位老师之一”，虽然两人的思想观念颇有冲突。

布奴夫的得意门生。早年颇受导师佛教研究的影响，自己亦沉迷于后古典哲学时代的印度-日耳曼悲观哲学，布尔铎把叔本华的《论意识和表象的世界》首度译成法文，轰动一时。当时他主讲哲学通史课程，克洛岱尔在其指引下，深入阅读了古希腊哲学和德国哲学经典[54]。受到老师的感染，学生时代的克洛岱尔对叔本华非常着迷。

叔本华的生存意志论[55]（Wille zum Leben）哲学和原始佛教有着亲密的关系。他自己承认，《奥义书》和原始佛教文献是哲学思想的三大源头之一[56]。柴惠庭教授在比较二者的联系时总结出来三点同构性：世界观上的悲观主义、实践上的禁欲主义和人生理想上的虚无主义[57]。他接受的主要是未分裂之前的原始佛教的教义，其内容可以概括为：纲领性的四圣谛（苦、集、灭、道），世界观及人生观方面的缘起说、"无常"及无我，方法论上的八正道、十二因缘理论。其最重要的贡献在于把原始佛教的"解脱"观念引入了西方思想之中。

解脱（délivrance）在西方文化传统中本指"释放、摆脱、交付、分娩[58]"，起初并无宗教意蕴，亦无道德或认识论上的寓意。具有形而上的意蕴的是另一个带有基督宗教色彩的概念——"得救"（salut），即得神的眷顾而脱离原罪，灵魂获得永恒的生命，它的实现只能寄托在死后的彼岸世界[59]。西方观念中真正出现解脱的观念，归功于叔本华。受到原始佛教的启发，他提出"自我解脱"（Befreiung von sich selbst/Extirpation de soi），即用克制欲求的方式

54 Jan Walsh Hokenson, *Japan, France, and East-West Aesthetics: French literature 1967-2000*, Fairleigh Dickinson University Press 2004. p.225-226.

55 其核心理念为：生命意志是世界的本源。意志是一种盲目的、无法用理性概念加以界说的神秘冲动，通过理念的不同等级而客体化为表象世界中的万物;意志作为不可分的整体存在于自然界的每一个体中，由于人是宇宙的一部分，人的本质也就是意志。但人们利己的生活意志在现实世界中是无法满足的，故而意志的支配最终只能导致虚无和痛苦，且痛苦的程度与人的生存意志之强度成正比。要脱离苦海，唯一的方法就是放下欲念，否定生存意志。见程志民、江怡主编：《当代西方哲学新词典》，吉林人民出版社 2004，第 250 页。

56 另外两大来源为柏拉图的理念论和康德哲学。

57 柴惠庭：《早期佛教与叔本华人生哲学异同论》，《上海社会科学院学术季》1991 年 10 月刊。

58 Larousse compact, *Dictionnaire de la langue française avec explications bilingues*，外语教学与研究出版社 2001 年 8 月版，第 536 页。

59 同上，第 1732 页。

来摆脱人生永恒的痛苦。他认为生命意志在现实世界中永远得不到满足，因而人生充满痛苦。要从这种痛苦中摆脱出来就须自动克制欲求，否定生命意志，达到真正无所为和完全无意志的原初状态。解脱的具体方式有三种：其一，**禁欲**，摒弃一切欲望；其二，**苦行、忏悔**，忍受痛苦，导致清心寡欲;其三，**死亡寂灭**，这是生命意志及其现象的同归于尽。**艺术的观赏也是一种暂时解脱**的途径，人在艺术观赏中忘却自己和世界，使人如入梦境，达到物我两忘的境界，形成怡悦的美感，暂时摆脱意志的控制[60]。不过，要实现最根本的解脱，仍然还是要回归否定生存意志的正途，达到类似于佛教的“灭谛”（梵文 *Nirodhasatya*）的境界，灭尽贪欲苦痛，达无余涅盘之“寂灭”（non vouloir-vivre）境界。

融汇了《奥义书》思想的生存意志论和“审美救赎”美学思想[61]对克洛岱尔产生了极大震撼。幼年时期争吵不断、缺少温情的家庭氛围让他很早就产生了“生活就是一场悲剧”的想法，来到巴黎读高中后，自己的香槟省口音、土气的打扮和趾高气昂的巴黎同学都让他感到无所适从，一度陷入自卑和抑郁，唯有幼时的宗教体验和文学能带来些许慰藉。而根据克洛岱尔在回忆录中所言，勒南的《耶稣传》让他对基督宗教失望透顶，甚至充满了厌憎情绪。直到 1886 年，两件大事——发现兰波和在圣母院感应圣灵使他的人生道路发生了巨大改变。随即 1886-1890 四年间，宗教热忱和唯物主义教育培养的根深蒂固的怀疑精神在内心争斗不休，让他备受煎熬，甚至被自杀的执念所困扰[62]。在当时弥散在整个法国文艺圈的虚无主义氛围中，叔本华哲学中的解脱理念让他看到了一线光明：如果彼岸世界的救赎无法确证，至少人还可以在当下的审美沉醉中得到喘息，或者在毁灭到来之前堪破生与死、功名与利禄的虚幻本质，在彻底放下的轻松畅快中获得灵魂的自由与解脱。带着对基督宗教救赎神学的疑虑和对印度-日耳曼式的自我解脱的向往，他萌生了结合自己的人生感悟、重写一部耶稣故事的念头，这就是我们后来看到的《金头》。

---

60 朱贻庭主编：《伦理学大辞典》，上海辞书出版社 2002，第 660 页。

61 克洛岱尔坦言自己极为认可在“审美沉醉”中获得解脱的理念，这和唯美主义的宗旨相通，但他始终对否定生存意志达到“灭谛”持保留意见，认为那是需要剔除的印度虚无主义。综合自 *M.I.* p.8, 11, 25-27 页。

62 Bernard Hue, *Litteratures et arts de l'Orient dans l'œuvre de Claudel*,. p.63.

二、人生为幻：象征主义阵营印度文学专家卡扎里的影响

1886-1893，在法国文学史上，正是自然主义和象征主义此消彼长的重要时期，而来自印度的神秘主义则是象征主义的重要外来推力。在现实主义文学的基础上吸收了实证主义、遗传学说和医学决定论观点，致力于揭露人生丑恶面及人的兽性，一位强调追求真实，为此甚至可以牺牲艺术效果[63]的自然主义文学思潮到了十九世纪八十年代开始出现颓势。梵语古典文献的西传和东方学研究的推动、叔本华等悲观主义哲学家带动的印度-日耳曼虚无主义，以及十九世纪上半期以《沙恭达罗》（*Sakountala*）为代表的印度古典文学作品的流行[64]，把一种古意盎然、神秘雅致的印度风情送到了巴黎文艺精英面前，为象征主义运动的兴起打了一支兴奋剂。人类历史的套路总是惊人地相似，公元前六世纪古印度哲学大转折时期，以"梵我为一、灵魂转世与解脱"为两条主线的传统奥义书哲学，遭到遮婆迦（Charvakas）的极端唯物主义——顺世论的扰乱后，形成了自由的精神空间，又为印度古典哲学时代的新宗教——佛教的出现创造了条件。如今，复兴中的印度佛教，以神秘主义和解脱哲学的名义，滋养了陷入形而上焦虑困境的西方精神，推动了象征主义思潮。

从 1887 年开始，克洛岱尔开始出入巴黎的各种文学沙龙，尤其马拉美[65]（Stéphane Mallarmé, 1842-1898）的"星期四沙龙"（les jeudis de Mallarmé），他在这个后期象征主义思想运动的大本营里结识了沉迷于印度"圣书"的诗人亨利・卡扎里（Henri Cazalis, 1840-1909）。卡扎里也是布奴夫的拥趸，《往事书》（*Pouranas*）、《妙法莲华经》（*Lotus de la bonne loi*）和《方广大庄严经》这些典籍的法语译本是他的床头书[66]。其时，卡扎里出版了具有浓郁佛教神秘

63 [日]竹内敏雄主编：《美学百科辞典》，刘晓路等译，湖南人民出版社 1988，第 432-433 页。

64 1830 年 A.L.Chézy 就将迦梨陀沙（Kalidasa）的这部戏剧作品译成了法文，在法国文艺圈大受欢迎。不断被改写和改编成剧本，1895 年还在巴黎上演，引起轰动。引自 Bernard Hue, *Litteratures et arts de l'Orient dans l'œuvre de Claudel*, p. 38.

65 斯特凡纳・马拉美在 1876 年发表《牧神的午后》一炮成名，已然当时已成为巴黎文艺青年的偶像的导师，其"星期二聚会"中几乎能找到后来二十世纪法国甚至在全欧文学和艺术界最耀眼的人物：王尔德、维尔哈伦、奥格尔格、魏尔兰、兰波、德彪西、罗丹夫妇、以及 Henri de Régnier, Pierre Louÿs, Paul Valéry, Marcel Schwob。

66 René Petitbon, *Dévot de la Maya brahmanique*, Association Internationale des Etudes Françaises, N13, 1961. P.103.

主义气息的诗集《虚无之书》（*Le Livre du néant*, 1872）和《幻梦集》（*l'Illusion*, 1875-1893），在文学圈内已经小有名气。他从 1887 年开始系统地研究印度文学史，并开始创作其《诗歌全集》（*Poésie complète*）的内容，并为 1888 年出版的《印度文学史：伟大的宗教和哲学诗选》（*Histoire de la littérature hindoue : les grands poèmes religieux et philosophiques*）做准备。卡扎里是沙龙的常客，克洛岱尔经常能在现场聆听他介绍印度文学，或者诵读新作。贯穿克洛岱尔之戏剧创作生涯的一条重要的美学理念——世界是“幻”（illusion）与“暗示”（allusion）的交错——就萌生于这个阶段[67]。

早在 1886 年开始构思第一部戏剧习作《沉睡者》（*Endormi*）时，克洛岱尔就已经开始借鉴卡扎里的诗作《湿婆的狂喜》（*l'Enchantement de Siva*）中的意象：无处不在的世界本源——摩耶（Maya，意为“幻”）。剧中的主要角色之一斯通博（Strombo）代表着粗疏、形而下的现象世界，他不停地邀请另一角色“诗人”（Poète）进入睡梦的世界去领悟真正的美与现实，而还有一个在睡梦中角色加拉克索尔（Galaxaure），他则沉醉于和谐的梦境，等待着被诗人唤醒，以见证梦以外的世界的模样。这部尚显稚嫩的作品明显是在重复卡扎里所持的“世界就是映射与幻境（jeu de reflets et d'illusions）[68]”的美学态度。而正是在这种充满神秘主义气息的“幻”论的迷思中，克洛岱尔感受到了印度佛教恢弘神秘的独特魅力。

继《沉睡者》之后，克洛岱尔将人生虚无空幻的存在主义焦虑和基督宗教救赎情结、印度佛教式的自我解脱精神掺杂在一起，结集为这部用一生的时间不断地回望、冥想和修订的半自传、半幻想性质的新耶稣本生故事——《金头》。

---

67 克洛岱尔早期作品中常见到对“世界为幻”这个主题的描述，经历了日本的禅佛教美学后才慢慢感悟到“世界非幻，乃是暗示”（la nature n'est pas illusion, mais allusion, J.I. p.412, 1942）。1911 年克罗岱尔离开中国，调任欧洲后，开始接触十六世纪西班牙卡尔德隆（Calderon）的戏剧，接受了“人生如梦”的理念，但是早期作品中对“幻”的思考主要得益于卡扎里的影响。

68 Bernard Hue, *Litteratures et arts de l'Orient dans l'œuvre de Claudel*, p40.

第二章 《金头》：在尘世建国的耶稣

第一节 写作背景：苦涩的新编耶稣本生故事

一、内容框架

在死亡和毁灭面前，天主在彼岸世界恩赐的拯救尚未可知，然而灵魂在此岸世界的解脱却是现实可行的。

这是一部浸透了虚无主义情绪的作品。故事开始于一片不知年代、不知文化背景的时空，景致与克洛岱尔家乡的原野颇为类似。流离在外多年的西门·安聂尔（Simon Agnel）在夜里带着亡妻的尸体悄悄回乡，偶遇自己的发小、先知齐贝（Cébès）。齐贝知道西门就是死而复生的基督，但其命运会因尘世的铁血战争而走向毁灭。二人埋葬了共同爱过的女人后，西门在大树下感应圣灵而接受了神圣使命。齐贝看出西门野心勃勃，劝其谨守圣礼、实现圣命。西门不屑一顾，凭借自己的才干，入伍从军成为大将军“金头”。无奈的齐贝向其跪拜，接受西门用鲜血施行的救赎礼。不久，故国受敌围攻，军臣星散，王室危急。偌大的宫殿里只剩下傀儡老国王大卫、公主、几位逃难的预言家，以及被新的统兵大将——“金头”留给王室照料的病重的齐贝。“金头”率军杀回，敌军土崩瓦解，喜出望外的国王亲自迎接，卑劣、怯懦的群臣也以胜利者的姿态再度粉墨登场。看着回光返照的齐贝在自己怀中咽气，“金头”斩断了最后一丝温情，他杀王篡位，流放公主。掌握大权后，他发动了征服世界的战争，一路向东打到高加索地区，最后宿命般地败给了信仰佛教的异族军队，自己也身负重伤。骄傲的“金头”命令残军返回，留下自己独自面对死亡。碰巧公主也流亡到此，被逃兵打劫并残忍地钉在树上。弥留之际，“金头”救下公主，并把王位让还给了她。公主对“金头”产生了真情，割腕放血，以求赎买其尘世之罪，这对苦命冤家最后相携离开人世。

《金头》是克洛岱尔首部正式发表的戏剧作品，也是其成名作。其重要性和独特性在于：其一，剧中的角色设定是克洛岱尔毕生戏剧创作不断回溯的“原型”，该剧是“进入其戏剧美学思想和形而上学体系的金钥匙[1]”。作者坦言在该作品中倾注了“无比的真诚”，（la sincérité[...] elle n'en a que trop），这种与早年生活经历密切相关的“生涩的、笨拙的、极为单纯”的真诚（sincérité crue, maladroite, horriblement naïve），仿佛把自己赤身露体、甚至剥皮剔骨后袒露在读者面前，即便到了晚年读起来仍然感到脊柱发冷[2]，其文学史料价值可见一斑；其二，基督宗教情结是克洛岱尔的文学创作最明显的特色之一，而这部作品初版的基本框架产生于1890年初领圣体之前，其中还能看到对基督教的疑虑和对尼采“超人”式的英雄人物的向往，是其戏剧作品中的孤例。这种犹疑和眷恋所造成的内在张力成就了该剧最独特的魅力。这部作品在百余年间不断地上演，2007年还改编成电影，到了二十世纪末依然热度不减，[3]这种盛况就是对作品魅力的最佳诠释。

和克洛岱尔大部分作品一样，《金头》历经了多次修订，正式出版存世的有两个全本以及一个未完成的舞台演出改编本。首版完成于1889年，当时克洛岱尔还在巴黎政治学院（Institut des Sciences politiques）求学，并忙于准备次年二月的外交官考试。其时他正经历着生命中第一次精神危机：使其倍感压抑苦闷的家庭氛围、十九世纪末的唯科学主义思想环境和文艺界的颓废情

1 Ruth N.Horry, “Claudel's Tête d'Or”, *The French Review*, Vol.35. No.3（Jan.,1962）p.279-286.

2 *Th-I*, p.1241.

3 克洛岱尔亲自参与改编剧本的演出有：1. En 1919, Théâtre du Gymnase （Le 1er mai）, Eve Francis et Edouard de Max jouèrent la scène finale de la 2e version ; 2. en 1924, Mme Lara monta pour deux representations à Art et Action, reprise en 1927 pour trios autres representations; 3.en 1959 et 1968, montée à Essen et créée au Théâtre de France dans une mise en scène de Jean-Louis Barrault. 克洛岱尔去世后的数次舞台改编和演出：1.Tête d'Or, 1988, version de 1894, mise en scène d'Aurélien Recoing ; 2. Tête d'Or, mises en scène historiques ; 3. Tête d'Or, 2001, version de 1894, mise en scène de Claude Buchvald ; 4. Tête d'Or, 2006, version de 1894, mise en scène d'Anne Delbée. 此外，《金头》还改编成了电影：*Tête d'Or*, 2007, film de Gilles Blanchard.

绪，再加上青春期的叛逆心理和渴望在经济和事业上独立的需求造成激烈的内在冲突。这段时间恰好也是其拓展视野的重要时期：其一，1886 年平安夜在巴黎圣母院感应圣灵，他首次萌生了出世的想法；其二，他接触到了兰波的作品，并加入了马拉美的文学小团体，艺术之美为他在世俗生活中开了一扇新窗，与上帝的召唤形成了强烈冲突。出世隐修的冲动和外交职业之间的对立让克洛岱尔难以抉择，他宣称"内在的自己已经焕然一新（homme nouveau en moi）"，但是"残存的旧'我'仍然无法摆脱世俗生活的旋涡[4]。"《金头》就是 1886-1890 这四年间的巨大内心挣扎（quatre années crucifiantes）的映射，"（首稿的完成）让我感到基督精神说服了我，我应该要放弃世俗之念[5]"。从某种意义上而言，该剧是其 1889 年在精神洗礼所献上的祭品。在当时共和主义思想氛围中，这部草稿在 1890 年发表后颇受争议，时任驻美外交官的克洛岱尔在 1893 年底开始进行第二稿的修订。该版几近重写，只保留了原来的章节顺序[6]，此版本成为了后来各种舞台演出的底本[7]。虽然《金头》的第二版已经基本定型，但克洛岱尔在数十年的创作生涯中仍然不断修订，几乎为每次舞台演出都推出了不尽相同的演出底本。1949 年克洛岱尔在和著名演员兼导演让-路易斯・巴伦特（Jean-Louis Barrault, 1910-1994）商议改编剧本时建议营造一种监狱氛围，控诉泰纳和勒南的科学论为这个牢笼化的时代扣上了一顶"让人窒息的唯物主义的铁盖"（couvercle matérialiste sous lequel nous étouffons）[8]，甚至要放在真实的集中营（stalag）中，请获释的真正囚徒来演绎这种绝望而颓废的情绪[9]。这个未完成的改编版本（只完成了第一幕）就成了《金头》最后更新的第三特别版。综合不同时期出版的各个版本的《金头》[10]，本文的研究以伽利玛出版社之七星书系（*Bibliothèque de la*

---

4 *Pr*.p.1012.

5 *Ibid.*

6 见克洛岱尔 1894 年 4 月 7 日写给史华伯的信。收入 P.Champion, *Marcel Schwob*, Grasset 1927. P.265.

7 1889 年的版本从未搬上舞台。

8 *Th-I*,p.1241.

9 *Cahier de la Compagnie Madeleine Renaud-Jean-Louis Barrault*, 25e cahier, Julliard, décembre 1958, *Tête d'Or*, acte I, p.25.

10 总结如下：第一版出版物有 *Tête d'Or*, Librairie de l'Art, indépendant, Paris, 1890. Imprimerie Bussière frère, Saint-Amand（Cher）, I vol；第二版出版物有 1. Dans l'Arbre, Paris, Mercure de France, 1901, Imprimerie Blais et Roy à Poitiers, I vol. 2. *Tête d'Or,* illustrée par Maxime Dethomas, Société littéraire de France, 1920. 3. *Tête*

Pléiades）1967 年版的《克洛岱尔戏剧集》(*Œuvres complètes : théâtre*）卷一收录的第二版为基础（最新且最完整），在具体分析过程中兼论及其它版本中具有特殊意蕴的内容。

二、隐含的《圣经》密码：奉耶和华与大卫之名的独立建国运动

这部剧是对耶稣故事的改编和再创。而刺激克洛岱尔酝酿这部剧的直接诱因，就是勒南（Ernest Renan,1823-1892）的《耶稣传》(*la vie de Jésus*）。该书 1863 年在巴黎出版，早年受过极佳的天主教神学训练的作者勒南在书中刻画了一个“纯人类形象的耶稣，他宣讲一种无需教条、无需牧师的个人宗教，主要一场排除教义或教会羁绊的‘精神解放’[11]。”这本叛逆之作极大地触怒了正统派信徒，却受到了仇视教士的自由主义读者的欢迎。克洛岱尔晚年在回忆录中抨击勒南的“唯物主义铁盖”，但是其皈依基督宗教后一度致力于还原《圣经》背后真实的耶稣形象，这一点真是他阅读和批评《耶稣传》的出发点。勒南一针见血地指出：耶稣的强有力的个性的形成，及其关于神灵的崇高观念，与犹太教无涉，完全可归结为他“伟大心灵的创造”。而这正是研究耶稣、打破自然神论和泛神论的两极化趋势的意义。“耶稣不曾有过异象，上帝向他说话，并非向自身以外者说话，上帝就在他里面。他觉得自己和上帝在一起，他所有关于天父的话都发自内心。[…]他看不到他，却理解他，而无需摩西的雷鸣与燃烧的荆棘、约伯的启示旋风、希腊人的神谕、苏格拉底的熟悉的守护神，或穆罕穆德的加百列天使。圣德勒撒的想象和幻觉再次亦一无用处。苏非派宣称与上帝合一的陶醉亦是另一回事。耶稣从来都不曾有过他就是上帝的渎神思想，他只是相信自己与上帝直接交流，还相信自己是上帝的儿子。人类曾取得过的对上帝的最高意识，便是耶稣对上帝的意识[12]。”耶稣神学，简而言之就

---

d'Or, édition Louis Broder, avec douze dessins de Louis de La Fresnaye ; 收录第一版和第二版的出版物有 1. *Théâtre*, première série, tome I, Mercure de France, 1911, I vol. 2. *Théâtre*, Gallimard, Biliothèque de la Pléiade, tome I, 1947. 3. *Œuvres complètes*, tome VI, « Théâtre I », 1953. 4. *Théâtre*, tome I, Mercure de France, I Vol. 1959. 5.*Théâtre*, Gallimard, Biliothèque de la Pléiade, tome I, 1967 ; 第三版（仅第一幕）出版物：1. *Cahier de la Compagnie Madeleine Renaud-Jean-Louis Barrault*, 25e cahier, Julliard, décembre 1958, *Tête d'Or*, acte I, p. 95-115. 2.*Théâtre*, Gallimard, Biliothèque de la Pléiade, tome I, 1967.p.1250-1260.

11 [法]欧内斯特·勒南：《耶稣传》，梁工译，商务印书馆 2010-10，第 4 页。

12 同上，第 116-117 页。

是“把上帝单纯地理解为天父”，而且他超越了民族偏见，建立起上帝的普世性父权。而“上帝的国”或“天国”之名，就是耶稣用来表达他带给这世界的革命性的常用术语。他认为，这个要来临的国度的统治将“由于世界的突然更新而已物质形式实现[13]”。

《旧约》的救赎思想中，最核心的内容即为众多先知反复预言的“统治万邦”的弥赛亚将来到世上建国。《新约》中，这一核心任务由耶稣基督独自承担，只不过此国度将在彼岸世界中实现。在基督教神学体系中，述及耶稣的生平、出生事迹、教诲的最古老、最权威的文献就是《马太》、《马可》、《路加》、《约翰》四部福音书[14]。耶稣注定要成为犹太人的王，这既是对其救世主身份的隐喻，也是记录在案的具有“律法”效果的人神之约。《马太福音》开篇称，耶稣是“大卫的子孙”[15]。《路加》首章中载，天使预告玛利亚，她的儿子会是“主上帝要把他祖大卫的位给他”的人（1：32）。大卫王晚年得到上帝应许，国祚将顺延下去，且唯有自己的宗室才能成为以色列国的统治者（《塞缪尔记下》7：12-16）。众多希伯来先知便以此应许为由，预言基督或弥赛亚将于“末日”来临时坐上大卫的王位。基督和大卫王后裔这两个身份概念合二为一[16]，成为耶稣为王之合法性的来源。耶稣时代的以色列国已成为罗马帝国的行省，名义上的统治者希律王出自一个世袭祭司家族——马加比家族（Maccabees）[17]，并非大卫王的遗脉。他们的统治如履薄冰，唯恐突然冒

13 《耶稣传》，第 119 页。

14 具体而言，完成于公元 70 年前后的《马可福音》记述了耶稣的传教生涯，在时间上是最早的；《马太福音》则完成于公元 80 年前后，作者以《马可福音》为主要依据；《路加福音》则是公元 90 年前后的作品。这三部福音书统称为“对观福音书”（synoptics）。在此基础上，公元一世纪末出现了《约翰福音》，与前三部并无文义关系，该福音偏重神学，论证耶稣的神性和上帝之子的身份，补充了许多重要的地理和年代细节。

15 《马太福音》（1：6，16）开篇的家谱记载：大卫从乌利亚的妻子生所罗门，[…]雅各布生约瑟，就是马利亚的丈夫。那被称为基督的耶稣，是从马利亚生的。

16 关于耶稣是“弥赛亚”或大卫苗裔之说的文献，还可见于《罗马书》（1：3）；《马可福音》（10：47）；《使徒行传》（2：30, 13：23, 15：16）；《提摩太后书》（2：8）；《启示录》（5：5, 22：16）；《十二使徒遗训》（10：6）；《以弗所书》（18：2）。

17 亦译“玛喀比王朝”。亦称“哈斯蒙尼家族”。公元前 2 世纪中期至前 63 年，领导犹太人反叙利亚起义的巴勒斯坦地区世袭祭司长家族。后被罗马将军庞贝率军攻灭。见丁光训主编：《基督教大辞典》，上海辞书出版社 2010，“马加比王朝”条目第 1241 页。

出大卫后裔将其打回原形，外有罗马驻军，内有权相摄政，身在王位而惶惶不可终日，剧中的老国王大卫正是处于这样的境地中。

奢靡的希律王临死前将王国分给三子。彼时的犹太国民生凋敝，不满马加比家族者大有人在。权力交接之时，谣言四起，起义不断。首都耶路撒冷发生反抗，时任犹太省藩王的亚基老纵兵杀戮，引发全国性的暴乱。南部有一位西门，本为希律的奴隶，自立为王且冲击耶利哥的王宫劫掠纵火，或为“西门”篡权行为的原型。此后，加利利人犹大创建“奋锐党”（Zélote）组织，再次发动大规模叛乱，奉耶和华为唯一的主，力主挣脱罗马统治的枷锁。玛利亚一家认同其激进的斗争理念，她给耶稣的兄弟取名为**雅各布**、**西门**、**犹大**，就是出于敬意。其后更是有三人反抗行动失败而丧生：耶稣与西门被钉十字架，雅各布被处以石刑。耶稣十二门徒中便有一个“奋锐党人西门”（Simon le Zélote），后远赴埃及、波斯和亚美尼亚传福音。天主教文学史上有无数关于耶稣复活之后行踪的假设和猜想，《金头》的作者显然采用了这样的故事框架：死而复生的耶稣以“西门”之名继续独立建国的革命事业，甚至将福音远播至高加索地区，只可惜最后身死国灭，湮没于历史尘埃之中。

在基督宗教创生时期，宣传救世理论的并非耶稣一人。公元一世纪，巴勒斯坦地区兴起了具有强烈末世天启意识的弥赛亚运动，众多先知都在宣传上帝无差别地赎救民众的信念，吸引了大量底层信众。犹太教亦变得多元化，主张革命的派别，期望希伯来先知的弥赛亚预言能带来真正有希望的改变，相信上帝会干预并让其实现。《旧约》中多处可见上帝将在“末后的日子”兴起大卫后裔作王的应许，促成推翻外国统治者而建立独立的以色列国家的事业，开启全世界和平公义的新时代。《所罗门诗篇》如此描述：“他将以口中的言语毁灭不信上帝的邦族。他一斥责万邦都从他面前逃跑……”，这位上帝所立的王不仅要驱除外辱、实现民族独立，还要推广信仰，将统治力量扩展至所有不信上帝的国家。希伯来文和希腊文原版中的“国”是指治理或统治，与希律的王国或罗马帝国统治无异。又及，按照《约翰福音》及耶稣教导的祷告中所说的神之国，定义为“上帝的旨意行在地上”，如同在天上。这意味着天上的治理进入人类历史，“神国”的说法更接近于一种彻底的革命，把一切政治、社会、经济的现状颠覆。这种救世主义流传了两个世纪，是耶稣本人和他的弟弟西门，以及施洗者约翰耶稣弟弟，使这场模棱两可的宗教运动变成具有可操作性的改革。泰伯认为，拨开神学的迷雾，耶稣 30 岁之前的详细谋划于公元26年开始付诸行动，的确是在打造一个具有非凡政治意义和历史价值的“耶稣王朝”[18]。

诚所谓理想很丰满，现实却很骨感。耶稣及其合作团队的政治诉求非常高远，远远超出了自己的实力。而他为了保证自己建国事业在神权和世俗权力上的双重合法性和，不得不努力迎合流传了几个世纪的弥赛亚预言。为此，耶稣过早地暴露了自己的实力，引起了希律王和罗马驻军的关注，最后在世俗的权柄被全部摧毁后，不得不以身殉教，保全神学上的光辉形象。这一方面酿成了耶稣个人的悲剧，也预示了剧中“金头”在征服世界的战争中走向毁灭的宿命。

第二节　多元的救赎模式

在这部戏剧中，所有人物身上都有着克洛岱尔自己的影子。其中最重要的就是西门/金头、齐贝和公主。西门/金头集中了步入成年的作者对自己的理想化认知和恣意想象，代表着世俗的权势及唯物主义的力量，其大起大落的悲剧命运暗示人在尘世的努力最终都将化作虚无；齐贝则是其青少年时期的缩影，也是其内在犹疑、彷徨的基督精神的外化，显现为一个能预知命运却无力改变的羸弱先知的形象。女性则是“圣化”的男性救赎工具，表现为：柔弱无力、为爱牺牲、充满母性，为男性的骄傲和自私默默承担后果。

樊登・希德（Van Den Heede）从天主教神学的角度出发，认为这三个主要人物都影射了《旧约》中约伯[19]。齐贝突发疾病，病入骨髓；西门，后来的金头，父母双亡，其后在战场上又负了致命伤，一切荣华富贵突然成了过眼云烟；就连公主也失去父王，失去了属于她的一切，这些都是义人约伯的遭遇的再现。但是仔细分析人物的内心活动，我们发现，基督宗教的虚无主义和从实证主义角度表现出来的疑惑、愤懑，以及存在主义的焦虑，这些都是表面的呈现。这三位人物的行动，对于命运、死亡的思考都隐晦地透露出印度佛教理念的色彩，齐贝——悲天悯人、看破尘世；西门/金头——天神不足敬畏，求解脱还是靠自己；公主则作为高度物化的符号，反映了叔本华和佛

18 [美]詹姆斯-泰伯（James D.Tabor）：《耶稣的真实王朝》（*The Jesus Dynasty*），薛绚译，江苏人民出版社2008年10月版，第79-80页。

19 Van Den Heede Ph. “La présence de Job et Oohélet dans «Tête d’Or» de Paul Claudel”, *Revue théologique de Louvain*, 31e année, fasc. 3, 2000. P. 362-393.

教的女性观：女性的存在，和死亡、人性的凶残以及失败厄运密切相连，成为虚幻而五彩斑斓的“色界”的典型代表。

一、赎而无救、寂灭是福：众多先知集于一身的齐贝

齐贝（Cébès）这个名字取自柏拉图的《裴多篇》，他在剧中表现出具有基督精神的先知和追问本源的东方哲人的双重特质。作为先知，他兼有先知杰里迈亚[20]、以赛亚[21]以及施洗约翰[22]的身影。剧中开篇，故事在黑夜中展开，喻指时代环境晦暗和危机四伏，他在冬季空旷的田野上彳亍，喃喃自语：“我，愚昧、无知，面对着未知的万物，我是一个‘新人’（homme nouveau）。转眼望向‘岁月’和烟雨朦胧的苍穹，我心充塞着烦恼[23]。”“新人”之喻，指

20 杰里迈亚是一位生于亚拿突（《杰里迈亚书》1：1）的祭司，属于希勒家家族。或为所罗门王时代的一个祭司亚比亚他的后裔（《列王纪上》2：26）。杰里迈亚喜爱自我分析、自我判断，他毫不保留地透露出自己内在的品格。虽然他本性怯懦，却蒙耶和华应许，要使他变得坚强、勇敢。在他好几段的“自白”（《杰里迈亚书》11：18-23；12：1-4；15：10-21；17：12-18；18：18-23；20：7-18）中，他坦诚地表露出自己内心最深处的挣扎；有时甚至以惊人的诚实，表明他对神的感觉。由于杰里迈亚经常显露内心的苦痛，亦被称为“哀哭的先知”。但同时也因为他记得神对他的呼召，加上耶和华一再肯定他已被委任为先知，使得杰里迈亚在事奉神时毫无畏惧。齐贝这个角色，取杰里迈亚的怯懦和情感充沛的特点，而舍弃了其坚振信仰的一面。

21 以赛亚出身高贵，是大卫王的后代。他年轻时候，感应圣灵，获得一颗新的心。上帝呼唤以赛亚侍奉，成为先知。他也预言了耶稣的降生和权柄。《以赛亚书》（9：6）载：“因有一婴孩为我们而生，有一子赐给我们；政权必担在他的肩头上；他的名称为奇妙的策士、全能的神、永远的父、和平的君。”这预言应验在《路加福音》（2：11,12）中：“因今天在大卫的城里，为你们生了救主，就是主基督。你们要看见一个婴孩，包着布，卧在马槽里，那就是给你们的记号了。

22 施洗约翰（希腊 *Iōannēs ho Baptistēs*）。亦译“洗者约翰”、“洗者若翰”。祭司撒迦利亚与伊莱沙伯之子，耶稣的表兄、先行者。预备民众迎接弥赛亚来临的上帝的使者。他住在犹太的旷野，直到上帝呼召他作先知。他宣告说：“转离罪恶，悔改受洗吧！上帝就会赦免你。”虽然耶稣没有犯罪，他也请约翰为他施洗，表明他对律的顺服。见丁光训主编：《基督教文化百科全书》，济南出版社 1991，第 556-557 页。齐贝的生命历程和施洗约翰有近似之处，但不乏反讽：他与“金头”关系密切，预知后者将成为王国的救赎者，但同时也是弑君者。约翰为耶稣受洗，齐贝想劝“金头”皈依基督，但被拒绝了，反而接受了后者的“祭血”。约翰被希律王所捕获，最后因王后而死。而齐贝则是避难宫廷，为公主所摒弃而最后身死。

23 *Th-I*, p.171

感受到了圣灵的召唤，生命因注入基督精神而焕发着新的光彩。这里对应的神学概念为“重生”（regénération），因与神重新建立了连接而使得精神世界获得了新的属灵的活力与方向。但这仅仅是一个模糊的开端，齐贝意识到自己具有了先知的力量，能预知自己和他人的命运，但是他看到了注定走向毁灭的结局却无力改变。这种强加的悲剧命运让他陷入了困惑，祈求于神却又得不到回应，他只能在愁苦中徒劳地追问答案。“在这沉沉的夜里。我是什么？我做什么？我期待什么？我只能说：‘我不知道！我只想哭泣、或嚎叫、或大笑、或挥动手臂跳跃起来！’‘我到底是谁？’[24]”齐贝认为自己是被神遗忘在角落里的子民，他热切地盼望确切的召唤，盼望着救赎，“我把自己献给您！我不知道！请看着我，我需要（您），我可以无尽地呐喊，如同孩子喧闹那样，如同那蜷缩在红红的碳火旁取暖的孩子！请不要拒绝我的这个请求[25]。”孩子的意象在齐贝的话语中反复出现，这是其对先知身份的惶恐和难以胜任感的表征，而事实上，他的确无法准确理解神的意志。

“话语只是噪音，书籍只是纸张。这周围的一切，雾气、沃土、树林、泥洼，似乎都在用一种无声的话语对我言说。”独自背负着这种无法理解且无法言说的命运压力，齐贝陷入了不可知论的恍惚中。这种心态，既含有对人神关系本质的质疑，亦有一种自发的、非基督教的自然神学倾向，即与万物有灵的“自然本体”断裂的存在主义焦虑和重建连接的企盼。这和波德莱尔的“通感”和兰波的“通灵”理念一脉相承。作者借齐贝之口的给出的回应充满着无奈，“一无所知、一事无成。这下垂的双手和彷徨的双脚，我该去向何方？[26]”人的存在是如此地虚弱和无奈，不可见的本体无从感知，即便感知到了也无从认识，认识了也无法表达，表达出来亦无从交流，面对它亦不知如何自处。

另一方面，路德·奥里（Ruth N.Horry）从历史的角度，提出齐贝就是作者自身童年时期情感记忆的投影[27]。与生俱来的文学创作激情和天赋使得年幼的克洛岱尔始终坚信自己背负着神圣的使命[28]，他承载着童年的家庭阴影

24 *Th-I*, p.172

25 *Ibid.*

26 *Ibid.*

27 Ruth N. Horry, “Claudel's ‘Tête d'or’”, *The French Review*, Vol. 35, No. 3 （Jan., 1962）, p. 279-286.

28 Dominique Bona, *Camille et Paul, la passion de Claudel*, Éditions Grasset & Fasquelle 2006. p.16.

和青春期的愤懑和无奈，同时亦感愤于时代精神氛围受困于“唯物主义的铁盖”。基督宗教精神已经进入其意识，但尚未能救其出苦难。对此，齐贝反复地慨叹：“我还如此年幼！我得不到任何帮助，我只能挺起胸膛去忍受这一切！[29]”这里隐约能看到茕茕孑立、遭受同时代的同胞误解和拒斥的《新约》先知杰里迈亚（Jeremiah）的影子，而这恰恰是克洛岱尔学生时代的处境。先知杰里迈亚称：“耶和华的话临到我说：‘[…]我已派你作列国的先知。’我就说：‘主耶和华啊，我不知怎样说，因为我是年幼的。’然而，耶和华赋予了他权柄，“我今日立你在列邦列国之上，为要施行拔出、拆毁、毁坏、倾覆，又要建立、栽植。”（《杰里迈亚书》1：1）而齐贝虽然受感召，却又无力承担更大的使命。这既是个人的悲哀，也是当时法国教会组织日趋没落的真实写照。他的命运被限定在黎明前的黑夜中，注定看不到黎明的光亮。他在黑夜里徘徊，发出向死而生的哀鸣。“噢，我是多么惆怅！多么悲伤！肝肠寸断！[30]”

（一）齐贝之使命和赎罪的完成

通观全剧，齐贝这个角色的存在只是为了铺垫西门向金头的转变，在完成使命后就走向了死亡，这点和施洗约翰的历史作用是一样的。作为先知，齐贝看到了一系列晦暗无明的意象（choses obscures），感受到的是一种被神秘“本体”凝视和逼迫的焦虑。然而，他的性格是如此怯懦，面对西门的自信和咄咄逼人，他根本没有勇气履行先知的使命。“苦涩的幻想反复折磨着我，我是多么想看到白昼的光明啊！别逼我说出这一切，我不想遭受你的嘲弄[31]。”最后，在西门的恫吓之下，才隐晦含蓄地预言了国王大卫的陨落以及西门未来的命运：

> “我所烦忧的事并未发生，但是那个存在，和它长长的目光，仿佛凝固了一般[32]（我）仿佛看到，那失去王位的君主，头颅散落在口袋中，睁着惊恐的双眼，一动不动；（我）如一颗死树，注视着白日降临，却不知所然，天籁般的窃窃私语充塞我耳中：我听见一大群自命不凡的家伙，徒劳地相互诘难且打成一团，声嘶力竭、眼睛颤抖，他们头

29 *Th-I*, p.179
30 *Ibid.*p.176. p."Oh,je suis triste!je suis triste! Excessivement !"
31 *Ibid.*
32 *Ibid.*p.179

发蓬乱，向我们望过来，如亡魂（Mânes）一样消失了；我还看见洪荒的末世和深重的苦难（les catastrophes et passions solennelles）；那笼罩众山的乌云、动物的叫声、村庄中喧闹和众多大道，大风呼啸、刮倒满载新芽和鲜花的战车，头戴面纱、金色双腿踞坐在大鼓上的胜利女神如收割者一般掠过道路，面色蜡黄如兽皮[33]。”

这段如《启示录》般惊心动魄的隐晦文字描述了国王将死和西门将取而代之，以及之后败亡的宿命。齐贝想以此为突破口，启发西门思考人的生存状态及人神关系，隐晦地规劝他迷途知返，担负起基督教的救世使命。西门不为所动，只是追问："说下去，'他'想表达什么？（Qu'est-ce qu'il dirait）。"这句马拉美式的追问背后，反映的是一种科学历史观与神学世界观的冲突，上帝退行成为一个受到质疑的"他者"，先知的神性在悄然间被解构了。

由于西门并不认可"神言"的权威性，悲哀的齐贝转而从人本的立场抨击世人的罪和堕落，规劝西门悔改："（神）不言！但是，有些人明明长着眼睛，却如无用的肉缝一般，什么都看不到[34]；比如有些女人，恶习昭昭，如山毛榉上的火绒；人世有野兽般的新生儿、天生一副牛犊脸的粗野汉；有被恶父强暴、戕害的孩童；还有风烛残年的老人，不孝儿孙掰着手指头盼其归天。"这段紧接着，他话锋一转，开始宣扬一种与《传道书》（*Ecclésiaste*）一脉相承的尘世虚无主义："众多的恶疾都对我们虎视眈眈，如溃疡和脓肿、癫痫和'点头病'，以及痛风和肾结石。肺结核让人心似火烧；（肉身）肿胀发霉像葡萄；肚皮下，扁扁空空，只有内脏和粪便。人的生命，最后都终结于蛆虫们的狂欢盛宴。"这里面提到的几种恶疾，可追溯到《约伯记》中上帝的严酷考验[35]；而其对人身为沉重的皮囊的渲染，则带有强烈的印度佛教"空"观的印记。

作为先知，齐贝在生命之树下亲眼目睹西门为圣灵所感应。当西门发出"如大梦初醒般的长叹（soupirant comme au sortir d'un rêve）[36]"时，内心已

33 *Th-I*, p.179-180.

34 原句是一句俗语：Il y a des gens dont les yeux fondent comme des nèfles fendues qui laissent couler leurs pépins. 直译为：有些人的眼睛就像裂开的欧楂（喻无价值的东西），除了产籽儿别无用处。

35 《旧约》时代的近东一贯从超自然的因果关系来理解病理，疾病的原因常与邪灵的怒火或神祇的考验相关联。

36 *Th-I*, p.183.

经认定他具有和神沟通的能力，决然拜倒在西门面前。“认清我是谁！[…]我是第一个如此呼唤你的人。”齐贝的“施洗者”身份和西门的“基督/弥赛亚”身份已经昭然若揭。随即，齐贝抓住了西门的双手，这时圣灵开始“浇灌”西门，而齐贝也随即完成了施洗和自身赎救的仪式。礼成之后，西门头冒金光，齐贝果真不负圣命，他预感到自己在世间的日子也快到头了。于是他一咬牙，要求眼前这位未来的大王为自己施行赎罪仪式：

齐贝：“听着！我绝不放开你！[…]今天我必须讲请明白，你必须回应我！你必须成全我所应得的（m'avoir fait la part qu'il faut），才能离开！”

这里所说的“应得的”，就是西门对他的救赎。这其中看到交织着怨憎、要挟和嫉妒。“你夺走了我的双眼！带走了我的快乐和希望！你从我身边夺走了这个女人，还杀死了她！现在到了我向你诉求的时刻了！以我们共同爱过的这个女人的名义和爱人类的怜悯心，请你可怜我，我就另一个你！别把我一个人留在这‘深不见底’的世界！ 哦 父啊！父啊！难道我不是你的孩子吗？[…]我年幼的兄长，求你了！”

面对齐贝求救的呼声，西门的回应和传道的耶稣如出一辙：“你当爱我！理解我！发誓忠诚且把自己完全交给我。这一点尤为重要：勿要轻易决定。”齐贝大呼：“命运让我实现你的所有要求。”西门：“你所对我做的，我会同样回馈给你。你愿意爱我？你渴求我的承诺，我也会将自己完全交到你的手中[…][37]”这俨然就是耶稣与门徒合二为一所行的事。“使他们都合而为一。正如你父在我里面，我在你里面，使他们也在我们里面。叫世人可以信你差了我来。你所赐给我的荣耀，我已赐给他们，使他们合而为一，像我们合而为一。我在他们里面，你在我里面，使他们完完全全的合而为一。叫世人知道你差了我来，也知道你爱他们如同爱我一样”（《约翰福音》17：21，22，23）。

在神的光环之下，我们依然能看到勒南式的耶稣的“人性”，看到一个具有独立人格的革命者的内心冲突：“死亡啊！黑夜啊！（我们）两个罪人又找到了彼此。”这里的“罪人”使用的是 *coupable*，源出低地拉丁方言（bas latin）*culpabilis* 或古典拉丁语 *culpa*，意为“过失”（faute），完全与宗教精神无涉，在此处暗示发动革命将要面临的世俗律法的惩罚[38]。“你的双手所握

37 *Th-I*, p.185.

38 此处还影射了罗马治下的耶稣时代，管理以色列国故地的罗马驻军镇压弥赛亚运动施行的严刑酷法。

着的，是一个‘存在着的人’（un home existant）。我生活着，带着神秘的灵魂，我站立于此[39]。”人的“此在”性和有限性，与灵魂的无限性和谐共存，这就是他理解的人的超越性的基础。“我也一样，我只是一个普通人！理解我！理解我的双手的痛苦！（我只是一个）残障且无知无识的‘人’。当这张嘴说出‘我’这个词时，是多么的美好！”这里借西门之口，克洛岱尔表达了一种回归人本主义、抗拒工业文明对人的异化而回到“原初性”的渴望。然而，世俗生活中的纷扰和纠葛太多，沉湎于欲望的人往往会变得琐碎和麻木，让灵性的“我”蒙尘。所以，“这种‘智性’应该保持一贯的开放状态。应当双眼仰望天际，即便在大地上步履踉跄[40]”。在这样一个举世皆浊我独清的历史氛围中，西门接受了救赎万民的神圣使命，高声呐喊：“万物流转变化，而我必须坚持本心！（faut que je résiste）我就是这世上的微光，我必须壮大，变成无根的火苗！”诚如耶稣所云：“我是世界的光。跟从我的，就不再黑暗里走，必要得着生命的光。”（《约翰福音》8：12）

发誓要成为世界之光的西门，照亮的第一个人就是齐贝。他以自己的血施行救赎，完成了与使徒的合一。这一过程充满了庄严的仪式感：

西门：“荣耀我吧。留在这里，我将作你的祭坛。靠近我，把你的头贴在我的肋部。”

齐贝：“有什么东西流到了我头上！”

西门：“这是我的血；要知道，男人，虽然没有乳房，也可以以此布施他的‘奶’！你现在已经是(神的)仆人了，离开前请拥抱这棵十字大树(arbre de la croix)，这个高昂着花岗岩般的下颚、向天空伸出布满荆棘之臂、且有金翅雀站在它伤痕累累的肩膀上歌唱的受苦的造物。接受我的血吧！哦，我要锤击心脏，让血液加速涌动，就像用强健的手腕拔出木桶上的塞子那样！这就是我的血！在这密密沉沉的暗夜中，让这点热血在我们的静脉中流通，愿你我都这样得救赎！就像脱离了死亡的两位同族，在这永恒的暗夜之中互相看不见对方，却籍此真正地重新认识了彼此！相拥而泣！”

在基督教救赎神学中，耶稣基督是唯一的救世主，也只有他才能以血救人脱罪。基督在十字架上为人类受难时，其血正是从肋部流出，“肋部”因而具有了救赎之口的神学象征意义。作为这个时空中的耶稣，西门以此方式

39 *Th-I*, p.185.
40 *Ibid*.p.186.

施血于齐贝，在完成救赎的同时，也实现了合一。齐贝心愿达成，双膝跪地且口称陛下，为其完成了人间之王的加冕礼："哦，我为你贺，王！我双手拥抱你，陛下！"对于齐贝而言，他以族亲和门徒的身份，完成了第一次圣体圣事："我品尝了你的血，这乃是救恩之池流出的第一杯酒！[41]"神圣仪式的完成，意味着两位主人公的归信和与神重建连接，先知所预言的"上帝之国"大业即将展开，齐贝完成施洗使命，即将退出这个舞台。

两人分道扬镳，独自面对命运的"西门"对天地祈祷，极像耶稣在决定命运的那个夜晚的祈祷。天为父，地为母，受命于天的西门感受到了两种神性力量对自己的撕扯，他如此叩问天地。他称赞父神的壮阔和宏伟："云彩撕裂，众星乍现。这夜里，万物各归其位（équilibre des choses dans la nuit）！这背后乃是您无敌的伟力！"他表达了自己将要实现神圣使命的激情："我也要完成我的使命（mon œuvre），我匍匐行走于您之下，我将撼动巨石！将它一举而起，如同身扛半片牛的屠夫！"；但同时，西门亦向具有"母性"的另一种神性力量之源——夜晚和大地展现了自己内心焦虑和相对柔软的一面。他五体投地，扑倒在大地上："夜晚！母亲！碾碎我，或者用泥土掩盖我的双眼吧！ 母亲，为什么你要让我睁眼看这世界！母亲，我独自一人！母亲，为什么要强迫我活下去？我是多么希望，明天东方潮湿的大地不会迎来红日！哦，夜，我是多么喜爱你！（或许）我做不到！看看我，你的孩子！哦，大地，我躺卧在你的乳房上（犹言吮吸大地的力量）！母性的夜晚！大地啊，大地！"

（二）齐贝之死

齐贝之死则仿佛是苏格拉底之死的翻版。他在知晓了命运不可改变后，心有不甘地接受了死亡。然而他的死亡，带有了某种自赎和为他人赎罪的正义感。不被拣选的"先知"和"背负众人之罪"的新苏格拉底在他身上得到了完美的体现。

当成为金头将军的西门亲率大军凯旋，缠绵病榻的齐贝已经油尽灯枯。在得知大军得胜前的那个彷徨的夜晚，齐贝已经预知自己生命将尽："我躺倒在此，因父母的罪（péché），我将会在那时刻（按指末世）到来前死去[…]但我要等待我的兄弟归来[42]"。要见这位救主兼兄长的亲人最后一面的强烈

41 *Th-I*, p.187.

42 *Ibid.*, p.197

意愿支撑着他挺到了这一刻。“金头”屏退众人，轻言抚慰弥留之际的齐贝，两人一番唏嘘：

金头：“好点了吗？”

齐贝：“好不了了！因为我已然注定不能痊愈，我的英雄！”

作为希腊文化的代表人物，齐贝其实是和基督教的上帝绝缘的。他自认为所联通的“神”，是具有自然神特征的 *nous*。他和“金头”就“本体-神”的存在进行过一番论争。齐贝心目中的神，高高在上，以万物为刍狗；西门的神则和人有“约”，他自己就是立约的代表。齐贝满心忧伤和疑虑，已然不再奢望‘救赎’，只想在生命燃尽之前，知道‘神之为何’的终极答案：

齐贝：“那个我所以之为靠山的（存在）。[…]我把自己托付给他，可知他是谁？他绝非像我这般羸弱。我只渴求用完美的东西来充实自己（me suffire），因为靠自己的力量，我无法实现。为此，我苦苦寻找完美的公义和真（juste et vrai）。虽然我还只是孩童，但在我身上，一直存在一种古老的力量。它自有其根源，亦在寻找自己的‘成全’之道（cherche sa fin），它与我的理性及柔弱的感官相悖，它使我的生活充满了苦涩。我睁开双眼，看见日出日落。我在大自然中，找不到丝毫欢乐。芸芸众人，和我一样。[…] 众人呐喊：请为我们赎回生存的权利吧！但这几乎是不可能的（n'ayant point d'art）！我只能赎买（payer）我自己。所有的人，都是可怜的困苦之人。你还认为，**我所说的那个‘他’存在吗？**”

金头：“用你的手碰碰我，摸摸我的旧创口！（即表明：‘耶稣’确实是死而复生了，旧的创口也还在）——他当然存在（il existe）！”

齐贝：“好吧，他存在！哪一个‘他’，我们说的是同一个对象吗？‘他’是完全将我拒斥在外，还是对我有何批评？我只为求证真理。无论是什么，只要背离于此，我随时会离弃它的怀抱！但我只看到一张嘴、一缕草、一块石头！而‘他’，既然我无法把握住（saisir）他，为何要天要赋予我的双眼以视觉；既然我的双手以‘以触代视’的手指！我唯有举起双手，胡乱挥舞！谁来告诉我，我们应有怎样的期待、还能怎样成长（travaux de l'amélioration），**至圣之人**（homme auguste **指耶稣**）能真正完成奉献（dédicace），将

> 自己变成（神的）殿堂？我不在乎是否得到（圣）爱。但是我懂得去爱，我想见证和拥有！但是，正是这我坚振信心虔心所求之愿，让我堕入虚空，一无所获（ne trouve réellement quoi que ce soit）。为什么，在未来还会有怎样的变化？”[43]

面对齐贝一连串的逼问和希翼的目光，金头无从作答。既然“神”缥缈不可及，齐贝从形而上的顶端回落到现实世界，“你回来了，‘胜利之神’。对于所有人来说，好日子已经近了，而你唯独不能拯救我。因为我就要死去，在明晚之前，在太阳行至正午位置之前！”[44]

齐贝坦言自己所害怕的并非死亡的痛苦，而是与生俱来且将变成永恒归宿的黑暗，害怕像“被活埋的人”（enterré vivant）一样，被无穷的火焰炙烤，或是被封闭在无限循环的黑暗世界中[45]。这里他描述的死亡，非常接近印度佛教中六道轮回的过程。金头和齐贝在讨论死亡的过程中，一直是齐贝刨根问底，金头以亦人亦神的姿态对终极问题作出回应。此时的金头，对于齐贝来说，是“兄长”（frère）、主人和导师（maître）[46]，又是“母亲、身披盔甲的乳母[47]”。而金头对齐贝的称谓亦兼为“兄弟、孩子[48]”，在死亡面前，父神和救世主合而为一的金头成了他最后的依托。齐贝执着于肉体消亡之后是否还能继续存在，金头描述了一个生命流转化生的自然过程。一方面他否认灵魂会回归天主，一方面也表明离开这个现象世界就无法再回头。纵然是神，也不能与这循环的力量相抗衡：

> “人之为人，乃在于肉身的存在！死亡，并非你所想的‘离开’。此岸这个世界乃是专门为人类所造，也就为其设置了各种局限，让人无所逃离，亦无法再‘回归’（n’entre non plus）难道你想让我把你藏入腹中，再重新“生产（enfanter）一遍吗？[49]”

既然自然之法不可违逆，生于这世间就应当接受虚空的宿命。人之死，就如同一滴水重新汇入“虚无之海（eaux vaines）”，那才是真正安放灵魂的静谧之所。金头抱着渐入幻境的齐贝，启发他用心去感受“生命如水莲花

---

43 *Th-I*, p.197.
44 *Ibid.*
45 *Ibid.*, p.219.
46 *Ibid.*, p.220.
47 *Ibid.*, p.225. Mère, mon frère ! ô ma nourrice aux côtes cuirassées !
48 *Ibid.*, p.226
49 *Ibid.*,p.220.

（fleur d'eau）一般在手心凋谢[50]”的唯美和恬淡。“这世间可有什么是恒定的吗？有谁能在大山的峭壁上刻上一个字符？去吧，去到那共同的归宿（lieu commun）！[51]”这里已然偏离了基督宗教的死亡观，更接近佛教的寂静涅槃的死亡美学境界。

卸下了心头的所有重担和焦虑后，齐贝失去了所有的重量。“我越来越轻，就快变成抓不住的东西了[52]”。他让金头把自己扛在肩上，就像“扛着一捆包树叶”。随即，他安详地描述了濒死体验：“金头！我既非女，也非男！（已然超离了肉体、性别这些有有形的局限）。所有的痛苦都过去了！桎梏被打碎了，我自由了！就像那被拔离大地的小草！这是最后时刻的快乐，我就是那快乐本身，充盈着无法言说的秘密！金头，我把我全部都交给你，你把我拢在你手心吧！”就这样，在最后的关头，齐贝摆脱了赎罪与得救的执念，悟通了诸法无我、诸行无常的道理，在接近涅盘寂静的喜悦和轻松中，溘然而去。

二、神国幻灭、了悟功名皆为虚空：西门/金头的宿命

西门/金头是该剧的灵魂。西门・阿尼埃尔（Simon Agnel）是“金头”成就霸业、完成身份转型之前使用的本名。西门之名，带着鲜明的奋锐党人的激进革命色彩（详见第一节），而其姓 Agnel 则是根据“天使”（法 *ange*/英 *angel*）造的词，暗示他负有神圣使命，具有“神性人”（*theios aner*）的特质。而金头（Tête d'Or）这个名字则是西门自封的称号，是其成为大军统帅之后使用的新身份。追根溯源，金头出自《但以理书》，用以指代“诸王之王”。但以理为巴比伦王解梦时称“王啊！你梦见一个大像，这像甚高，极其光耀，站在你面前，形状甚是可怕。这像的头是精金的，胸膛和膀臂是银的，肚腹和腰是铜，腿是铁的，脚是半铁半泥的[...] 你是诸王之王”，天上的神已将国度、权柄、能力、尊荣都赐给你。凡世人所住之地的走兽，并天空的飞鸟，他都交付你手，使你掌管着一切。**你就是那金头**”（《但以理书》2：31-33，37-38）。他是克洛岱尔早期文学中救赎使命当仁不让的承担者和施行者，也是其戏剧作品中最契合天主教正统救赎神学理念的人物。从基督教的观点来看，

50 *Th-I*, p.221.
51 *Ibid.*
52 *Ibid.*, p.227. je ne pèse plus, et je suis comme une chose qui ne peut plus être tenue.

耶稣是唯一有资格救赎世人的弥赛亚，其他《圣经》人物最多只是其辅助者[53]。但是这位“基督”也不等同于《圣经》中的救世主，而是更多地表现出世俗英雄主义和尼采的“超人”色彩。

当金头还是西门时，其言行举止具有克洛岱尔性格中早熟的部分特征。多米尼克·宝拉（Dominique Bona）[54]研究其早年求学经历时提到，早慧的克洛岱尔在巴黎路易大帝高中时期异常叛逆，这一方面源于争吵不休的家庭环境，另一方面则与十九世纪 80 年代流行的康德主义和实证主义思想氛围有关。相较于康德的纯粹理性，他更倾向于直觉，与实证主义的沉思相比，他更看重瞬间迸发的灵感火花。为此，他反抗家庭的束缚，强烈抵触学校科班教育，性情刚烈且拒绝妥协，推翻权威和远走他乡是其求学时期和职业生涯初级最为迫切的愿望。《金头》首幕中，多年漂泊在外而又心系家乡、特立独行且不惧权威、意志坚定且彰显王者霸气，正是克洛岱尔从中学开始的人生理想和生活现实互相交织的投影。

（一）沐浴神恩却背离上帝之国的王者西门

开篇，西门扛着死去的情人的尸体，趁着夜色回到家乡，被徘徊在野外的齐贝发现。齐贝追问其行踪，二人有如下的对话：

> 齐贝：“你到底去了哪里，不幸的人？你为什么要离开？这个女人又是怎么回事？”
>
> 西门：“这到底是为什么？谁又知道（我的苦衷）？我深深地铭记着那种曾经的怯懦性情、那种羞耻感，我无法抛开那种想要穷尽天涯路、看看平原外的世界的强烈愿望。于是我离开了家，抛下了家人。留给他们死亡！我流浪远方。我滋养了众多梦想；我阅人无数、历经沧桑。我见识了其它的道路、其它的文化、其它的城市。匆匆路过，一切如过眼云烟[55]。”

西门和齐贝就人生的本质进行过交流，人生就如同监狱，是“唯物主义的铁笼”，是充满了罪与病的世界。在解脱的方式上，二人差异巨大：相较

53 颇为有趣的是，这部克洛岱尔尚未真正皈依基督信仰的作品中，救赎者是影射耶稣基督的西门/金头，而其彻底皈依后的剧作中，救赎使命的承担者开始多元化，耶稣的身影反而埋没无闻了。

54 Dominique BONA, *Camille et Paul, la passion de Claudel*, Éditions Grasset & Fasquelle, 2006. P.64-71.

55 *Th-I*, p.173.

而言，齐贝继承了《传道书》中的精神，寻求彼岸世界的意义，满心苦闷地企盼着“开门的使者”和“带来黄色圣火”的救星[56]；

作为世俗的强者，西门不但抗拒虚弱的基督宗教的召唤和救恩，反而表现出对后者的救援与成全。首幕中，埋葬了女人后，铁石心肠的西门也表现出了柔情的一面：“啊！我远望何方？行往何方？天穹沉沉如铁，唯剩下我在这世间，承担着女人留下的一切，满是危险和艰难的嚎叫！”不过，他转眼间又回复理智，抛开了萎靡情绪。“年轻的女人已经香消玉殒！[…] 我行走在世间，渐渐感受到属于自己的生命在盛开，这种存在，未曾婚配（non-mariée）、未曾出生（non-née），它的‘职能’（fonction）就蕴于我这身体之内。[57]”这种职能显现为某种“内在的声音”（la voix de ma propre parole），这种强大的意志与上帝无涉，而是一种通过努力获取财富和权力、建立‘此在’的崭新世界的理想。它是十九世纪末法兰西第三共和国积极开拓海外领地、向世界第二大殖民敌国转型的时代精神在个体身上的共鸣，因此西门称自己“并非独自一人”。这种信念赋予了西门无比的充盈感，令他“仅有破衣一套，但是稳坐盘石之上，自认是富有之人[58]。”与齐贝感受到的模糊乏力、消极萎靡的基督宗教信息相反，西门接收到的，是生气勃勃、生机盎然的命运的召唤：

> 齐贝：你感受到了什么？
>
> 西门：大地的气息！啊！万象更新的春天，这是至纯的本源（virginité）流溢出的强烈的、胜利的爱！[59]”

在他眼中，本源充满了生命力，时间如同“滋味独特的醇酒（un vin à son goût）”。这本源力量的化身，就是大树。枝繁叶茂的大树是他“不动的父亲”（père immobile）和“导师”（précepteur）。一方面，因为树是大地之子（fils de la Terre），善于向大地吮吸生命精华，成就自己。孩童到了十一个月就会断奶，而“精神上的断奶”则难以达成，人需要像它一样或者通过它，向天地自然吸取灵气；另一方面，大树是天长地久且生生不息的生命力的象征。“在我出生前，以及离世后，它都会一直在那里。它所在的时间维度和人类并不

56 *Th-I*, p.180-181. Qui ouvrira la porte ? et qui descendra vers moi dans la demeure où je suis, portant le feu jaune dans sa main ?

57 *Ibid.*, p.177

58 *Ibid.*,p.178

59 *Ibid.*, p.181

相同[60]。”这里明显借用了印度佛教中的轮回理念，膨胀不已的西门认为自己是唯我独尊的王，超离于尘世的时间之外，犹如佛教神话中所一直企盼的“转轮圣王”（Cakravarti-raja）[61]。

西门带着神指定的施洗者齐贝来到象征着原初生命力的大树前，接受神秘灵力的灌注。“一种灵力吹拂着我，我浑身颤抖，就像风中的杆子[…] 一种严苛、野性的力量！这是一种男性的狂暴之气，我体内再也没有一丝阴柔（point de femme en moi）[62]。”在基督宗教中，树常用作弥撒亚降临的背景。《圣经》中记录了四种树：葡萄树、无花果树、橄榄树和香柏树。它们有不同的特质和用途，隐喻着各种不同类型的人[63]。此处所描写的“大树”硕大无朋，不知是哪种圣树，但是无论如何，基督教神学中绝无在树下感应圣灵的例子。这棵树更可能暗指佛陀悟道的毕钵罗树（Pippala）[64]。所以，西门所接受的超自然馈赠，并不只来自耶和华，其中还掺杂了印度佛教所指的般若智

60 *Th-I*, p.182.

61 亦译“转轮圣帝”、“转轮圣王”、“轮王”等，音译“斫迦罗伐剌底曷罗阇”、“遮迦越罗”等。古印度神话中的“圣王”。因手持轮宝而得名。此王即位，自天感得轮宝，转轮宝而降伏四方。又因飞行空中，故亦称“飞行皇帝”。佛教袭用其说。见任继愈主编：《佛教大辞典》，江苏古籍出版社 2002，第 751 页。

62 *Th-I*, p.184.

63 葡萄树是地中海地区极为普遍的树木，先知在讲道的时候常常就地取材拿葡萄树作比喻，以真葡萄树代指带有基督气息的真正基督徒，而用形似却不能结果的野葡萄树指代背弃神的人；无花果树则是神赐福之地的标志，因为神应许的选民要去的福地“有溪流，有泉水，有无花果”（《申命记》申 8：7-8）。但是无花果树的干枯毁灭则象征着上帝的惩罚及诅咒（《以赛亚书》34：4）。《新约》中，耶稣常常拿无花果树作比喻，来提醒跟随他的人多结圣善的果实；橄榄树是耶路撒冷的特产，《圣经》中的橄榄树常是光辉美丽、茂盛健壮、多产丰收、欢欣鼓舞的象征（《诗篇》52：10）。环地中海地区有一种野橄榄树，果实涩而难食，保罗曾借此比喻犹太人与基督徒之间的关系。野橄榄树可以通过嫁接而获得正统基督徒身份。保罗用以敬告世人珍惜神赐予的子女身份，结出义德的果实，以荣耀在天之父；香柏树盛产于巴勒斯坦，树干高大，木质坚韧，有植物之王的美誉，常用来造船和建筑圣殿的材料。因其生长在高处，亦被视为高洁、伟岸及权利的象征，亦喻指积极向上的尊贵生命。该树香气扑鼻，有防腐、防蛀之用，还象征基督徒爱与宽恕的情怀，能在基督内带给别人信心与希望。参见 http://www.cathassist.org/articles/articles/176.html

64 桑科榕树乔木。相传释迦牟尼曾坐于毕钵罗树下的金刚坐上悟道成佛，故又称“菩提树”，佛教视为神圣。见黄心川主编：《南亚大辞典》四川人民出版社 1998，第 67 页。

慧。**他自认在十字架上已经完成了上帝交付的救世使命，现在要为自己而活**。上帝的归上帝，凯撒的归凯撒，西门一心要在尘世建立霸业，与耶和华两不相欠，自此形同陌路。于是，长舒一口气后，西门面对苍天傲慢地吼道："别指望你所自以为了解的要多于我所接收的！"西门认为自己的齐贝无计可施，诉诸于哀求："我只想找到幸福！但是我就像是一个被埋入土中的人，什么都听不到。谁会为打开那扇门？谁会手捧黄火（feu jaune）降临到我身边？[65] 认清我是谁！（Souviens-toi de moi）。"西门的淡漠和抗拒使得齐贝陷入绝望："如果你心中已经知晓了（神的）律法和召唤（commandement），获悉了'（非人间的）属灵的意志'（volonté de non-homme）的，请想想身边的我们，这些苦难中的人"。在齐贝眼中，西门毕竟是被拣选的王者，但是他抗拒基督的召唤，所以仍然是与神断绝关系的"神人"。"施洗"的使命变得如此尴尬，齐贝索性拜倒在了西门面前，认他为**王者**，将圣灵的信息交到他的手里："我是首个如此呼唤你的人。给我你的手！让我抓住他！别拒绝我！[66]"。随后，西门感受到了一种"严苛、野性，带着迷狂的雄性的力量（la fureur du mâle）"，这意味着"拣选"和启示仪式的完成。西门已然接受了"坐上大卫宝座"的地上之王的使命。

对这位内心富足、拥有强大潜力的"超人"而言，埋葬象征基督宗教的"救赎工具"在第二幕中，"金头"对名利场中的人的罪归纳为三点：一、懒怠；二、阴柔（女性化、沉湎于情爱）；三、思维和言语的迟钝和背离事实。

与齐贝的消极相应，西门/金头表现出了强烈的进取精神和征服欲望，他不信神，但坚信内心的使命召唤：

> "我绝不会死，我要活下去！我绝不会死，我要活下去！我绝不能死，活着！因为我并非独自一人。[…]我听见它抱怨诸苦；但是它（人心）能经历什么苦痛。——什么都没有[67]。"

西门是心志坚忍、野心勃勃的征服者，是世俗生活中的强者。克洛岱尔将其塑造成为"被选中者"，集聚了拿破仑、路易十四、麦克白和所罗门王这些成就霸业的王者的特征，和老迈的"大卫王"形成鲜明对比。在象征生命的"大树"之下，西门对齐贝说："我的精神在燃烧、在沸腾，我整个身

---

65 *Th-I*, p. 180
66 *Ibid.*,p. 184.
67 *Ibid.*, p.178.

体都感受到了震颤。一种强大的意志席卷了我，我就如风中的木杆一样狂颤不已[68]。”在这强大的气场面前，柔弱的齐贝为其所动，不仅双膝跪倒在西门面前，祈求他拯救自己。

（二）刺王杀驾的征服者——金头

“道”在该剧中也是一个象征性的隐喻[69]。上帝以言语之“道”引导子民走上救赎的道路，齐贝在野外的路上徘徊、呢喃，事实上正是在接收这方向性的指引。不论是西门还是后来的金头，其最大的精神特质就是执着于世俗的功名，对“道路”有着让人惊异的偏执和特殊的理解。首幕中，他和西门就道路发生讨论，齐贝要走向回归的道路，西门却执意“偏离大道”，其对话充满隐喻：

> 齐贝（指着道路的一端）：“从这里可去往国/故乡（pays）[70]。来吧，在这个夜晚，回到我们的地方吧。”
>
> 西门：“不，我不去那边。那里没有位置容纳我；我绝不会去到别人的家园。我绝不会死，我将活下去[71]。”

这里表明了对虚无的彼岸“上帝之国”的抗拒。他拒绝了上帝用言语传布的“道”，因为“我听到了我自己的声音！虽然我听到这土地上众多抱怨苦痛的声音，但是有那一样是真实的？[72]”他主张用内在的力量去克服苦难，用自己的力量去完成救赎。因为，“白昼不会再出现了！”神已退入幕后，应许的救赎不会到来。为了进一步表面自己的观念，西门要齐贝“小声言语，好好看看眼前的‘道’”：

> “干瘪的黑莓在颤抖；树的枝蔓无声地摇摆、折断；大地上的泉水汩汩流淌。立在这虚空之中，手中只有黑暗，只有大地的忧愁。我们，独行在‘大道’的边缘，吞咽着热乎乎的气。[73]”

---

68 *Th-I*, p.184.

69 先知以赛亚预言：“有人声喊着说，在旷野预备耶和华的路”（《以赛亚书》40：3），玛拉基亦称：“我要差遣我的使者在我前面预备道路。”（《玛拉基书》3：1）。

70 法文中的pays指称的地理范畴可大可小，大可以指国家，小可以指家乡，甚至村落。这里一语双关，实指“家园”，喻指“上帝的国、信仰之境”。

71 *Th-I*, p.178

72 *Ibid.*, p.179.

73 *Ibid.*

事实上，“日光之下并无新事”（《传道书》1：9-11），按照《圣经》神学的虚空论，尘世的努力毫无意义，金头最后的败亡根本无可避免。耶稣的同伴、导师施洗约翰之死本来就是上帝神圣计划中的一部分。《撒迦利亚书》（13：7）中预言了耶路撒冷征战、耶和华亲自干预、神国最后建立的情境。但是其中亦云：“万军之耶和华说：‘刀剑哪，应当兴起，攻击我的牧人和我的同伴，击打牧人，羊就分散。我比反手加在微小者的身上。’”其前一章亦提到，“大卫家”的人要受伤或被扎，亲人为他悲哀。可以说，不论金头将军是否谨守上帝的“道”，他的悲剧命运其实都早已注定。不过，意志刚强的金头还是毅然决然地走上了反抗命运的道路。

且让我们看看金头要反抗甚至毁灭的世俗权威的代表——老国王[74]的处境。作为一个具有政治家自觉意识的青年，克洛岱尔在这部成名作中以“铁和血”的激昂战斗姿态抨击了当时法国萎靡不振的政治生态和文化潮流。不过，作者有意混淆时空，为大卫王安排了一个既有耶稣时代罗马政治文化印记、又影射十九世纪法国政体的“贵族共和政府”。傀儡大卫王的身旁，即有粉墨登场的护民官（tribun du peuple）、首席大法官（préfet suprême）、学究顾问（pédagogue），也有议会（Assemblée）、国库（caisse des fournitures），甚至还有反对党就“自动步枪”（fusils automatiques）的议题喋喋不休[75]。他们的共同特点就是希腊化，与西门代表的犹太-基督教文化形成鲜明对比。金头在旷野中揭竿而起，以一己之力聚众击退入侵者，这些官僚不曾给予任何帮助，反倒是从一开始就抛下国王和人民逃走了。局势稳定下来后，他们马上以胜利者的姿态弹冠相庆，护民官更是以人民救星自居，众人指鹿为马，一味地阿谀奉承。首席大法官轻蔑地指斥金头为“傻大胆”（fol-hardi）和“黄

74 如何设置剧中这位遭受被篡位且谋害的老国王的身份，克洛岱尔颇费了一番心思。在第一版中，这位君主的身份是罗马式的“皇帝”（Empereur），名字却与犹太历史上最伟大、且最虔心奉神的王——大卫同名。到了第二版中，本着历史主义的精神，他将其降级为“国王”（roi），大卫之名号暗示他是这个光荣的帝王的后裔。只不过他没有任何配得上这个名号的作为，仅是一个年老体弱、大权旁落的亡国之君。“我，大卫，须发皆白。在这极端的愁苦和死亡的绞痛间游荡（*Th-I*, p.193.）[…]我已经七十有五，岁月不饶人，已经快要走到生命尽头（*Th-I*, p.191）了[…] 如今没有人在乎我。首相（premier ministre）专权，他代理政务。他总是不让我按时吃晚餐。我的胃不好，必须要有规律地安排饮食啊！（*Th-I*, p.189.）”

75 *Th-I*, p.230.

口小儿”（gamin），他的功劳也成了“趁虚而入”（profiter de l’énervement）捡来的便宜[76]。

这样腐朽、没落的政治形象，在某种程度上映射了作者对七月王朝及第二帝国时期颓败的政府的讽刺，也流露出来对第三共和国激烈的反教权主义的不满，抒发了一种无政府主义的情绪。金头在这里，不仅仅是再生的弥赛亚，也是世俗社会的英雄，是集凯撒、拿破仑这样的政治强人的特点于一体的现实社会弊病的救赎者。只不过这个弥赛亚已经不愿拯救这腐朽不堪的国度，而是要毁灭它，另造清明世界。

第二幕中，当金头赶走敌人，众人欣喜回宫之时，各个都昂首挺胸，反而是国王被挤到了最不起眼的角落。在弑君的行为发生之前，被神抛弃的国王早就已经死了，只是麻木地等待着最后一击。齐贝死了，金头和“弥赛亚”这个旧身份最后的联系也断裂了。他抱着尸体落寞而凄凉地跌坐在大厅中央，与四周喧闹荒淫的贵族老爷们的丑态形成鲜明对比。无尽的失望和愤怒让他终于爆发了，金头拍案而起：“人为什么而活着？生于死，于我有何区别，都一样让我痛苦！”他站立起来，“我要在这堆龌蹉、懦弱的人面前宣布！要么我死，要么我建立自己的帝国！[77]”真正的上帝之国不在彼岸，而在人心中，这些人根本就不理解神的救恩意志，与其让他们这样败坏这个世界，不如用自己的方式，靠铁与血让这堕落的众人得到解脱。于是，金头怒吼：“你们只听到了自己胡言乱语。听听那掌控万有的‘道’的意志！我就是那个声音，就是那‘道’所示意的力量！我要成为这九五之尊！’[78]”

面对拔刀相向的金头，老国王颤巍巍地恳求他收手。金头怜惜地抱了抱老人，叹言人生是苦，与其强自苦撑，不如早点解脱。“死亡！思想、行为沉沉睡去，犹如那新生的婴儿，双腿蜷缩贴腹，再度回归母体（moule maternel）。如此，我们不再活着[79]。”说着一剑刺死大卫，让他进入永远的睡眠中。诚如他安慰奄奄一息的齐贝时所言，死何尝不是解脱，为何要悲伤，又为何要感慨，外界的一切都是幻象之集（bouffonnerie）[80]。随后，在众军士兵的欢呼声

76 *Th-I*, p.231.

77 *Ibid.*, p.229.

78 *Ibid.* Vous n’avez entendu que votre propre rumeur. Ecoutez l’ordre, écoutez la parole qui dispose! [...] je suis la force de la voix et l’énergie de la parole qui fait !

79 *Ibid.*,p.176

80 *Ibid.*, p.90.

中，金头拾起国王的金冠，自立为王。趋炎附势的大臣们假惺惺地为老国王感叹了几句，都簇拥过来恭喜金头。只有悲伤的公主独自背着父亲的尸体，默然离去。

走到了权力的顶峰，又没有了齐贝的劝诫，金头的野心随着对外扩张的不断胜利而日益膨胀。第三幕中，他亲率大军，沿着亚历山大大帝的道路，一路打到了高加索地区，剑指亚洲腹地。在一望无际的高加索平原上，金头的大军遭遇了印度军队。一阵狂风（vent véhément）掀起漫天的沙尘，掩护着一支无穷无尽的可怕队伍掩杀过来，这些怪异的亚洲军队驱赶着骆驼、战象和猛虎，伴随着震耳欲聋的锣鼓声，把大军冲散了。大部分士兵都溃逃了，最后只有金头一人还拿着剑奋力厮杀，被围上来的印度人"像厨师宰螃蟹一样撬开盔甲打倒在地[81]"。在这远离了耶和华的异域，金头和他的理想被"**梵天、谬误的王子、佛陀以及寂静的魔鬼**"（Brahma, Prince de l'Erreur, et Bouuddha, le démon de la Paix）[82]的力量毁灭了。这个充满象征意义的安排，诚如贝尔纳所言是"克洛岱尔对佛教信仰之恐惧心理的投射[83]"，亦从另一侧面印证：在克洛岱尔心中，佛教在某种程度上拥有基督宗教更强大的力量，它能毁灭西方，当然也蕴含着能疗愈西方文化危机的希望。金头在这股力量面前碰得头破血流，一身重甲全被卸去，终于领悟到"物质外壳"的虚幻和无常，从而在死亡到来之时放下一切世俗功名的执念、回归原初本性的慈善和淡然，这何尝不是一种解脱呢？

三、红颜祸水：克洛岱尔的女性观

通观整部《金头》，作者对仅有的两个女性角色着墨并不多：一个是西门带回来的女尸。对这位舍弃一切陪伴爱人、却亡于其手的可怜无名女子，西门表现出异常的冷漠和绝情，他趁夜匆匆将其下葬，一句话都不愿多说；另一个是不断遭遇围城、逼宫、弑父、流放之变的可怜公主。她未说上几句话就被金头赶走，最后在高加索的荒野中被逃兵打劫并残酷折磨，死前遇到金头，与其和解后重获王位，然而随即因伤重而死，于事无补。女性的存在和活动，和死亡、人性的凶残以及失败厄运密切相连，这一方面可以追溯到兰

81 *Th-I*, p.274.
82 *Ibid.*, p.275.
83 Bernard Hue, *Litteratures et arts de l'Orient dans l'œuvre de Claudel*, p.18.

波女性观的洗礼[84]，另一方面则要归功于原始佛教女性观之潜移默化的影响了。

佛陀的教义，以生活为牢笼，以涅槃为解脱，倡“无生”，视性生活为不赦之罪，列为首戒。作为生育和生命力象征的妇女，便成为“性”和“欲”的化身、淫逸放荡的源泉和邪恶的标志[85]。叔本华对女性也充满了偏见，他和母亲的紧张关系固然是重要原因，但是他对佛教女性观的认同和吸收显然强化了这种厌恶女性的观念。具体而言，对于女性职责，他认为生育是其唯一的职能。因为在身体层面，女性难以胜任高强度的劳动，在行动上无力承当更大的责任；而在精神层面，女性缺乏理性，是停留在儿童阶段的感性生物。另外，女性在艺术方面亦缺乏天赋，其对于艺术的热衷只是附庸风雅以吸引高贵的男性。而在叔本华整个哲学体系中，艺术被放在一个至高的地位。“意志”是“没有一切目的、一切止境的追求”，“一切欲求皆处于需要，所以也就出于缺乏，所以也就出于痛苦”，只有对艺术的观审才是摆脱了意志的欲求而获得纯粹的快感，而女性显然是无法摆脱欲求的束缚获得纯粹的审美快感[86]。

此外，女性作为无常的物质世界——“色”界的典型象征，本身也是虚幻不实，没有本体的。惟有女性死亡才能破除男性对堕落欲望的执念，促使男性醒悟并走上探索解脱之路的正确道路。所以，剧中两个女性角色都没能逃离“死荐”的宿命，生命如夜空中的流星，用鲜血赎买男性伴侣以及自己的罪后，便悄然陨落。这种冷漠和绝情，让人唏嘘扼腕。

---

84 克洛岱尔自称性格颇有孤僻之处，和兰波这位“老师”同病相怜。因为兰波说“友情和妇女群体在我生命中不存在”（La camaraderie et la société des femmes m'était interdites.）*M.I.* p.29.

85 如“一切女人皆是众恶之住处。”（《大般涅槃经》卷 9《如来性品》，大正新修大藏经，台北新文丰出版公司 1992，第 467 页）；“一切女人必谄伪。”（《佛说大般泥洹经》卷 6，同上，第 239 页）；“一切女人身,众恶不净本。”（《护国尊者所问大乘经》卷 3，同上，第 722 页）。

86 叔本华认为生命总是围绕自身意志做无目的、无意义、无止境的运转，人生即苦，唯一的快感来自满足意志的欲求，而这种满足只是为了延续生命，也就是说生命中的快乐只是为了延续生命以继续痛苦。在这样的大背景下，婚姻为了是满足性欲从而获得快乐，而婚姻的目的——生育下一代则是生命的延续以继续过痛苦的生活。见《叔本华与尼采论女性》，https://site.douban.com/163732/widget/forum/8796053/discussion/ 53063044/

首幕中，齐贝认出了西门要埋葬的女尸。他慨叹："就是她！就是她！曾经对所有人都那么好！笑靥如花、热情似火！[87]"

剧中，西门完成向金头的转变以及最后死前的心灵救赎和两位女性有关。第一次就是他的爱人。第一幕开场，西门扛着爱人尸体回到家乡，欲将其葬于故土。面对齐贝的质询，他称其为"陪伴我的女人"，并不承认夫妻之实。对于她的死亡，他喃喃地回忆道："我完全不知道她爱着我。那天，我双手扼住了她的咽喉，把她抵在谷仓的墙上。那时，我有着暴虐的性格。而她就在这个时候来到我身边[88]。"这位坚强的女性在"比大洋彼岸更远"、开满冷杉的地方找到了西门，然后，两人一起流浪，经历了一段成长和疗愈之旅。"我们一起，翻越众山、渡过众水，我们相携往南，横渡了另一片海，然后回到了这里[89]。"在这个过程中，将西门从迷失和暴虐中带回了现实、带回了"原乡"。最后，在故乡临时搭建的一个小茅屋中，耗尽了生命的女人离开了，在一个因过度潮湿而无法生火的夜晚。西门告诉齐贝，"我们的灵魂通过嘴相遇了，她用淳朴的手臂抱住了我！[90]"于是他带着女人的回到了自己出发的地方，来承受这片"受诅咒的土地"对我的嘲笑。但是，西门依然无法理解女性施加的救恩信息，他与之擦肩而过。"为什么我要试着成为另一个人？（指受洗成为基督徒）。女人！忠诚！我无法抱怨你，你一路陪伴我，就像一个被收买的仙女、一位用破烂衣服包裹流血的双脚的女王。而我只想这样与你对话：'当心这一滩烂泥！'怀着恐惧、羞愧、耻辱，掺杂着欲望，最后我得到了你，就像学会了一门科学。"这种态度多多少少是残忍的。"临死之前，她抓紧我的后，紧贴在她脸上，一遍吻着我的手，一遍盯着我。她说自己看到了死亡的预兆，仿如一艘旧船驶到了大海尽头。她边说边哭，茫然四顾，为不知所以的东西而悔恨。我问她，'你痛苦吗？'她却摇头。她直视着我，我不知她到底想要表达什么？谁能理解女人这种生物！去水沟里躺着吧！[91]"即便付出了死亡的代价，西门依然抗拒女性作为救赎实施者的工具性，他刻意让女人面朝大地躺在墓坑中，"去吧，进入这原始的大地！在这里你什么都听不到，什么也看不见，嘴巴贴着泥土。就像那趴着睡觉的人，

87 *Th-I*, p.172.
88 *Ibid.*,p.173.
89 *Ibid.*
90 *Ibid.*, p.174.
91 *Ibid.*,p.174-175.

抓过枕头，快些沉睡吧！[92]”埋葬了女人，填平墓坑后，他对着想象中的“母性”本体发出了这样的感慨：

> “哦！造物之母/我的女导师（Institutrice）！你用如此不同的声音与我对话，你的面容就像一本（读不透的）大书！深深地安息吧，愿你比那地窖中的种子还要安宁，再也听不到道路和原野中的噪音，听不到犁铧和种子袋的呻吟，除了我，让全世界都把你遗忘。我要把这把铲子和木棍也抛开，如远航者者毁掉自己的桨，让你彻底安息。”这位女性连名字都没有出现，至始至终都只是一个符号，一个工具性的符号。

另一方面，作者借西门之口表达了“虚幻、无常”的女性观：

> “（我们）对这些有着孩童面容的造物（指女性）的喜爱是怪异的；我认为她们的快乐（gaieté）是不真实的。她们会逝去/离开我们（变老、走形），就像一捧从指缝中溜走的流沙。啪！倏然间一切都幻灭！[93]”

公主的形象则诱人犯罪的活生生的“女妖”，她以救治为诱饵，要求得到男人最珍贵的精神财富。面对缠绵病榻的齐贝，公主伸手探了探他额头的温度。醒来的齐贝付之一笑，公主自负地宣称能治好他的病，齐贝反问这位“媚眼尤物”（Grace-des-Yeux）要如何才能被治愈，公主便提出要用信仰和爱来交换。但是齐贝坚称自己的信仰只给唯一的神，即便是死亡在所不惜。公主马上变得冷若冰霜，道声“永别”便拂袖而去，干脆而决绝。

叔本华称女性缺乏推理和思考能力，尤其是缺乏是非和正义感，只依靠机巧行事，所关注和留恋的只是眼前的事情[94]。这种观念对克洛岱尔颇有影响，在公主身上展现得淋漓尽致。第三幕中，身负重伤、穷途末路的金头离开了军队，独自留在山崖上等待死亡。他偶然发现了被钉在树上的奄奄一息的公主，将其救下。公主突然表现出了莫名其妙的斯德哥尔摩情节，她忘记了家仇国恨，不顾一切地爱上了金头：

“我不恨你了，金头！我很高兴，是你杀死了我的父亲！噢，我是幸福的！所幸，是你夺得了属于我的王位。是你，让我磨坏了双脚，走遍万水千

92 *Th-I*, p.175
93 *Ibid.*, p.177
94 [德]叔本华：《叔本华论说文集》，范进等译，商务印书馆 1999 年 1 月版，第 480 页。

山，陷我于贫苦、低贱、困窘之中，让我变成这个样子，即将死去！我多么希望，是你亲自把我钉在树上，这样我就能闭上双眼，更好地感受这一切！怀着对你的爱，安静地死去！你看，你赐予我的痛苦并非毫无用处（cette peine que tu me fis ne fut pas inutile）。我能真正像你一样死去了！（像你一样）如此长久的痛苦，终于能在死亡面前凝止了！[95]”言下之意，她从这种苦难中领悟到了自己当初的浅薄和俗陋，远离纸醉金迷的生活，找到了自己。“是你‘解救’了我”（Tu m'as délivré），她梦呓般地喃喃自语。此言一语双关，即指摆脱酷刑，又指重新将她的女性灵魂置于刚强独立的“父性人格”的护佑之下，甚至连即将到来的死亡都变得富有诗意。“我就像刚摘下的花儿，散发着比新割的嫩草更浓郁的香气[…]只可惜现在我无法再把这芳香敬献给你了，我的主人！[96]”但是，她却不愿看到金头死去，“我的王，我不能让你就这样在绝望和荒芜中死去（ne meurs pas ainsi désolé... désespéré）”[97]，她慌慌张张，想尽各种办法延续他的生命，甚至要用血来滋养他。

金头却冷静地推开了她，变现地异常决绝：“女人！你是不可能把（此岸世界）的生命包在头发里的[…]作为人之子，我始终都是那个孤单的旅客，在苦寒中倚在马背上独行。[…]我不需要你。我要独自面对死亡！就像那摇摆的火焰（flamme roule），再度没入胸中巨大的欲念之中！[98]”这个古怪的比喻，正是对佛教中涅槃（*Nirvava*）之意的借用。涅槃本意指“火焰熄灭”，喻指摒弃欲念，臻于无念无相的精神境界。这里作者并不认同这种过于虚无的理念，他构想的完美解脱方案是保留些许灵魂的意志力，并将其融入新生的生命进程之中。诚如金头随后所言：“我就像一个僵死的孩子，我愿再生为一个须发皆备的灵魂（âme chevelue）”[99]。这里的“须发”指人生经验和智慧，作者借以表达希望彻底脱离乏味且无望的西方工业文明，并带着此生的记忆和情感转生于孕育了深刻智慧的东方田园世界。

不过，面对太阳，金头最后的临终告解还是回归了基督宗教的仪轨，他轻声呼唤着高高在上的“父”，“阳光啊！带着怒火的神，吸收我！[…] 在

95 *Th-I*, p.293.
96 *Ibid.*,p.293.
97 *Ibid.*,p.294.
98 *Ibid.*,p.295.
99 *Ibid.*

我身上尽情延展吧！[100]”神的审判或拯救是否会降临，这已经不重要了，他已经领悟到了精神自由的真谛。咽气之前，他看到了前来汇合的又一支残军。已然看破放下一切的金头把王位又还给了公主，人间的功名都是虚无，那就送还给同样虚无的女人。做完这一切，金头安详地闭上了眼睛。而回光返照的公主，颤颤巍巍地穿戴好女王的全套仪仗后，未来得及接受众军礼拜便撒手人寰。来自尘土又归于尘土，她念念不忘的荣华富贵，最后还是烟消云散了，仿佛印证了《金刚经》最后一偈：

> “一切有为法，如梦幻泡影，
> 如露亦如电，应作如是观！[101]”

---

100 *Th-I*, p.295.

101 鸠摩罗什译，田茂志注：《金刚经》，中州古籍出版社 2007 年 4 月第 2 版，第 133 页。

第三章　亦佛亦道：克洛岱尔的中国缘

中法两国的文化交往由来已久，最早可以追溯到蒙元时期[1]。自十六世纪地理大发现以来，西方世界先后兴起了三次影响久远的“中国潮”[2]。

大航海时代，葡萄牙和荷兰的航海先驱发现了与中国通商的海上新路，贩入法国的中国丝绸、瓷器和各类工艺品，引发了法国社会各阶层对中国的强烈兴趣，一种对精美的“中国古玩”（chinoiserie）的热爱，从宫廷向外扩散，形成了一种持续的“中国风”。此外，双方在思想文化层面的交流，早期主要依靠的是罗马教廷派往东方传播基督福音的传教士团体[3]。十六到十八世纪是天主教来华传教的高潮期，从十七世纪末开始，法国传教士成为主要

1 阎纯德在其论文《汉学和西方汉学研究》(《汉学研究》第一辑，中华书局 1996，第 4 页）中引述《法国大百科全书》上一则史料，称法国对中国最早的记载，始于公元 170 年，罗马帝国特使 Mark Aurle 出使中国。但本文认为其时尚无法国，不取之。有史可查的首位来华的法国人为 1252 年受法王路易九世指派，率团出使蒙元的圣方济各修士纪尧姆·鲁勃吕克（Guillaume de Rubruck, 1215-1270）,著有《东行记》(1253-1255)。克里斯托福·道森:《出使蒙古记》，吕浦译，中国社会科学出版社 1983 年版前言第 1-2 页。

2 十七至十八世纪之间中国剧《赵氏孤儿》和《图兰朵》传入欧洲引发的中国戏剧热、十九世纪末至二十世纪上半期汉语古典诗词传入美国形成“意象派”文学思潮、二十世纪五六十年代中日两国的禅佛教和禅文学在欧美兴起。参见徐文:《世界文学史上的三大‘中国潮’》，重庆文理学院学报(社会科学版)2012 年 7 月刊。

3 事实上，从公元七世纪起，基督教世界一共有三波对华传教的热潮，第一波是唐朝的景教，第二波是元朝的也里可温教，最后是十六到十八世纪的天主教传教热潮。见许光华:《法国汉学史》，学苑出版社 2009 年 5 月版，第 1 页。

力量。与前期的西班牙、葡萄牙、意大利等国传教士相比，法国籍传教士更为注重研究中国文化，形成硕果累累的“传教士汉学”。在两种风潮交相作用下，十八世纪成为了中法两国开始亲密接触的时代，也是法国倾慕中国的世纪，亦是其全面开始研究中国的开端。真正近代意义上的“汉学”（sinologie）研究登上历史舞台始于1796年巴黎东方语言学校（Ecole Spéciale des Langues Orientales Vivantes）的创办[4]，以及之后1814年法兰西公学院（Collège de France）首开汉学讲席（Chair de sinologie）。到了十九世纪中后期，开设汉学研究部门的学校逐渐增多[5]，培养了一批科班出身的职业汉学家和外交官，也在客观上带动了中国典籍研究和翻译的热潮。与传教士汉学时期不同的是，儒家经籍一家独热的盛况不再，对汉传佛教和道家的研究成为汉学研究中新的热潮。

汉学热所及，克洛岱尔自然也不可能无动于衷，他对中国文化的接受和理解，表现出亦释亦老（庄）、佛道不辨的特征。

第一节　克洛岱尔心目中的中国佛教

一、晚清中国复兴之光：居士佛教运动

佛教发源于印度，而光大于中土，形成了宏大而丰富的汉传佛教体系。自汉哀帝元寿元年（公元前二年）伊存授经后[6]，佛经由中亚地区传入内地，

4　1796年6月2日，在东方语言学家蓝歌籁（Louis Mathieu Langles,1763-1824）的倡议下创立，他初任首位校长，并教授波斯语、满语和马来语。1914年学校更名为国立东方语言学校（Ecole nationale des langues orientales vivantes）。见许光华，《法国汉学史》，学苑出版社2009年5月版，第91页。

5　继法兰西公学院汉学讲座后，1844年东方语言学院开设了汉语课,1884年增设了远东历史、地理讲座，逐渐变成法国培养远东外交官的摇篮；此外，1888年法国在越南创建远东法兰西学院（Ecole Française d’Extrême -Orient），成为法国研究印度支那的重要机构；1900年里昂大学亦开设汉语课程，培养经贸人才。

6　曹魏鱼豢所撰《魏略·西戎传》载：“汉哀帝元寿元年，博士弟子景卢受大月氏王使伊存口受《浮屠经》”。是为中国人最早接受佛经、佛学思想的可信记载。关于佛教传入的时间，还有永平求法说（汉明帝永平十年，即公元67年）,相差69年,大约三代人的时间。王志远进行了考证，提出伊存授经说是可信的正史。见王志远：《中国佛教初传史辨述评：纪念佛教传入中国2000年》,《法音》1993年3期，第3-4页。

被视为黄老道学的一支。魏晋南北朝时期，玄学兴盛，佛教般若学精妙的义理和思辨体系大受士人阶层欢迎，各大理论流派都陆续传入且开枝散叶，有"般若六家七宗[7]"之谓，在一系列"华夷之辩"的冲突[8]中逐渐与本土文化相融，走上了独立发展的道路。进入隋唐，佛教的中国化走向成熟。经过数百年的积累，大量典籍译成汉语，促进了佛教义学的蓬勃发展，本土化的僧团和大乘学派开始出现，形成了"大乘八宗[9]"并立的繁荣局面。会昌法难[10]后，佛教由极盛转而一蹶不振。到了宋明时代，佛教各宗衰息，只有禅宗和净土宗在持续发展，且儒佛相互汲引成为汉传佛教发展的主流势态[11]，宋明大儒尤其擅长融通儒佛二门。到了晚明清初，教内不再分辨宗派界限，包容一切法门，尤其是禅净双修已然是普遍现象，教外则更加注重吸收儒学资源。

清代汉传佛教宗派[12]，继承明末遗绪，仍以禅宗和净土宗[13]为主，天台、

7 根据汤用彤的考证，"六家七宗"及其代表人物是："本无宗"（道安），"本无异宗"（竺法深、竺法汰），"即色宗"（支道林），"识含宗"（于法开），"幻化宗"（道一），"心无宗"（支愍度），"缘会宗"（于道邃）。其中"本无宗"和"本无异宗"为一家二宗。以"六家七宗"为代表的般若学思潮，在我国经历了长达一百年之久的发展过程。受历史条件的限制，"六家七宗"虽未完成建立佛学本体论的任务，但其兴起和流行，是中国佛教史和中国哲学史上一个承上启下的必要环节。见方克立主编：《中国哲学大辞典》，中国社会科学出版社 1994，第 148 页。

8 具体而言，有两晋的"老子化胡"之争、"沙门不敬王者"之辩；南朝"夷夏之辩"、"神灭"与"神不灭"的交锋。

9 即律宗、三论宗、净土宗、禅宗、天台宗、华严宗、法相宗、密宗。此外另有唐代法相宗大德窥基（慈恩）对大小乘佛法之判释，称为慈恩八宗。即：我法俱有宗、有法无我宗、法无去来宗、现通假实宗、俗妄真实宗、诸法但名宗、胜义皆空宗、应理圆实宗八种。见慈怡法师主编：《佛光大辞典》，北京图书馆出版社 2004 年 12 月版，第 285 页。

10 指唐武宗会昌年间（841-846）之排佛事件，其最高峰为 845 年由政府扩大的全面镇压行动。这一事件使佛教在中国受到严重打击，史称"会昌法难"。

11 马克思·韦伯也提到："部分而言，中国佛教试图以接纳其他两个学派之伟大圣者的方式来创造出一个统一的宗教（三教一体）。十六世纪的碑铭中已经能看到佛陀、老子和孔子并立的图像，类似的情形应该是早几个世纪前就有的。"见马克斯·韦伯：《印度的宗教：印度教与佛教》（Max Weber, *Hinduisme und Buddhismus*），康乐、简惠美译，广西师范大学出版社 2010 年 9 月版，第 373 页。

12 满清统治集团更为优待藏传佛教，但其影响力限于满族和蒙古族等相对少数的族裔，本文对此存而不论。

13 净土已经成为清初以来佛教各宗的共同信仰。

华严、律、法相等亦有所发展。由于清廷优待藏传佛教，而对于汉地佛教则采取相较于明朝更为严格的限制政策[14]，打击多于安抚，原本就日渐衰颓的佛教更为不堪。龚自珍曾慨叹道："悲哀，晚唐以还，像法渐谢。佛法之衰，为支那所诋，不绝如线[15]。"马克斯·韦伯指出：明清以来，官方对僧团的行政管控造就了一种晚期中国佛教特殊的僧侣制度——一种去精英化的"平民佛教"，表现为僧侣来源于文化素质极低的阶层，其恶劣的后果就是"僧侣生活本身走向彻底的仪式主义"，即高度注重维护仪式或戒律的尊严，而放松对道德的管理[16]。杨仁山也提到，清末的僧人"于经、律、论毫无所知，居然作方丈开期传戒，与之谈论，庸俗不堪，士大夫从而鄙之[17]。"

与职业僧侣的堕落形成强烈反差的是，清朝士大夫当中形成了居士佛教热潮。居士是从佛陀时代起对在家信徒的称谓[18]，相应于中国文化的文书学者性格，士大夫信众对佛学研究和传播的高程度参与形成了中国佛教独特的"居士佛教和僧侣佛教互补共生"现象，宋明以来形成的三教合流和压制寺院佛教的政策为清代居士佛教热做足了准备。满清入关之后，对佛教采取了封闭政策，佛教遂进入了家庭，催生了居士佛教盛行的现象。满清统治集团对汉族知识阶层的不信任和严酷的文字狱也在很大程度上推动了士人寄情于佛法的风气。及至鸦片战争，面对西方殖民势力和基督宗教的强势入侵，危机感深重的居士士大夫出现了强烈的反弹，佛教整体上表现出更加明显的入

14 明朝政府采取的是一贯的容忍制度，限制寺院拥有大量土地，控制寺庙和僧侣数量，以标准化考试的方式来控制僧籍。满清入关后，顺治帝痴迷佛教甚至试图出家的行为引起了混乱，康熙帝即位后开始严厉限制佛教：严格限制寺庙和僧道数量；完全停发度牒；设立僧官。康熙五十年（1711）《圣谕》全面禁止寺院拥有土地，严查僧人来历，禁止修建新庙。

15 见龚自珍：《龚定庵全集类编》卷三，《支那古德遗书序》，中国书店 1991 年影印版，第 2-5 页。

16 对于晚期中国佛教的道德败坏的惊人状况，他引述了一则传闻："赌博、饮酒、鸦片、女人，在某些寺院里扮演了客观的角色。"见马克斯·韦伯：《印度的宗教：印度教与佛教》，第 373 页。对于晚期中国佛教的道德败坏的惊人状况，他引述了一则传闻："赌博、饮酒、鸦片、女人，在某些寺院里扮演了客观的角色。"

17 见杨仁山：《释氏学堂内班课程刍议》，《等不等观杂录》卷一，《杨仁山居士遗着》，金陵刻经处刻印本。

18 于印度，自佛陀住世以来，佛教徒中，除比丘、比丘尼之出家教团外，并有优婆塞（男）与优婆夷（女）之在家信徒。见慈怡法师主编，《佛光大辞典》，北京图书馆出版社 2004 年 12 月版第 3188 页。

世取向。钱文忠将其归纳为：一方面浸入民间，参与世俗生活，弥勒和观音成为领受香烟与顶礼的要角；一方面，以“忠义心”诠释“菩萨心”，护国护法，声援民族之战[19]。佛学兴趣在晚清知识份子和革命家圈子内成为日趋显性的存在。面对着亡国灭种的危机，作为国家意识形态的儒家思想在自我变革能力上的僵化、迟钝，以及其在抵御西方工业文明入侵的战斗中走向全面溃败，道教和各种民间宗教亦巫化至极，衰败无法利用，佛教哲学的工具性价值得以前所未有地凸显出来。杨际开在其文《晚清变法思想中的汉学与佛学》[20]中指出：“晚清居士佛教现象是中国读书人回应西方文明冲击的一种独特方式。这是一个向内用力的过程与日本向外用力的取向形成了对照。这一对照又展现了东亚文明在面临西方冲击时权源与法源的冲突。”他进一步认为，在西方文明的内面冲击下，支撑传统专制王权的正统儒学意理开始与权力解纽，佛教学理作为读书人与专制王权保持内在间距的宗教伦理重新获得了需要。西方冲击是持续的，所以对佛学的关心也保持了连续性。晚清的变法家开始走出汉学营垒，利用民间的佛教资源来回收西方的文化冲击，唤起内在的道义自信，进而更新政治，推动变法。这与北宋援道排佛的理学思潮适相反，从而启开了近代中国反理学的端绪。甲午以后，这一关心与日本佛教界以及知识界的动向发生了互动关系，产生出了东亚文明的整体意识[21]。在这种由知识精英参与的中国式“佛教民族主义”运动中，近代中国佛教复兴的萌芽滋长起来。在实践上归心净土，在佛理上精研法相唯识，这场从明末延续至民初，尤以鸦片战争后发展到高潮的居士佛学热成为中国近代佛教复兴的主要特征。

众多推动佛教革新的居士中，最重要的当属杨文会（1837-1911）[22]。1864

19 钱文忠：《近现代佛教复兴运动浅谈》，收入《天竺与佛陀》，青岛出版社 2014 年 4 月第 1 版,第 100 页。

20 见香港宝莲禅寺网站佛教数据库中的文章《晚清变法思想中的汉学与佛学（上）》http://hk.plm.org.cn/gnews/2009411/2009411119613.htmlhttp://hk.plm.org.cn/gnews/2009411/2009411119613.html

21 同上。

22 安徽石埭人。字仁山。为清末复兴中国佛教之枢纽人物。生性任侠，好读奇书，淡泊名利，鄙弃科举，不愿入宦。太平军起，避乱杭州，偶于书肆得大乘起信论，读后乃潜心佛学。曾两度出使欧洲，于英伦得识锡兰居士达磨波罗、日本佛教学者南条文雄等，相约协力恢弘正法。归国后，于同治五年（1866）出资设立金陵刻经处，拟刻印三千余卷之大小乘佛典，然生前仅出版二千余卷。又日本编印卍

年他偶然读到《大乘起信论》，开始痴迷于佛教，此后致力于佛学研究和翻刻经籍。1878 年担任清廷驻英公使馆参赞，拜会欧洲东方学泰斗，汇通东西方佛教学术研究。二十世纪八十年代锡兰佛教界发起的佛教普世运动极大的刺激了中国的佛教知识分子。在“振兴佛教”的和声下，僧人、居士和新学人士都希翼再度发挥佛教整合社会思想文化的价值功能。1893 年 9 月美国芝加哥召开了世界宗教大会（The World's Parliament of Religions），上座部佛教的代表达摩波罗、日本佛教的代表释宗演（Soyen Shaku, 1859-1919）的公开演讲，引起了广泛的关注。12 月达摩波罗绕道上海回锡兰，在艾约瑟（Joseph Edkins）和李提摩太（Timothy Richard）的帮助下结交中国佛教人士[23]，尤其是促成了和杨文会历史性的会面，后者在二十世纪初与其合作推动佛教在西方的传播[24]。顺应佛教复兴的国际浪潮，杨文会和其继承者、中国的“铃木大拙”——太虚（1889-1947）[25]发起了中国佛教改革的“潜流”，后有印顺、

字藏经时，杨氏曾提供佛教典籍数百种。光绪三十三年（1907）于刻经处设立祇洹精舍等，自编课本，招生教习佛典、梵文、英文等，培育后进。又兴办“佛学研究会”，定期讲经。一时高僧如月霞、谛闲、曼殊等均往佐之。又如欧阳渐、梅光羲、李证刚等人均出其门下。文会又与英人李提摩太译佛经论为英文，以飨西欧人士，并选工绘西方极乐世界依正庄严图，以弘扬净土，今仍流行。其于义理特尊起信论，于行持则崇尚净土；曾与日人论辩净土真宗之非，又评击禅宗末流之失，乃倡导唯识法相以救其弊。卒于宣统三年之秋，世寿七十五。生平著述凡十二种，编入《杨仁山居士遗书》。见慈怡法师主编:《佛光大辞典》，北京图书馆出版社 2004 年 12 月版第 5484 页。

23 12 月 28 日，艾约瑟委托李提摩太和奥托-弗兰克（Otto Franke）带达摩波罗参观龙华寺，并发表演说，呼吁中国佛教界支持其保护印度佛教圣地的行动，但双方未能达成一致。见奥托-弗兰克：“一篇新佛教宣传”（*Eine neue Buddhistische Propaganda*），载于《通报》（*T'oung Pao*）1894 年 5 月刊。

24 1908 年杨文会收到达摩波罗来信，约与共同复兴佛教，以弘布于世界，杨欣然称善。见印顺法师，《太虚大师年谱》，台北正闻出版社第十版 1980 年 3 月（民国 89 年）第 37 页。

25 浙江崇德人，俗姓张，本名淦森，法名唯心,为民国以来佛教革新运动之倡导者。十六岁出家。十八岁受具足戒于宁波（即今鄞县）天童寺寄禅和尚，时与圆瑛法师私交甚密。十九岁在西方寺阅读藏经，因读般若经而有悟境。其后游学于杨仁山之祇洹精舍，与欧阳渐、梅光羲同学。因受时代思潮之激发，故主张革除佛教积弊，以弘教护国，进而兴国救世。民国元年（1912）赴广州宣扬佛法，被推为白云山双溪寺住持。并与仁山法师首倡组织“佛教协进会”，进京晋谒临时大总统孙中山先生，提出改革佛教计画，中山先生以手令褒勉之。旋倡改金山寺为佛

圆瑛、仁山等继承者在二十世纪二十至四十年代将其“参与式佛教”的理念——“人间佛教”发扬光大，奠定了中国汉传佛教现代化的方向。

克洛岱尔的驻华十四年以及此后的岁月恰逢中国佛教从居士佛教的改革热潮中酝酿其现代化道路的时期，中国寺院佛教的沉珂旧疾，及巫蛊迷信化的佛教实践同居士佛教的改革活力、政治诉求发生猛烈的碰撞，在其作品中（如《认识东方》、《中国之书》、《龙的图腾下》、《第七日的休息》）都有生动的呈现。尤其是《第七日的休息》这部完全意义上的神学剧，在作者用基督宗教的福音救赎中国的梦幻中表露出其对中国佛教文化的误读和选择性接受。

二、西方汉传佛教研究的兴起和克洛岱尔的汉传佛教印象

十九世纪后半页是法国崛起为世界性殖民强国的时期，也是天主教在“西班牙世纪”后进行全球扩张的最后一个黄金时期。殖民活动是西方学界之“东方学”发展的最大推动力，相较于英国和德意志诸邦出色的印度研究和历史比较语言学传统，法国在汉学一途不遗余力地培养人才，继承和发扬了十七世纪的“传教士汉学”光荣传统，在十九世纪早期成为欧洲的汉学中心。随着汉学的发展，汉传佛教研究也逐渐发展成为独立的研究领域。

李四龙提到，西方佛教研究的开创者布努夫生前就已经重视汉语佛典，但真正把这种重视落实到学术领域的，当属法国汉学的开创者——雷穆沙[26]（Jean Pierre Abel Rémusat, 1788-1832）和其弟子儒莲[27]（Stanislas Julien,1797-1873）。

教大学，未获成功。翌年，在南京创设中国佛教协进会，后并入中华佛教总会。在追悼寄禅和尚大会上，主张教理、教制、教产三大革命，撰文鼓吹佛教复兴运动，建立新僧团制度。见慈怡法师主编：《佛光大辞典》，北京图书馆出版社 2004 年 12 月版第 1373 页。

26 近代著名汉学家，以精通汉语、蒙古语和满语而闻名。1814 年 12 月 11 日法兰西学院任命雷慕沙为“汉、鞑靼、满语言文学教授”为现代意义上的汉学创生的标志，他亲手创立了欧洲第一个汉学系。其佛教研究的代表作为《法显撰〈佛国记〉》（*Relation des royaumes bouddhiques de Fahien*, Paris 1836）。

27 亦名茹理安，法籍犹太汉学家、法兰西学院院士，法兰西学院汉学讲座第一任教授雷慕沙的得意门生。涉及佛教研究的成就有：1853 年译介并出版《大慈恩寺三藏法师传》（*Histoire de la vie de Hiouen Thsang et de ses voyages en Inde*）、1858 年译介并出版两卷本《大唐西域记》（*Mémoires sur les contrées occidentales de Hiouen Thsang*）、1859 年由汉语译出的《百喻经》（*Avādanas contes et apologues indiens*）。

早在明清之际，中西之间就以天主教传教士为媒介，开始了文化接触[28]。十六世纪和十七世纪上半叶，来华传教士基本上都来自西班牙和葡萄牙。1687年，法国来华传教士（以耶稣会士为主流）在学识素养和数量上占据了绝对优势[29]，截至康熙朝禁教[30]，这批传教士向西方译介了中国儒释道典籍，并完成了一大批介绍中国思想文化的奠基性著述，构成了近代西方知识界了解中国的基础，史称“传教士汉学”[31]。1840年的中英鸦片战争打破了中国的封闭状况，西方传教士随着殖民势力再度进度进入中国，西方的汉学也得到了迅猛发展。克洛岱尔了解中国宗教情况的主要文献来源也是这一拨传教士，

28 有史可查的来华传教鼻祖是方济格·沙勿略（François Xavier）,1552年抵达位于广东台山市下属的上川岛，但到其病逝都未能被获准进入大陆传教；其后意大利耶稣会罗明坚（Mickel Rugori）神父和利玛窦（Matteo Ricci，1552.6-1610.5.11）神父先后于1580-1581间和1593年进入广东境内，逐渐取得了地方官员和皇室的信任，为天主教在华传教打开了局面。

29 随着十七世纪葡西两国的衰落，1658年法国打破了葡萄牙国王在1455年取得的对东方天主教传教区的保教权，开始尝试在中国和安南创建自己的主教区。1685年，为打破荷兰在航海业的技术垄断，路易十四派出科学家去往世界各地绘制地图、确立子午线，并进行各种地理和天文研究。向中国派出的是六位具有“国王数学家”尊号的耶稣会传教士，并大都进入清廷任职。另有统计数据表明，1658年后，法籍传教士占传教士总数的64.2%，到1773年7月罗马教廷解散耶稣会时止，总共有472位会士在中国服务了190年。见鲜于浩、田永秀着，《近代中法关系史稿》，西南交通大学出版社2003年12月第1版，第3-4页。

30 明末清初，为了打开在华传教的局面，以利玛窦为首的耶稣会士提倡尊重和适应中国文化，对敬天、祭祖、祭孔不予干涉。利玛窦去世后，耶稣会内部产生争执，分为两派，争议的焦点是：儒家的“天”是否能和Deus等量齐观？是否要容忍民间偶像崇拜和祖先崇拜？是为著名的“礼仪之争”。由于教皇格勒门十一世顽固坚持禁止中国礼仪的立场，最终激怒康熙帝，1721年颁行禁教令，驱逐无清廷信票的传教士，但依然准许有一技之长的科技人才留任。康熙朝的禁教政策成为鸦片战争前的基本国策。摘选于“铜雀历史网”http: //www. tqxz.com/zgqs_readme.asp?id=596

31 张西平将国外汉学的发展分为三个阶段：游记汉学阶段、传教士汉学阶段和专业汉学时期。传教士汉学阶段代表性著述有：利玛窦《基督教远征中国史》，龙华民（Nocol ò Longobardi, 1559-1654）在1601年发表的《论中国宗教的几个问题》和之后的《中国哲学家孔夫子》，杜赫德（Jean-Baptiste du Halde）1735年的巨著丛书《中华帝国全志》。见张西平，《传教士汉学研究》，河南教育出版社2005年5月版，第2页。

尤其是戴遂良[32]（Léon Wiegger, 1856-1933）、明恩溥（Arthur Henderson Smith, 1845-1932）。其时，1875年后，弗里德里希·马克斯·缪勒[33]（Friedrich Max Müller, 1823-1900）开始主编其宏大的五十卷的《东方圣书》（*The Sacred Books of the East*）译着系列，其中佛教典籍达十部[34]，涵盖了梵语、巴利语和汉语三种语源。缪勒的日本弟子南条文雄（Nanjia Bunyiu）为汉语《大藏经》（*Tripitaka*）编撰目录；此外，浸礼会传教士李提摩太（Timothy Richard）亦在二十世纪初把阿湿缚窭沙（Ashvagosha，亦译为马鸣）奠定大乘佛教理论基

32 法国耶稣会士和汉学家，生于阿尔萨斯，1887年来华，在直隶东南耶稣会任教职，长驻河北献县，直到1933年病逝。著述极为丰富（64部），涉及到中国佛教的有：《哲学文集》（*Textes philosphiques*, 1906，河间府），该书后于1930年修订再版，名为《哲学文集：儒家、道家、佛教》（*Textes philosphiques : Confuciisme, Taoïsme, Bouddhisme*,1930）；《中国佛教》（*Le Bouddhisme chinois*,1910）；《中国宗教信仰及哲学观点通史》（*Histoire des croyances religieuses et opinions philosophiques en Chine depuis l'origine jusqu'à nos jours*, 1922）。

33 德裔英国东方学家、宗教学家，尤擅佛学。1870提出"宗教学"概念，把西方对宗教的研究扩大到基督教范围以外，并积极赞助东方文献手稿及铭文的研究，是学界公认的十九世纪兴起的比较语言学、比较宗教学和比较神话学的创建人之一。

34 分别为：vol-10. F. Max Müller （*Dhammapada*）, Viggo Fausböll （*Sutta-Nipata*）, *The Dhammapada and The Sutta-Nipâta, a collection of discourses; being one of the canonical books of the Buddhists*, translated from Pāli; and *The Dhammapada*, a collection of verses, translated from Pāli, 1881 ; vol-11. T. W. Rhys Davids, *Buddhist Suttas. The Mahâ-parinibbâna Suttanta, The Dhamma-kakka-ppavattana Sutta, The Tevigga Sutta'anta, The Âkankheyya Sutta'a, The Ketokhila Sutta'a, The Mahâ-Sudassana Sutta'anta, The Sabbâsava Sutta'a*, 1881 ; vol-13. T. W. Rhys Davids and Hermann Oldenberg, Vinaya Texts, vol. 1 of 3. The Patimokkha. The Mahavagga, I-IV.1881 ; vol-17. T. W. Rhys Davids and Hermann Oldenberg, *Vinaya Texts, vol. 2 of 3. The Mahavagga, V-X, the Kullavagga I-II*.1882 ; vol-19. Samuel Beal, *The Fo-sho-hing-tsan-king, a life of Buddha*（佛说十三经）, by Ashvaghosha, Bodhisattva; translated from Sanskrit into Chinese by Dharmaraksha, A. D. 420. 1883; vol-20. T. W. Rhys Davids and Hermann Oldenberg, *Vinaya Texts, vol. 3 of 3. The Kullavagga, IV-XII*.1885 ; vol-21. H. Kern, *The Saddharma-Pundarika or The Lotus of the True Law*.1884 ; vol-35. T. W. Rhys Davids. *The Questions of King Milinda, vol. 1 of 2. Milindapañha*.1890 ; vol-36. T. W. Rhys Davids, *The Questions of King Milinda, vol. 2 of 2. Milindapañha*.1894; vol-49. Edward Byles Cowell, F. Max Müller and Takakusu Junjiro, *Buddhist Mahâyâna Texts. Part 1. The Buddha-karita of Asvaghosha*, translated from the Sanskrit by E. B. Cowell. *Part 2. The larger Sukhâvatî-vyûha, the smaller Sukhâvatî-vyûha, the Vagrakkedikâ, the larger Pragñâ-pâramitâ-hridaya-sûtra, the smaller Pragñâ-pâramitâ-hridaya-sûtra*, translated by F. Max Müller. *The Amitâyur dhyâna-sûtra*, translated by J. Takakusu.1894

石的巨作《大乘起信论》汉语本译成英语[35]，并创作了以耶释佛的著述《大乘佛教的新约》（*The New Testament of Higher Buddhism*）[36]。

1895-1909 这段时间，西方佛教学术研究依然停留在佛教文献学层面。梵语、巴利语佛教研究仍然是学界主流，汉传佛教研究只是汉学中的一个分支，尚不能与之比肩。克洛岱尔对汉传佛教的了解，主要来源于戴隧良于 1910 年完成的两卷本《中国佛教》[37]（*Le Bouddhisme chinois*）。这套著作提升了他的佛教认知水准，使其明晰了"大乘"和"小乘"的区别，开始视中国佛教为一种独立发展的佛教形式，而不复为印度佛教"堕落的"附庸。

由于克洛岱尔与戴遂良一直保持着密切的联系，其中国佛教观自然也受到后者的影响。由于居士佛教的兴起和佛教复兴运动，戴遂良对晚清中国佛教的评价是相当积极的，称："如果说在如今的中国还存在着某种德行、某种慈悲精神的话，究其根源，那都源自佛教[38]。"1909 年，克洛岱尔在其《在龙的图腾下》亦称："佛教来到中国，给予了中国真正意义上的宗教，也就是说，带来了诸如'影响人类命运的超越性力量'、'报应'及'有漏皆苦'这些理念[39]。"

根据加多福尔的研究[40]，克洛岱尔通过阅读戴遂良的作品，已经能区分南传和北传两大体系，并开始意识到大乘思想占绝对优势的汉传佛教传统在整个佛教体系中的重要性。其实早在来华之初，他就能准确地区分在大乘佛教中地位超然的"菩萨[41]"（Bodhisattva）和终极的得道者们——诸佛，并表现出对大

---

35 Timothy Richard ,*The Awakening of Faith in the Mahayana Doctrine : The New Buddhism*, by Patriarch Ashvagosha, Shanghai 1907

36 Timothy Richard ,*The New Testament of Higher Buddhism*, Edinburgh 1910

37 [法]戴隧良:《中国佛教》(两卷)，直隶河间府献县 1910 年 4 月印刷（Léon Wieger, *Le Bouddhisme chinois*, Ho-kien-fou,1910）

38 见 *Le Bouddhisme chinois*, p.110.（S'il se trouve dans la Chine actuelle quelque morale, quelque piété quand on va aux sources, c'est toujours d'un fonds de bouddhisme que cela découle.）

39 *Dr.*, *Œ*, t.IV,p.73. 此段引文转引自 Gilbert Gadoffre, *Claudel et l'uinvers chinois*, Gallimard 1968. p.293.

40 *Ibid.*

41 菩提萨埵之略称。菩提萨埵，梵语 bodhi-sattva，巴利语 bodhi-satta。又作菩提索多、冒地萨怛缚，或扶萨。意译作道众生、觉有情、大觉有情、道心众生。意即求道求大觉之人、求道之大心人。菩提，觉、智、道之意；萨埵，众生、有情之意。与声闻、缘觉合称三乘。又为十界之一。见慈怡法师主编：《佛光大辞典》，北京图书馆出版社 2004 年 12 月版，第 5209 页。

乘佛教名相的准确认知。在散文诗集《认识东方》的《寺院[42]》(*Pagode*)篇中，克洛岱尔写道："菩萨，这和平肃默之王，与一切神祇就居住在这里面[43]"。此外，他还提到了无限光明佛、西方极乐世界佛、阿弥陀佛等佛像。在佛教史上，菩萨地位在大乘佛教中的提升，是原始佛教的救世论向在家俗众的诉求倾斜和调适的结果，亦是对原始佛教颠覆性的革新。马克思·韦伯[44]提到，在家俗众无法祈望达到涅槃的境界，佛陀这位致力于自我救赎的成功典范也过于遥远，他们需要的是"今世的救苦救难者和来生的极乐世界"，在此背景下出现了救赎理论的内在转换，即："以菩萨(救赎者)的理念来取代缘觉(*Pratyeka-Buddha*，又称辟支佛，即'独觉')与阿罗汉(自我救赎)的理念[45]。小乘学派将皈依者划分为声闻(*Sravaka*，平信徒)、缘觉(自我救赎者)和阿罗汉(得救赎者)等宗教身份，菩萨则成为大乘宗派所独有且共通的理念。"

此外，出于对佛教神秘主义的兴趣，他研究了"劫[46]"和"功德[47]"这些概念，还就灵魂转世说(métempsycose)和戴遂良进行了书面讨论："但凡中国人，就没有不相信灵魂转世说的。甚至有这样一句俗语，用以描述那些凶残至极的奸恶之徒：他都不怕来世的报应[48]。"

在艺术方面，克洛岱尔对中国佛教建筑艺术的构造颇为欣赏。在《寺院》篇中，他如此描述 1895 年的龙华寺："这块宗教圣地不像欧洲的圣地那样

42 该篇散文作于 1895 年 12 月，其时克洛岱尔刚到中国不久，还在上海任候补领事。文中提到寺庙为离法租界不远的龙华寺。见徐知免译，《认识东方》，上海人民出版社 2007 年 10 月版，第 21-24 页。

43 其所指的菩萨应该为庙中供奉的西方三圣中的观音菩萨和大势至菩萨。

44 马克斯·韦伯：《印度的宗教：印度教与佛教》(Max Weber, *Hinduisme und Buddhismus*)，康乐、简惠美译，广西师范大学出版社 2010 年 9 月版，第 342 页。

45 同上。

46 梵语 *kalpa*，巴利语 *kappa*。音译劫波、劫跛、劫簸、羯腊波。意译分别时分、分别时节、长时、大时、时。原为古代印度婆罗门教极大时限之时间单位。佛教沿之，而视之为不可计算之长大年月，故经论中多以譬喻故事喻显之。佛教对于"时间"之观念，以劫为基础，来说明世界生成与毁灭之过程。见慈怡法师主编：《佛光大辞典》，北京图书馆出版社 2004 年 12 月版,第 2811 页。

47 梵语 *guna*。音译作惧曩、麌曩、求那，意指功能福德，亦谓行善所获之果报。见慈怡法师主编，《佛光大辞典》，北京图书馆出版社 2004 年 12 月版,第 1566 页。

48 摘自 1911 年 2 月克罗岱尔写给戴遂良的信，转引自 Gilbert Gadoffre, *Paul Claudel et l'uinvers chinois,* Gallimard 1968., p.293.

匀称而严整，蕴涵着某种信念和限制的教义的奥秘感觉。它的作用并非为了捍卫绝对、反对外观。它形成了某种气氛，可以说是高悬于天上的那种气氛，寺院把整个大自然都渗透到奉献仪式之中了。”基督宗教传统中的建筑意在用象征的方式凸显上帝的崇高和威严，处心积虑地营造压迫感，而佛门建筑尊“诸法空相，诸行无常”之教，其建筑艺术以“破执”、“不着于相”对最高旨归，简素、清幽而高远就是中国佛教建筑最常见的美学气质。相较而言，他对锡兰佛教庙宇的印象却是“晦暗”和“让人生厌”[49]的，他笔下的中国佛寺胜在玄秘、静谧、恬淡而自然的宗教氛围。又如在《唯觉寺[50]》一文中：“寂静。[…]我谛听。依然是寂静，没有人的喧语，也没有击鼓的声音。[…] 并非这简陋的洞穴深处香烟缭绕中供奉的金身塑像[…]构成了这里的宗教氛围。这棉布围绕的矮矮的座台，这圆圆的拜垫，过一会儿，比丘将要到此盘膝而坐，沉思默想或是入定，这才是一切。”佛教道场之灵气，在于其活生生的宗教实践，这是汉传佛教和只剩下文献的印度佛教的重大区别。

对于中国佛教供奉的偶像，克洛岱尔也有自己的看法。1895 年的龙华寺名义上是华严宗的道场[51]，却深受净土崇拜[52]风气的影响，其三进殿结构，进

49 *M.I.* p.165

50 该文作于福州，福州境内并无什么唯觉寺，应为涌泉寺。

51 宋元时期，龙华寺佛事繁荣。北宋治平元年（1064 年），宋朝皇帝将龙华寺改为“空相寺”。随后又赐给“空相寺”匾额，拨款修大佛殿、宝塔，新建白莲禅院。元末毁于兵燹。明代修复后成为上海第一名刹，嘉靖三十二年（1553 年），明世宗敕赐“万寿慈华禅寺”匾额，从此龙华寺又称“万寿华禅寺”满清入关后，先后又有韬明禅师等名僧住持宝刹。及至咸丰年间，天台宗四十祖观竺法师住持龙华寺，该寺成为天台宗的法脉。所以，历史悠久的龙华寺虽然从宋及至清中期都属禅宗一系，咸丰年间转由天台宗比丘住持，但是深受这股崇拜净土“功能神”风气的影响，亦供奉布袋弥勒。

52 宋元以来，经济中心南移，地处交通要道的上海得风气之先，江南工商阶层的壮大使得照顾俗众信仰需求的净土法门，尤其是其中的弥勒信仰特别发达。中国的弥勒信仰于南北朝时开始，逐渐盛行；至唐代后，由于阿弥陀经之译出，发愿往生西方净土者亦多，故弥勒信仰风气稍减。19-二十世纪之民间宗教社团犹深受弥勒信仰之影响。见慈怡法师主编，《佛光大辞典》，北京图书馆出版社 2004 年 12 月版第 6424 页。此外，弥勒菩萨的信仰，是净土教的一型。净土宗认为，往生弥勒净土‘法门’，比起十方世界的其他净土，是‘最’为‘希有’，最为稳当的途径。弥勒信仰在近代人间净土理论的构建中起到了重要的作用。

门首殿摆放的是弥勒佛[53]的化身——布袋和尚[54]。面对着这位中国佛教中的救世主，克洛岱尔写到："迎面供着一尊金佛，周身贴金，趺坐中央，右足蜷曲盘于身下，若有所思，仿佛存在着某种悟性。笑逐颜开，昏昏欲睡。这个痴肥的苦行者到底有什么好开心的？他闭着眼睛看到了什么呢？"。言下之意，颇为不屑，加多弗尔称其"产生了不愉快的联想[55]"。作为格罗特汉学著作的忠实读者，我们可以推断克洛岱尔对最接近耶稣基督角色的佛教救世主——弥勒佛并不陌生，但是在基督宗教的传统中，自我牺牲的悲剧命运和历尽苦难的经历才是一位救赎者的应有之义，弥勒佛的欢喜造型消解了作为神灵的崇高感和严肃性，对佛像"闭眼"的误解[56]也让他产生了"骄傲、封闭"的印象。加上还有四位凶神恶煞的护法天王："前殿两侧端坐着四位巨大的神人，左右各二。通体黑漆彩绘，腿殊短而腰身则粗壮可观"，克洛岱尔素来认为印度佛教才是纯粹佛教，在其《中国人的迷信》（*Les superstitions chinoises*）一文中批判中国的民间宗教，不免会对这尊完全中国化的弥勒佛化身像及护法神产生鄙夷之心。

相较于布袋弥勒，克洛岱尔对佛教的创立者——释迦牟尼还是抱有某种崇智主义的敬重之情："（佛陀）口与双目紧闭，一手下垂，指向大地，作

53 弥勒，梵名 *Maitreya*，巴利名 *Metteyya*。又称梅呾丽耶菩萨、末怛唎耶菩萨、迷底屦菩萨、弥帝礼菩萨。意译作慈氏。依弥勒上生经、弥勒下生经所载，弥勒出生于婆罗门家庭，后为佛弟子，先佛入灭，以菩萨身为天人说法，住于兜率净土。据传此菩萨欲成熟诸众生，由初发心即不食肉，以此因缘而名为慈氏。大日经疏卷一，谓慈氏菩萨系以佛四无量中之慈为首，此慈从如来种姓中生，能令一切世间不断佛种，故称为慈氏。是为"未来佛"，类似于基督教的弥赛亚。见慈怡法师主编：《佛光大辞典》，北京图书馆出版社 2004 年 12 月版第 6424 页。

54 中国一般寺庙供奉之笑口常开胖弥勒像为五代时之契此和尚，因传说为弥勒化身，故后人塑像供奉之。而往生兜率天之信仰，自古与阿弥陀信仰同为佛教徒所重。见慈怡法师主编：《佛光大辞典》，北京图书馆出版社 2004 年 12 月版，第 6419,6424 页。

55 Au respect qu'inspire le spectacle de la contemplation bouddhique se mêle une certain malaise. 见 Gilbert Gadoffre, *Paul Claudel et l'uinvers chinois,* Gallimard 1968. p.294.

56 此处对大乘佛教造像的眼部细节理解有误。佛像是对信众的直观教学示例，其目二分开八分闭，二分观外八分观内，二分观世间八分观自在。静坐时，全闭容易昏沉，全张开容易散乱，半闭眼睛，有助于禅定；其次，它也寓意常观己过，不盯人非。

‘证果’状[57]。此佛如来既在圣树之下永离轮回，于是成等正觉，寂然入定，其余诸神栖息于上方，也同样双目紧闭，收腹屏息。[58]”

虽然克洛岱尔笔下的中国佛教充满了优雅的中国味道，但印度情结在不经意间依然表露无疑。《寺庙》篇中谈及在进入寺庙前，“一个头上扎着金黄色头巾的印度人和一个头上戴着一顶李子色泽的丝质圆筒形帽子的印度袄教徒走了进来[59]。”看似轻描淡写，但是印度宗教信徒进入汉传佛教的道场，哪怕是在清末最开化的上海也是怪异的。克洛岱尔特意描述这个细节，无他，印度情节作怪而已。

第二节　克洛岱尔和道家思想

一、历史背景：道家在西方的传播

二十世纪以前，西方思想界主要从儒家学说中汲取养分。而进入二十世纪以来，老庄的道家思想已然成为影响西方的主流中国思想。二十世纪上半叶，西方精神界掀起过一阵持续说十年的“道家热”，其余势至今不衰。相较于十九世纪下半叶法国乃至整个欧洲轰轰烈烈的“印度复兴”文化景观，处于远东的中国的文化影响相对要低调一些[60]。道家哲学思想在“印度风”已然开始式微的二十世纪，才出现了研究热潮。不过，早在传教士汉学时期，道家的主要典籍《道德经》、《庄子》和《淮南子》以及《易经》就已经译介到了欧洲。

---

57 法文原文是“geste du témoignage”，直译为“见证的手势”。根据大乘佛教造像原则，只有释迦牟尼佛具有如此手势，称为降魔触地印，“梵语 bhumispars/amudra。又作触地契、破魔印、惊发地神印、能摧伏印。大唐西域记卷八载，释尊成道时，天魔前来扰乱，释尊以此印按地，即有地神踊出，证明释尊之福业胜德，天魔为之退散，故此印又称证成印、证诚印。见慈怡法师主编，《佛光大辞典》，北京图书馆出版社 2004 年 12 月版第 6803 页。

58 徐知免译：《认识东方》，上海人民出版社 2007 年 10 月版，第 21 页。

59 同上，第 22 页。

60 这段时期的东方学家，尤其是宗教史家更关注印度，而非中国的文献。因为远东的知识来得慢，也更难获得；中国的文化形象，继伏尔泰塑造的“神秘、智慧的东方”之后，在十九世纪法国作家的眼中，只是新奇小对象的产地和异国情调的想象来源，甚少能提供“让人反思宇宙和人的学问”。Bernard Hue, *Litteratures et arts de l'Orient dans l'œuvre de Claudel*, C. Klincksieck 1978. p.33.

道家思想在西方的接受史就是一部不断被异化和况义的历史。西方知识界发现道家学说的价值要比儒家晚得多，然而对其着迷的程度却远超儒家。克拉克（J.J.Clarke）认为，道家在中国文化中缓慢衰败和它在西方意识中的上升时同步的。十六和十七世纪，西方首先发现的是中国的儒家思想，并将其视为中国思维的灵魂，而道家哲学，则与道教混为一谈。早期的耶稣会士眼中的道教仅是一种崇拜偶像的迷信，与受启示的自然神相反，它的宗教实践中充满了胡言乱语和襜妄。十七世纪开始，耶稣会士开始逐渐重视对《道德经》的研究，并在中国士人的帮助下，于1700年左右完成了两个拉丁语译本[61]。但他们始终在传播这样的理念：道教大量滥用护身符和驱邪术，乃是一种歪曲了原始的道家哲学的异教信仰形式。正式在这样傲慢的态度中，道家哲学逐渐被传教士汉学家从道教研究中分离出来，此后的西方学界都把“纯粹的道家哲学”和“道教”截然分开，把道教视为先秦道家的‘不肖子孙’，并严重低估了宗教在儒学文化体系和中国文化整体中的地位[62]。

正是在这种去本土宗教化的研究中，早期道家研究者走上了“圣经旧约索隐”的道路，这段时期“道”被阐释为通达神的最高理性的“理”（raison）。对道家的基督教式解读成为了十九世纪前的主流研究范式。

真正引发智识界对道家哲学的普遍兴趣的是十九世纪初雷穆沙出版的《道德经》节译注释本[63]。在他的译文中，“道”被况义为“逻各斯”（logos），含有“绝对存在（souverain Être）、理性（raison）和言词（parole）三层意义[64]”。其后，儒莲（Stanislas Julien）在1842年完成了首个完整的译本，影响巨大。“道”为“途”（voie），道家本体论褪去了被耶稣会强加的光怪陆离的神学色彩，成为用“有无相生、正言若反”这样迂回（contourné）和二律悖反（antinomie）的方式探讨世界本源的东方神秘主义思想体系，为学界所普遍接受[65]。自此，儒莲以降，十九世纪六十年代出现了一股译介老庄的热潮，

61 《道德经》译成拉丁文后未付梓印刷，于1788年作为给皇家学会的礼物送到伦敦。见 James Legge, *The Texts of Taoism*, New York1891. p.145

62 J.J.Clarke, *The Tao of The West, Western Tranformations of Taoist Thought* ,Routledge 2000. p.37-39.

63 该译本主要译出了第1,25,41和42章。

64 转引自[德]卜松山：《时代精神的玩偶：对西方接受道家思想的评述》,《哲学研究》1998-7. 第1页。

65 谢林在1855年出版的《神话哲学》中如此评价雷穆沙和儒莲译介的道家：“道

一直持续到二十世纪[66]。

鸦片战争之后，国门洞开，基督宗教团体随着殖民势力进入中国传教。在西方世界，伴随着工业化的浪潮，精神领域质疑基督宗教和反教权的声音越来越强烈，教廷向海外传播福音的迫切感和为基督教意识形态补充新的存在理性、汲取新的宗教经验的愿望，客观上也推动了“基督教神学-道家”的比较研究。如创立于 1895 年的纽约的神智学会（Société de Théosophie），就尝试着把各种东方神秘主义（mysticisme）与欧洲神智主义（occultisme）结合起来，神智学爱好者对道家的诠释扩大了其在西方的影响。

另一方面，西方十九世纪的快速工业化摧毁了传统生活方式，也激化了社会矛盾；科学进化论思想在社会、人文领域的盛行，孕育着战争的巨大危险。知识界对帝国主义时代的西方文明优越论产生了怀疑，“世纪末”（fin de siècle）的颓废情绪蔓延，在两次大战后愈演愈烈，向东方寻找疗愈“西方病”的良方亦成为世俗知识界的普遍心态。如王尔德、戈提耶、马拉美等唯美主义和象征主义先驱对道家的喜好，在文艺圈产生了影响深远的涟漪效应。这种悲悯的情怀，加上老庄译介工作的丰硕成果，二十世纪初欧美各国出现了持续的道家热。

不是以前人们所翻译的理性，道家学说亦不是理性学说，道是‘门’，道家学说即是通往‘有’之门的学说，是关于‘无’（即纯粹的‘能有’）的学说，通过‘无’，一切有限的有变成现实的有[…] 整部《道德经》交替使用不同的寓意深刻的表达方式,只是为了表现‘无’的巨大的、不可抗的威力。”见 AdrianHsia（Hrsg.）,*Deutsche Denkerüber China,* Frankfurt/M.1955. p.237. 此处译文转引自卜松山《时代精神的玩偶：对西方接受道家思想的评述》，第 37 页。

66 老子的主要译本有：译者有查尔姆斯（John Chalmers，英文，1868），普兰科纳（Reinhold.V.PIänekner，德文，1870），施特劳斯（Vietor.V.Strauß，德文，1870），巴尔弗（F.H.Balfour，英文，1884），阿尔莱（C.de.Harlez，法文，1891），理雅各布（James Legge，英文，1891），卡鲁斯（Paul Carus，英文，1895），科勒尔（Joseph Kohler，德文，1908），翟理斯（Lionel Griles，英文，1909），格利尔（Julius Grill，德文,1910）和卫礼贤（Richard Wilhelm，德文,1911）；译介庄子始于德国汉学家噶波伦茨（Geogr.V.D.Gabelentz）对《庄子》语言的研究（1888），其后有翟理斯的英译本（1889），理雅各布的英译本（1891，同其《老子》译本一起收入《东方圣典》），布贝尔（Martin Buber）由翟理斯英译本转译的德文版（1910），卫礼贤的德文节译本（1912）。出处同上，值得注意的还有戴遂良（Léon Wieger）1911 年和 1913 年在河边保定（河间府）出版的两卷本《道藏》(Taoisme,包括《道藏》、官修引得和私修引得，及《号数推算表》和《道藏分类表》)和《道教的天师》(Les Pères du systèmeTaoisme,含《老子》、《列子》和《庄子》)。

二十世纪最初二十年的道家热主要发生在文学家、艺术家圈内，之后渗透到美学、哲学、心理学层面[67]。二战之后，禅宗后来居上[68]，风头盖过了道家，但是道家思想仍然以独立学派的面目或与作为禅宗相提并论、血脉交融的"远东智慧"的形态，持续而稳定地在西方精神世界中发生回响。卜松山概括为，"（西方）对非欧洲的、尤其是对远东思想的兴趣一经激发，就越来越强烈。[…] 老子的道要比任何东方宗教之基本范畴都难以用欧洲的概念来翻译。尽管如此，它不用言传却最易于意会。它是智慧的宗教范畴，与以忘却欲望来满足欲望的恬静相契合[69]。"所以，道家之所以成为"欧洲道"（eurodaoisme），与这一个多世纪以来西方知识分子"明显的偏爱"有着密切关系。

克洛岱尔在东亚文化中找到了与兰波的"通灵"理念以及自己的宗教信仰最相合的法宝——道家思想，他在回忆录中写道："中国的哲学理解现实的方式，和巴黎的象征主义学派非常相似[70]。"事实上，加多弗尔对克洛岱尔1895-1909年间的中国文献阅读记录的研究表明，除了《道德经》的法文译本，他几乎没有系统地阅读其它有关中国文学、美术和戏曲的著述或原典译文[71]。确如勒克莱克（Odile Leclerq）所言，在克洛岱尔心中，中国就是"道"的国度[72]，道家思想是他在中国发现的最有代表性的智识资源。

克洛岱尔从什么时候开始接触道家思想，这已经无从可考。他不懂汉语，且一直没有系统地学习汉语，所以只能通过译文了解道家。《道德经》和《庄子》很早就由传教士译成了法语，他在法国国家图书馆阅读过早期译本[73]。根

67 主要有荣格（C.G.Jung）、凯泽林（Hermann Graf Keyseilrng）、海德格尔（Martln Heidegger）和雅斯贝斯（Karl Jaspers）。

68 二十世纪上半期，不少东方学家都把禅宗是为"佛为表，道为里"的道家支脉。

69 卜松山：《时代精神的玩偶：对西方接受道家思想的评述》，第35-36页。

70 Odile, Leclercq, *La présence de la Chine du Tao dans les œuvres de Paul Claudel*, thèse de doctorat soutenue en 1973, p.19-20.

71 G.Gadoffre, *Claudel et l'Univer chinois*, p.224-225.

72 Odile, Leclercq, *La présence de la Chine du Tao dans les œuvres de Paul Claudel*, thèse de doctorat soutenue en 1973, p.3.

73 鸦片战争以前，"四书五经"已被介绍到西方，但除了拉丁文之外，尚无其他欧洲语言的版本。1840年后，一批传教士致力于翻译介绍中国的经籍。特别著名的有英国传教士理雅各布（James Legge）和艾约瑟（Joseph Edkins）；德国传教士花之安（Emst Faber）和尉礼贤（Richard Wilhelm）。其中Legge译了《道德经》，及庄子的《秋水篇》和《太上感应篇》，Joseph Edkins翻译了《道德经》；花之安译

据余中先教授的考证，在来中国之前，年轻的克洛岱尔就已经自己改译过道德经的部分章节（如第五和第九章）。而 1895 年到达上海后，他在耶稣会神父戴遂良（Léon Wieger）指引下研究老庄，用的也是他的译本[74]。

谢阁兰曾在家信中称，克洛岱尔一到中国，“就像我一样，一头奔向了《道德经》，扑向了老子深不可测的智慧”[75]。在克洛岱尔眼中，道家思想就是一种与天主“通灵”的东方反理性的哲学：老子的理论就是一大堆零散的格言警句，每个人都能任意地进行诠释；而庄子的著述中充满了大量的美丽的寓言和逸闻，深刻的思想就蕴含在其中，庄子本人并没有给出系统化的论述[76]。但是值得注意的是，他对道家的解读，始终带有天主教神学的色彩。根据余中先教授在博士论文中的描述，克洛岱尔把道家的“道”阐发为对“宇宙间永恒的平衡状态的”领悟和把握，在这种状态中“万物互通有无，在一种完全不可转移的终极力量驱使下达到了彼此间最美妙的和谐状态，人只有按照自然之道的法则行事，才能事事顺意”，他一直期望能在道家哲学中找到一条能师法或借鉴的“道路”。克洛岱尔要找的，并非信仰，因为他已经有了对上帝的信仰，他需要的只是一条获得神恩的救赎之路。“道”对他而言只不过是一种可资借鉴的方法，而绝非目的[77]。1895 年至 1900 年间，克洛岱尔用了五年时间研读圣多玛斯·阿奎那的《神学大全》（*Summa Theologiae*），这段时期他热衷于寻找老庄的文辞中与神学可以互释的地方，甚至表现出某种“索隐派”式的狂热。勒克莱克总结道：“道家的观念和西方的传统颇有契合之处”，具体而言，“道家的终极之‘道’，非常接近圣多玛斯谈论的上帝；道家信徒所孜孜以求的内在虚空就好比基督徒虔诚祈祷时的状态；甚至老子本人的说教，和圣女小德兰（St. Thérèse de Lisieux）的布道亦有异曲同工之妙；得道的逍遥隐者，就像是具有神秘主义气息的完美人格的象征；至于中国人的‘天子’，就如同替万民向主求情的“主保圣人”[78]。

了《列子》，推崇“孔子加耶稣”；Richard Wilhelm 译了《道德经》、《列子》和《庄子》。这些译本都能在法国国家图书馆中查阅。

74 Zhongxian YU, *La Chine dans le théâtre de Paul Claudel*, thèse de doctorat en literature compare à Paris IV Sorbonne 1992, p.268.

75 Victor Segalen, *Lettres de Chine*, Paris UGE 1993,p. 63. lettre du 16 juin 1909.

76 Odile Leclercq, *La présence de la Chine du Tao dans les œuvres de Paul Claudel*, p.19-20.

77 Zhongxian YU, *La Chine dans le théâtre de Paul Claudel*, p.268-269.

78 Odile Leclercq, *La présence de la Chine du Tao dans les œuvres de Paul Claudel*, p.19-22.

克洛岱尔出生在风雨飘摇的法兰西第二帝国末期，见证了第三共和国延续了前者的殖民扩张政策，并一步步崛起为殖民帝国的过程。其青少年时期和驻华十四年，也是法国政坛温和共和派和激进共和派接力掌权的时期，日趋激烈的反教权和世俗化社会氛围让他心生厌倦。他选择外交职业，自请来到远离西方世界的远东，一方面是出于逃避工业文明、进行自我放逐和寻找新的救赎空间的意愿；另一方面是在道家思想中找到了获得解脱的新希望。

1895-1909 这段驻华时期，克洛岱尔致力于学习道家哲学，并整合东方的思想资源酝酿自己的诗学体系，最主要的理论作品为《诗艺》（*Art poétique*）。该书颇为晦涩，借用新多玛斯主义的理论话语，隐晦地诠释了其对“道”的理解和感悟。驻华阶段，作者虽然完成了诗学理论的奠基性作品，也创作了两部“中国剧”，但是这一时期的书信、日记和访谈中却并未看不到多少其对中法诗学和戏剧有创见的评述，真正引起他的关注的，是中国道家解脱思想在日常器物和文学艺术中的表现[79]。”

二、“道”之为物：克洛岱尔笔下的中国景致

圣人观物，得其形，取其象。和十八、十九世纪津津于描绘精美的“中国玩意儿”（chinoisie）的西方作家一样，初到中国的克洛岱尔也未能免俗，留下了几篇事无巨细地刻画中国瓷器的散文诗[80]。在他心中，中国是“道”的国度，道家之“神”完美地寓居于“器”——中国瓷器之中，从瓷之“器”中，他渐渐深入道家的义理世界。

1898 年 3 月，初抵上海的克洛岱尔游览城隍庙，撰文《拍卖会》[81]（*une vente*）一篇，记录了一次古玩拍卖活动的详情：“众多参观者的目光都聚焦在两条长桌上摆放着的精美古玩上，他们爱不释手，这种杂乱无章倒是凸显了古器的可爱和奢贵。诚如老子所言，‘虚空’寓于所有神圣、可贵的器物之中，中国的陶瓷器皿充分地表现了这个中心主题，这个民族的灵魂就居于

79 1905 年一位记者瓦莱里-拉铎（Vallery-Radot）就“诗人的角色”（le rôle du poète）求访于克洛岱尔，他答道：“我生活在远离巴黎的地方，实在并不适宜评判时下的潮流。换句话说，我没有任何有关戏剧或诗歌的整体观念 *Pr*, introduction, p.XXIV.

80 事实上，更能克洛岱尔在中国的写作风格的是《认识东方》，其中他摆脱了狭隘的对工艺品的迷恋，而注重于在更广阔的中国自然、人文风景中寻找“道”的形迹。

81 该文发表于在上海出版的法国杂志《中国回声》（*l'Écho de Chine*）1898 年 3 月刊上，本文用的文本见于 *Po*, p.955-958.

这片‘空无’之中，亦是与其所有神秘智慧相符的不竭泉源[82]。”由“器”而观“心”，克洛岱尔自以为理解了中国文化最大的奥秘，得意之余，他还炫耀了一把自己的文物学和美学知识，“（瓷器）整个色系，既有康熙时代特有的纯洁而深邃的‘晌午（天）青’或‘深海蓝’，亦不乏乾隆朝常见热烈的血红和牡丹赤、月白（clair-de-lune）、青花绿、残玫粉、明黄等种种醇烈的釉彩，以及道光朝矫作、暗萎的色系[83]。”在心理学中，颜色具有非常丰富的空间感。克洛岱尔对“空无”之美的理解，融合了波德莱尔的“通感”（correspondance）论和道家美学观念中的“水墨蕴百色”论断，因而对于色彩有着极为敏感的感受力。

晚晴时期，中国的文化形象已然从浪漫主义时期的“孔教乌托邦”异化为西方意识形态的“他者”[84]，成为烘托崛起的西方工业文明的堕落的参照系。其在中国期间所完成的散文集《认识东方》在很大程度上表达了其中国观。在这部语言优美文集中，描绘西方社会已然消逝的“原初风景”（Paysage primitif）成为其主要特点，作品中展示了清末中国社会落后、畸形、苦难的一面，自然风景在其笔下缺始终呈现为一种具有疗愈性的精神性的寓所。他很快摆脱了当时西方中国题材作品中盛行的对工艺品的繁缛描绘，而是关注山川河流这些更宏大的景观，可以看到道家品格的宇宙观的影响，透露出一种“游”的轻松与“逸”的适切，而中国诗就是克洛岱尔进入道家美学之“象”的路径。

三、观“虚”：克洛岱尔对道家理念的诗化应用

汉学家马如丹（François Martin）在研究《诗经》时认为，中国文化在本质上是一种诗性的文化，诗歌是其文学的主流形式。而对于中国诗歌的品格

82 *Po*, p.955

83 *Po*, p.956.

84 周宁提到，西方文化曾经两度——十七、十八世纪与二十世纪六七十年代——在传统的乌托邦视野内构筑与利用中国形象。第一次中国是“孔教乌托邦”，寄寓着西方开明君主专制理想，其“现实性”有可能将理想国渡入历史；此在，在其《乌托邦与意识形态之间：七百年来西方中国观的两个极端》一文中，又提到中国形象一直在“乌托邦”和西方意识形态之邪恶对立面之间摇摆，认为十九世纪西方工业化文明崛起后，中国就成为西方构建自我所需要被“颠覆和超越”的“他者”。见周宁：《东风西渐：从“孔教乌托邦”到“红色圣地”》，《文艺理论与批评》2003 年 01 期。

而言，“中国文化最富于用典和隐喻。[…] 这样的文化产生的各种诗歌类型中，隐喻在其中几乎占据了文本全部的空间[85]。”这与克洛岱尔一直孜孜于寻找的“暗示力”具有极为相似的同构性。克洛岱尔在华研究道家思想，以“观物取象”的方式，借道家之象喻基督教之理。阅读道家典籍的过程中，他尤其钟爱道家玄而又玄的“虚-暗示”哲学理论。

“虚”者，空无也，引伸为道的境界，它是先秦道家哲学中的核心概念。老子描述体“道”之途在于“致虚极，守静笃。[86]”庄子亦云：“唯道集虚。虚者，心斋也[87]。”郭象注曰：“虚其心则至道集于怀也。”排除一切情绪和欲望的干扰，在空静的状态下方能从内心世界体悟“道”的境地。荀子亦有佐证：“人何以知道？曰：心。心何以知？曰：虚一而静[88]。”

在深受道家思想滋养的中国古典美学中，“虚”与“实”构成一组相对相生的美学范畴。在宇宙本体论和哲学美学的层次上，它来自老子定义的“道”所具有“无”/“有”双重的属性。即：从作为“天地之始”的角度看，“道”是“无”，即无规定性、无限性。从作为“万物之母”的角度看，“道”是“有”，即包含有规定性、差别和界限[89]。天地万物都是“无”和“有”的统一，或云“虚”与“实”的构建，“虚实结合”成了中国古典美学一条重要的原则。在此原则之中，传统美学思想产生了“留白”、“气韵生动”这样的重要艺术创作命题，派生出了“象”、“境”这些相关联的子范畴。

中国古代诗、画的意象结构中，虚空、空白有很重要的地位。中国绘画诗词都着重空中点染、抟虚成实的表现方法，使画境、诗境里面有空间，有荡漾。在中国古典画论中，虚实的美学原则首先表现为笔法技巧——“虚笔、略笔、疏笔以及实笔、详笔、密笔”，其次亦指画面结构上的经营位置。即一

---

85 [法]马如丹（François Martin）：《〈诗经〉，从用典到隐喻：意义之自由度》，孟华译，收入《法国汉学第四辑》，中华书局 1999-12. 第 233-234 页。（原文刊载于 *Extrême-Orient, Extrême-Occident*, N17, PUV 1955 ）

86 [魏]王弼注、楼宇列校释：《老子道德经注》，中华书局 2008 年 12 月，第 35 页（第十六章）。

87 陈鼓应注释：《庄子今注今译》（上），中华书局 2009 年北京 2 月版第 129 页（《人间世》篇）。

88 北京大学荀子注释组：《荀子新诸》，中华书局 1979 年 2 月版，第 351 页（《解蔽》篇）。

89 乐黛云，叶朗，倪培耕主编：《世界诗学大辞典》，春风文艺出版社 1993，第 635-636 页。

幅画不能通幅皆实，也不能通幅皆虚。“实处之妙，皆因虚处而生”，其空间营造的基本要求是“虚处不嫌空松，实处毋感板结”[90]。中国戏曲舞台上也利用虚空，如“刁窗”，不用真窗，而用手势配合音乐的节奏来表演，既真实又优美。中国园林建筑也注重布置空间，处理空间。中国特有的艺术——书法，尤其着重这空灵动荡的意象。中国古代艺术家对“道”的体验，是“于空寂处见流行，于流行处见空寂”，唯道集虚，体用不二，这构成中国古代艺术家的生命情调和艺术意境的实相[91]。

在克洛岱尔的写作中，“虚”这个根本的诗性艺术法则阐发为三个道家理念[92]：无所不在而又无所不能的“无”（l’efficacité du vide）和“无为”（non-agir）的实践法则、圆融整一的世界观（l’unité du monde）、还有洞悉宇宙奥秘的逍遥隐者（l’ermite contemplateur cosmique）。

克洛岱尔多次使用车的辐毂和盛放食物的埏埴这两个意象[93]，两者所含的“空无”成为他表达自己的哲学、神学理念的最好借喻体。如在《第七日的休息》中，出现的轮毂、埏埴和风箱：“你好，蔚蓝无边的神！我唤你为‘界’，即在这天地中又不在这天地中，既是时间又非时间，你就是这样圆融混沌的存在。如同那埏埴，如同那风箱，因蕴含着‘无’而‘存在’，又仿佛那诗琴；如同那辐毂，使得轮辋得以连接在一起的，正是内部的‘无’；就是这样，天地万物分有了你的‘无’。[94]”

“无”在老子的思想中具有本体论意义上的基础作用，完全可以和作为形而上的源端的基督教的“神”相提并论：“道出于无”；“无，名万物之始。故常无，欲以观其妙；常有，欲以观其徼[95]。”在撰写《第七日的休息》（*Le repos du septième jour*）时，年轻的克洛岱尔已然把“无”视为“名万物之始”了。对于表现“无”的哲学的意象（埏埴，风箱，诗琴，辐毂）的借用表明，克洛岱尔把“无”的意象已经融入了自己的哲学中来的，变成了兼具

90 陶明君编：《中国画论辞典》，湖南出版社 1993，第 10 页。

91 同上。

92 同上，第 22-23 页。

93 “当其无，有车之用；当其无，有器之用”。见[魏]王弼注，楼宇列校释：《老子道德经注》，中华书局 2008 年 12 月，第 26 页（第十一章）。

94 *Th-I*, p.847

95 [魏]王弼注，楼宇列校释：《老子道德经注》，中华书局 2008 年 12 月，第 6-8 页（第二、三章）。

实用性和某种形而上的特点的结合（无，可用以储存水、容纳空气、为琴传音，成为交通工具得以运行的必要条件）。在《第七日的休息》第三幕中，“天”就成了宇宙得以“周行”的辐毂。在描述任何形而上的存在时，“无”总是一种如阿奎那所论证的“不动的推动者”般超越时间和空间的存在。

事实上，克洛岱尔想从道家哲学体系中寻找的，并非信仰本身，因为他已经有了坚定不移的对于上帝的信仰。他所孜孜以求的，乃是一种诗学的“道”。道家的“道”对于他来说，更多的是一种可借鉴的方法论和取之不尽、用之不竭的文艺美学宝库，而非文学创作所要表现的终极目标。他的一切艺术创作，终极目标始终只有一个——歌颂上帝的荣光。《城市》和《第七日的休息》中的人物表现出的种种充满仪式感的行为，如“去往西方”、“弃绝尘世，回归天地之母”等，但这些具有道家诗学和道家美学色彩的救赎之“道”之上，中还有一条更高的消除人世罪恶的终极途径：圣灵的光。

第四章　死亡与解脱：《第七日的休息》

第一节　中央帝国和克洛岱尔的索隐神学情结

一、《第七日的休息》的产生

关于这部作品的源起，克洛岱尔晚年忆及两点：其一是对于对死亡的恐惧，及对中国人传统死亡观的好奇；其二是 1889 年观看越南剧团演绎的中国剧带给他的新奇印象[1]。尤其是第一点，触发了他从比较宗教学的角度探究中国式的死亡及解脱文化的热情。《第七日的休息》算是克洛岱尔众多剧作中成稿较快的一部。他 1895 年 7 月 14 日抵达上海，最初 8 个月仅仅担任候补领事（Consul suppléant）这样一个见习岗位，负责搜集有关中国商业贸易活动，每日应付枯燥的公务[2]。作为调剂，他经常去城隍庙散步放松，兴致勃勃地观察中国各种民间宗教活动。在农历八月份传统"鬼节"期间，他一场不落地观看了佛教团体举行盂兰法会以及道教信众庆祝中元节的集体活动，并萌生了撰写一部神学剧的想法，以基督宗教精神匡救迷失在偶像崇拜中的中国民众。诚如其在 1954 年再度改编该剧时撰写的舞台说明中所称："（1895-1896）那时的中国，依然还保留了古老文明的辉煌印记[3]"，只不过其中依稀可见更为古老和神圣的基督宗教的印记，迷信的中国人早已忘记了这些失落的文化符号背后的真正含义。

---

1 *MI*,p. 159-161.

2 对于初任上海的工作，克洛岱尔在《即时回忆录》中称："那时在上海，我的上帝，每天就是应付不完的文牍和公文，和在巴黎时一样。" *MI.*, p.159

3 *Ibid.*,162.

1896年春节，他便开始执笔创作。3月份，调任福州法领馆副领事，至8月17日，这部剧的初稿就已经完成[4]。通常他对自己的作品要求甚高，大多数作品都是反复修改，数易其稿，不同版本前后甚至相差十多年，而《第》剧则是一气呵成，再未改动，算是一个特例。历经了1890年的心灵皈依，他的信仰热情进入了一个火热的喷发期。这段时期是他对天主教汉语索隐神学（la théologie fuguriste）的热情达到最高峰的时期，也是从内容到创作形式上借鉴中国戏曲元素最多的时期，此"中国剧"是其唯一的一部针对东亚宗教，尤其是佛教的"神学批判剧"。由于缺乏日记材料[5]，我们只能依据其书信来还原当时的境况。1897年克洛岱尔在致友人莫里斯·波特歇（Maurice Pottecher）的信中称："我终于写完了《第七日的休息》，以后可以锁在抽屉里再也不用理它了[6]。"不满和失望的情绪跃然纸上，他显然对驾驭中国戏剧题材颇感力不从心。隐讳、怪诞、充满神秘的象征，这部非主流的作品反映了克洛岱尔在特定阶段的艺术创新，凝结了其对中国宗教信仰的整体思考。其标新立异之处具有特别的戏剧文学史价值，是探究克洛岱尔的中国佛教观的重要切入点。

极具"异国色彩"的中国佛教宣扬的鬼、阎罗地狱尤其让克洛岱尔感到好奇，基督宗教自但丁以来，也有宏大的"炼狱"想象。在中国接触到的具有三教合流色彩的"地狱"崇拜俨然成了他宣扬基督之救赎的绝好材料。热衷于传播基督福音的年轻领事就"鬼神/地狱"问题展开了研究，借鉴了中国戏剧的表现元素，创作了这样一出中世纪神迹剧色彩浓厚的中国戏。

故事发生的背景是中国古时一个不知名的时代。帝国境内肆虐的邪恶力量让皇帝深感忧虑：死者入侵了活人的世界，让所有人都疲于应付，不敢有丝毫松懈。一筹莫展的皇帝苦苦思考自己到底犯下了什么错误以致招来如此惩罚，无奈之下，他求助于巫祝，令他召唤黄帝的灵魂。没有得到有用的答案，皇帝随即决定亲自下地狱，以求探明灾祸的真正原因及赎罪之法。（第二幕）到了地狱中，他见到了自己母亲的灵魂，并与魔王就罪恶之源进行了辩

4 根据克洛岱尔学会（Société Paul Claudel）的考证，这部戏剧作品完稿于1896年8月17日，当时正出任法国驻福州领事馆副总管（gérant du vice-consul de Foutchéou）。见 http://www.societe-paul-claudel. net/lereposduseptièmejour

5 克洛岱尔从1904年才开始长期写日记。

6 «J'ai fini *Le Repos du septième jour* que cet ouvrage goûte lui-même au fond d'un tiroir profond »（lettre à Maurice Pottecher du 26 février 1897）

论。最后，帝国的天使告诉了他问题的关键：如果人民将每周第七日用于祈祷和休息，罪恶就会自行消失。此时，在人间的宫廷内，大臣们围在太子身边，大家都焦急地盼望皇帝回来，因为各地造反的势头已经愈演愈烈。皇帝回来了，他双目已盲，脸上布满遭受麻风病折磨的痕迹。他手上的权杖变成了十字架。归来的皇帝带来了和神立“约”得救赎的好消息，并传播了救恩的福音。灾祸随后消弭，帝国的大一统得到了巩固。他禅位给太子，自己归隐深山。

帕斯卡・亚历山大[7]（Pascal Alexandre）梳理了该剧的西方典故源头，例如：请巫祝召唤亡灵的桥段来自《奥德赛》第十幕；皇帝与母亲影子相见的情景取自荷马史诗《木马屠城记》中古希腊西部的伊塔卡城邦之王尤利西斯（Ulysses）与母亲相见的支线故事；黄帝之灵的现身则溯源于埃斯库罗斯“三部曲”中《复仇三女神》（*Euménides*）开篇部分。但其中更重要的是中国文化元素的再现和对佛道仪轨的基督宗教式况义。

该剧的剧本只有一个版本，但先后出了 6 个评注版和用于演出的舞台改编版[8]。一个世纪以来，该剧数度搬上舞台，其中最重要的有三次[9]。本文的研究依据的是 1965 年七星出版社推出的最全的评注本。

二、亡灵的狂欢庆典：盂兰盆节和中元节

和其早期创作相承，克洛岱尔在中国创作的戏剧作品中依然充满了对死

7　任职于巴黎东大学（Université Paris-Est），克洛岱尔研究者。见其发表在克洛岱尔学会网站上的文章《〈第七日的休息〉述要》http://www.paul-claudel.net/oeuvre/repos-septieme-jour

8　1901 年第一次以《树》为专辑名出版并少量印刷（publié pour la première fois dans l'*Arbre* en 1901）；1912 年收入法国水星出版出版社出的克洛岱尔《戏剧》第 4 卷中（réapparu dans le *Théâtre*, première série, Mercure de France, tome IV）；1947 年七星出版社出版其作品全集，收入戏剧部分第 1 卷（repris dans Théâtre I, bibliothèque de la Pléiade,1947）；1954 年七星出版社再度出版克洛岱尔《作品全集》，该剧收入第 8 卷，即戏剧第三卷（repris dans *Œuvres complètes*, tome III, «Théâtre III », 1954）；1965 年水星出版社再度推出附带评论的最新版本（nouvelle édition paru au Mercure de France en 1965）；同年七星出版社亦出版一个修订后的版本（*Théâtre*, Bibliothèque de la Pléiade, Paris, Gallimard. Éditions revue et augmentée, tome I），该版的评注最为全面，正是本研究所据的底本。

9　1928, au Théâtre Nadorow, à varsovie; 1954, à Fulda, en Allemagne lors des journées catholiques; 1965 au Théâtre de l'Œuvre, mise en scène par Pierre Franck.

亡母题的热情，同时亦流露出早期的日耳曼-印度式虚无主义情结。不同的是，在中国文化背景下表现的死亡融入了一些道家的色彩，在“苦涩”和“虚空”之外，其审美感受表现出了的道家“豁然”和“放逸”的精神气质。

在中国和西方智识传统中，死亡都被视为一个终极哲学问题。它是生命内在的组成部分，其重要意义在于促使人在面临无法逃避的死亡情境下，克服惰性，以高度紧张的身心活动踏上认识自己的思想之旅。在这个意义上，死亡并非一个简单的生物学事件，其培养的死亡意识成为人的思考上升为形而上的哲学思考的阶梯，是我们看破现象、达致对本体的知觉，感悟“万物流转生灭、一切皆一”的终南捷径。柏拉图认为，哲学就是“练习死亡”（the practice or rehearsal of death）；叔本华则将死亡看成“哲学灵感的守护神”，认为没有死亡问题，人类就丧失了进行哲学思考的动力；庄子在《大宗师》篇中描述得道者女偊向南伯子葵叙述其体“道”过程，曰：“吾犹守而告之，三日而后能外天下；已外天下矣，吾又守之，七日而后能外物；已外物矣，吾又守之，九日而后能外生（性）；已外生矣，而后能朝彻；朝彻而后能见独；见独而后能无古今；无古今而后能入于不死不生。”[10]此“外生（性）”就是一种死亡意识，它是通向“朝彻”而见“独”，即超脱森然万象的外境以及作为其影身的经验自我，最终抵达超越时空、不死不生的先验自我的必然途径。这种状态下，人心达致臻于古井无波的安详和宁静，是为“撄宁”。

《第七日的休息》的灵感来自于克洛岱尔在上海观看民间庆祝盂兰盆会盛况时的感触。剧中特意提到，僵尸成灾之时正是七八月份“天狼星”升起之时[11]，与此节期相应。盂兰盆会（*avalambana*）源出《盂兰盆经》，俗称鬼节，为汉传佛教地区于每年农历七月十五日举行超度历代宗亲仪式的日子[12]。

---

10 陈鼓应注释：《庄子今注今译》（上），中华书局2009年北京2月版，第202页。

11 天狼星是大犬星座最亮的一颗星，它出现在七八月份黎明前的天空中，恰好是全年最热的时候。在圣经旧约时代的埃及，它一旦在黎明前出现在东方就意味着尼罗河的泛滥，正是一年中最恐怖的时期。此剧中援引此典以表示最可怕的灾难降临。

12 又作乌蓝婆拏，意译作倒悬，又称盂兰盆会、盆会。乃梵语 avalambana（倒悬）之转讹语，比喻亡者之苦，有如倒悬，痛苦之极。其起源极早，印度两大史诗之一的摩诃婆罗多（*Mahabharata*）第一大章之第十三章、第十四章，及第四十五章至第四十八章等之中，皆有关于盂兰盆之叙述。又摩奴法典第九章、摩诃婆罗多

其确切的源起已经难以考证，日本学者小川贯弌[13]推定为公元四、五世纪印度法藏部的安居制度（*varsika*）[14]，学界普遍接受此说。

佛教传到中国后，其仪轨和义理接受了传统的祖先崇拜和祭祖的习俗。盂兰盆会于农历七月举办，适逢百谷更替的秋收时节、僧人苦行进入高潮、季节转变、满月、祖先转生和乡里聚会，它被赋予了庆祝比丘众和去世的先祖获得新生的象征意义。根据太史文的研究，从唐朝开始，朝廷的重视使得此节日成为了全民性的庆典[15]。艾约瑟（Joseph Edkins）如此记述十九世纪北京庆祝鬼节的情况："印度宗教轮回的信仰与中国祭祖习俗相连，两者相合构成感染民众头脑的强大动力[16]。"

据太史文的考证，从中世纪（公元六、七世纪开始见诸史籍）开始，关于盂兰盆会的记录只见于东亚，它从那时起就完全整合进中国传统的生活方

第一大章之第七十四章等，其中皆有梵语 putra（子息）语源之说明，谓男儿必须拯救（梵名 trayate）堕于地狱（*pun*）之父之义。因印度古来即相信无子嗣者于死后必堕入恶处，故婆罗门于二十岁修业圆满后，遂归家娶妻生子，以祭祀祖先之灵。见慈怡法师主编：《佛光大辞典》，北京图书馆出版社 2004 年 12 月版，第 3454 页。此外，西方学者对中文词"盂兰盆"的语源提出了三种解释：1. 拟定其出于印欧语。梵文 avalambana, 指"悬挂、依赖"，或巴利文 ullampana,意为"解脱"，或伊朗文 urvan, 指"灵魂"；2. 遵从中国式的理解，指放置供施以将祖先从地狱倒悬之苦中解救出来的钵，引申为献祭求赎苦的节日；3.参照汉语方言口语，进行完全文学化的解释。盂兰盆等同于"濆篮盆"，即浅平竹篮，或"玉兰盆"。详见[美]太史文：《幽灵的节日：中国中世纪的信仰与生活》，侯旭东译，浙江人民出版社 1999 年 9 月版，第 19 页。本文认可第一和第二种解释结合起来的说法。

13 小川贯弌：《佛教文化史研究》，京都永田文昌堂 1973 年版，第 159-171 页。

14 梵语 varsika 或 varsa, 巴利语 vassa, 意译为雨期，为修行制度之一。又作夏安居、雨安居、坐夏、夏坐、结夏、坐腊、一夏九旬、九旬禁足、结制安居、结制。印度夏季之雨期达三月之久。此三个月间，出家人禁止外出而聚居一处以致力修行，称为安居。此系唯恐雨季期间外出，踩杀地面之虫类及草树之新芽，招引世讥，故聚集修行，避免外出。四分律删补随机羯磨疏卷四，解释安居之字义，即形心摄静为安，要期在住为居。安居之制始行于印度古代婆罗门教，后为佛教所采用。见慈怡法师主编：《佛光大辞典》，北京图书馆出版社 2004 年 12 月版，第 2398 页。

15 唐代半数年份中，都城及州、道的敕赐寺观中队僧众道士的七月供养均由国库出资为万民祖先祈福。见[美]太史文：《幽灵的节日：中国中世纪的信仰与生活》，侯旭东译，浙江人民出版社 1999 年 9 月版，第 3 页。

16 Joseph Edkins,*Chinese Buddhism: a Volume of Sketches, Historical, Descriptive, and Critica*l, London 1880. p.268

式之中，只有其仪式和神话表现出印度佛教的原始痕迹[17]。其背后的神话就是中国民间广为流传的“目连救母”故事，这也是鬼节最吸引克洛岱尔的地方。故事大意为：佛弟子目连（*Maudagalyayana*）以天眼通见其母堕在饿鬼道，皮骨相连，日夜苦闷相续；目连以钵盛饭，往饷其母，然其母以恶业受报之故，饭食皆变为火炎。目连为拯救其母脱离此苦，乃向佛陀请示解救之法。佛陀遂指示目连于七月十五日僧自恣日（印度雨季期间，僧众结夏安居三个月，此日乃安居结束之日），以百味饮食置于盂兰盆中以供养三宝，能蒙无量功德，得救七世父母[18]。”这个故事典出《盂兰盆经》和《报恩奉盆经》，这两部简短的佛经在公元六世纪收入汉语大藏经，因其所述神异故事与孝道不谋而合[19]，可资用以宣教，备受僧俗重视。以《盂兰盆经》为例，截至宋初，便有六种注疏[20]。在寺院宣讲僧人和民间说唱艺人的共同努力下，该故事以变文[21]、戏曲[22]、宝

17 [美]太史文：《幽灵的节日：中国中世纪的信仰与生活》，侯旭东译，浙江人民出版社 1999 年 9 月版，第 18 页。

18 另，《盂兰盆经》（大一六·七七九下）云：“是佛弟子修孝顺者，应念念中常忆父母供养，乃至七世父母，年年七月十五日常以孝顺慈忆所生父母，乃至七世父母，为作盂兰盆，施佛及僧，以报父母长养慈爱之恩。见慈怡法师主编：《佛光大辞典》，北京图书馆出版社 2004 年 12 月版，第 3454 页。

19 太史文认为，无论是藏内、经疏或戏剧，孝顺与佛教最高理想一致时目连神话各种表达中共同的假设。见太史文：《幽灵的节日：中国中世纪的信仰与生活》，侯旭东译，浙江人民出版社 1999 年 9 月版，第 57 页。

20 为此经作注梳的僧人分别有：吉藏（549-623）、觉救（约 618-626）、慧净（578-约 645）、慧沼（卒于 714 年）、宗密（780-841）与智郎（871-947），现仅存慧净、宗密的注疏。前者之注文辞优美，文学性极强；而后者则是“公开的护法之作，将鬼节置于中国社会的核心”。出处同上，第 41 页。

21 全称《大目干连冥间救母变文》。唐代变文，佚名撰。根据《佛说盂兰盆经》敷演而成。叙写佛门弟子目连遍历地狱寻找母亲青提夫人，终于依仗佛法救出母亲的经过。有三种写本，另两种一称《目连缘起》，一称《大目干连冥间救母变文》，词句繁简有别，情节结构大致相同。收入《敦煌变文集》。见汪玢玲主编：《中华古文献大辞典·文学卷》，吉林文史出版社 1994，第 171 页。

22 宋以来，民间出现了“目连剧”。分狭义和广义两种解释。前者专指演出《目连救母》故事;后者除《目连救母》外，还兼演有关的宗教戏曲及无关的世俗戏曲。唐五代有目连变文三种，北宋时有演出七天七夜的《目连救母》杂剧，金元两代亦有相关题材的院本、杂剧演出。明清则为目连戏曲、曲艺发展鼎盛时期，其中影响较大的有郑之珍的《目连救母劝善记》戏文及张照的宫廷大戏《劝善金科》。见齐森华等主编：《中国曲学大辞典》，浙江教育出版社 1997，第 65 页。

卷[23]等民间文学的形式在全社会广泛流传开来，并发展成为蔚为壮观的“目连文学”。

值得注意的是，农历七月十五也亦恰逢道教的中元节。《中国民间节日文化辞典》述云：道家以“三元”为三官的别称，即上元赐福天官紫微大帝，中元赦罪地官清虚大帝，下元解厄水官洞阴大帝。中元节与正月十五上元节、十月十五下元节鼎足而三，分别为三官大帝的诞辰。相传中元节时，地官来到凡间，考察核定人们的善恶，因此民间有祭拜地官的仪式。该节至唐宋时成为民间节日，节俗颇似清明节，人们于这天祭奠祖先。中元节在发展的过程中，与佛教的盂兰盆会相互影响，故今日民间的中元节多与盂兰会相混淆，有盂兰盆节、鬼节，七月半节、目莲节等别称。太史文亦称，对于中国民众而言，“节日的‘佛’、‘道’间差异无关紧要”，佛道两教关于七月节的说法出自一共同的结构[24]。”诚然，若要细究，儒家的人伦孝亲理念也是盂兰盆会流行重要推力，儒释道三教合流共生已久，难以明辨彼此，但是佛教文化精神在此节日中所占比例最大，是不争的事实。

初来中国的克洛岱尔，充满了“索隐”的热情，鉴于《第》剧中浓厚的基督宗教氛围，研究此作品的专家雅克・胡里耶（Jacques Hourier）称其为克洛岱尔的圣约书（testament spirituel）。

23 宝卷是由唐代寺院中的俗讲演变而来的一种汉族传统说唱文学形式。元末有《目莲救母出离地狱升天》宝卷，明初有《目连三世宝卷》影响较大。该宝卷分为三册，上卷宣讲南都关西有傅员外夫妇，持斋向善，念佛修行，生一佛种萝卜，法号目连。员外死后，其妻刘氏开斋破戒，贪荤杀生，被打入地狱。目连思母远走西天，经佛指点，知母堕入阿鼻地狱受苦，目连下地狱救母，放出恶鬼八百万。中卷宣讲目连救母放出地狱恶鬼八百万投世为人、为畜。目连二世轮回，转生为黄巢，起兵反唐，杀人八百万，后兵败魂归。下卷宣讲目连因未收尽地狱恶鬼，三世轮回，转生入屠家，以宰猪、羊为业，及冤业尽，观音下凡度化，脱去凡胎，现出目连真身，终救出地狱生母，与父相聚，一家升天堂享极乐。虽为迷信说教，但于黄巢起义寄予同情。有光绪十二年（1886）刻本、光绪三十二年文魁阁刻本、民国十年（1921）上海文益书局石印本等。见汪玢玲主编：《中华古文献大辞典・文学卷》，吉林文史出版社 1994，第 170-171 页。《第七日的休息》中幽灵为害人间的情节与此宝卷内容最为接近，且此宝卷在清末流行，他与之接触的可能性较大。

24 [美]太史文：《幽灵的节日：中国中世纪的信仰与生活》，侯旭东译，浙江人民出版社 1999 年 9 月版，第 36-37 页。

第二节　得救三部曲：恶的产生-佛教地狱求赎-逍遥解脱

一、恶的产生和末日景象：偶像崇拜的恶果

戏剧开篇，克洛岱尔根据自己的想象，颇具匠心地营造了中国皇帝上朝的隆重场面。大殿之上，众人都跪拜在龙椅面前。这个皇帝角色并不对应中国历史上任何一个帝王，而是一个集绝对权威、最高智慧和最理想的道德修养于一身的抽象符号，一个半人半神的远东精神偶像。只听礼官（salutateur）唱喏，众人三拜九叩，对皇帝溢美之词滔滔不绝。略为统计了一下，皇帝的尊号多达二十四个[25]，可分为几类：圣颜（Face sacrée）、天子（Fils du Ciel），中国传统的帝王抽象尊号；首要（le Premier）、独一（l'Unique）、一（le Un），具有浓厚希腊-希伯来文化中对智慧的长者称呼；持玉杖者（Tenant-le-sceptre）、黄袍加身者（revêtu-de-vêtements-jaunes）、统治者（Dominateur）、平衡者（Pondérateur）、谐和（Accord）、中道法（Moyen）、极限（Terme）、中介者（Mlieu）、基石（Fondation）、民之寓所（Résidence）、天道（Principe），凸显了作为一个牧养万民、统御天下的最高政治首脑和最高的仲裁者的世俗身份；家族之父、天下之主（Maître-du-champ）、万民之宝（le Bien commun）、尊爱之源（Source de la Révérence），"身为皇帝，亦安坐在其族众之中[26]"，暗指其在儒家宗法制度下的最高宗主身份：律法之尺（siège de la loi）、公义之玺（Sceau de la Justice）、分水者（Dispensateur de l'Eau）、古文明的守护者（Dépositaire de l'Antiquité），则是表明其代表着正义和秩序，具有法理和法统上的正当性；仪典主祭（Maître des Cérémonies），补充了宗教方面"通神"的司祭之职，因为皇帝地位，源自"原初之道"（Parole primitive）的拣选和安排。

这样一个贤明的帝王，其所治理的也是一个近乎完美的国度，一个符合道家政治哲学法则的乌托邦。"阴阳和合，人民生息繁衍。智慧的（皇帝）您，按照音乐的法则和上古先贤的训令治理天下。西戎诸部无不卑服，北狄南蛮都俯首称臣，接受怀柔，东至太平洋，无数夷众蚁附；苍天玄门大开，

25 *Th-I*, p.797-798.

26 *Ibid.*, Vous êtes assis entre tous les hommes.

阳光普照之下，都是王土[27]”。在克洛岱尔看来，这就是“中央帝国”（Empire du Milieu）称号的来历，因为它占据了天时地利人和，表现出一种永恒的“清晨的静谧”（Royaume-de-la-Tranquillité-du-Matin）。这样一个国家具有道家思想中的“上善若水”的德行：“百川同流，最后汇聚（成海）；人民出屋劳作，星布草场和大地，水中遍布船舶，陆上蚁聚了十万之城”[28]。一切都看起来都充满生机，且和谐自然，犹如宰相所奏：“国家安宁，我在哪里都能听得山中寺庙的梵钟之音！”这里埋下一个伏笔：这个国度的主流意识形态是非基督教的偶像崇拜，而这才是灾祸的真正原因。

然而，这一切都只是被伪装起来的假性和谐。首相冗长的溢美之辞让皇帝有些不耐烦，他两次饬令其开诚布公地汇报新情况，真正的麻烦才浮出水面。这样的场景是清朝末年中国官场的常态，克洛岱尔对此深有体会。当官员不得已而隐晦地表达存在小问题时，真实的情况或许已经濒临失控了。果然，首相接下来描述了一幅“活死人”扰民成灾的可怕场景：“您的子民只能向您伸出求助之手。因为，酒、大米、蚕豆和服饰这样的祭品已经无法满足死者的需求，纸元宝也已无法笼络它们，大火和锣鼓、爆竹也无法驱散或消灭它们了。它们夜里游荡在原野和大雾弥漫的河流中，甚至如老鼠一样闯入民宅翻箱倒柜，寻找（食物）[29]。”

这些“活死人”的形象来自道教的“僵尸”，亦称荫尸、移尸、走影，有别于西方文化中的“丧尸”（zombie）。人死尸体不腐烂，称为僵尸，感阳气而走魂，则为怪[30]。其最早可追溯到四大天地殭祖——旱魃、赢勾、后卿、将臣的传说，其成因在于死时怨念郁积不散，无法彻底断气，从而变成僵尸。居于重阴之地，不具有思考能力，具有佛教传说中的“恶鬼”特征，嗜吸食活人精气或精血，象征着干旱和瘟疫。僵尸之说盛行于明中叶以后及清朝的民间文学中。清朝文人的志怪笔记中，有关僵尸的描述尤为丰富[31]。在文学中，常见的僵尸形象为：集天地怨气、晦气而生。不老，不死，不灭，被天地人三界屏弃在众生六道之外，浪荡无依，流离失所。身体僵硬，在人世间以怨为

27 *Th-I*, p.799.

28 *Ibid.*

29 *Ibid.*, p.800.

30 道教典籍《大千录》称：四肢僵硬，头不低。眼不斜。腿不分，尸体不腐烂者，为僵尸。见蒋梓骅范等编：《鬼神学词典》，陕西人民出版社 1992，第 105 页。

31 袁枚的《子不语》、纪晓岚的《阅微草堂笔记》，后有蒲松龄的《聊斋志异》。

力，以血为食，用众生鲜血宣泄无尽的孤寂。结合堪舆学的分类，僵尸被描述为至阴之物，只能在晚间出来。克洛岱尔描述的“僵尸”具有这些特征：“它们是没有肚肠、‘空空如也’的人。比老人更‘顽固’，神情比哀歌更阴沉。巫咒、火枪和炸药都无法彻底摧毁这些亡灵。它们裹挟着寒气包围着我们，我们饮食、言语时它们都在默默窥视我们，当灯火熄灭，它们甚至会直接触碰活人。它们就如水蒸汽一般，在耕耘过的古战场上破土而出，如雨后春笋，难以计数[32]。”如巫祝所言，其中有些灵体希翼找到新的身体以重生，其它的无法思考亦不懂人类言语，只是本能地游荡，寻找果腹之物[33]。克洛岱尔描述这样一幅六道混乱，生死界线不确定，活人与鬼魅僵尸杂处的怪异场景，一方面受到了以爱伦坡为代表的西方哥特文学的影响，另一方面则反映出他对“异教的中国”的失望，对儒释道传统的无知，以及肤浅的猎奇心态。

在剧中的皇长子看来，这些不属于这个世界的入侵者已经对政权构成了威胁。“它们混迹于活人之中，阴谋篡权夺位（usurper），它们践踏人间法律，潜伏在我们官府的治下。它们在不断地消耗活人的精气，使其难以自持。而我们却无法在这些野蛮人中找到对话者，也无法沟通[34]。”这种失序状态仿佛是一个巨大的阴谋，上天和众神明都无法做出解释。这为后来皇帝找到基督福音做了一个小小的铺垫。

（一）灾祸归因和巫祝的解决方案

对于这样一场突如其来的诡异灾祸，皇帝和大臣百思不得其解。“（国家）万民都各得其所，我们都敬守‘五戒’（les Cing Préceptes）[35]”。言下之意，一来国家财物丰盈，民生安泰；二来执政集团在道德和信仰上并无过失。那么，排除了人祸，问题一定和超自然的神明有关。

国之大事，在祀与戎。在第一幕的大朝会中，皇帝和百官商议了祭天仪式的细节后，决定发布罪己诏书，并效仿商汤桑林祈雨[36]（la prière de *Chu* sous

32 *Th-I*, p.800-801.

33 *Ibid.*, p.806

34 *Ibid.*

35 *Ibid.* p. 802. 此处的“五戒”语焉不详，剧中对儒释道思想都有所涉猎，而三教都有类似的条例化道德规范，我们将其理解为杂糅的规范，即儒家“五常”（仁、义、礼、智、信）；佛家五戒（杀、盗、邪、妄、酒）；道教五戒（一不得杀生，二不得嗜酒，三不得口是心非，四不得偷盗，五不得淫色）。

36 《吕氏春秋·顺民》篇载：“汤克夏而正天下，天大旱，五年不收。汤乃以身祷

le mûrier）的典故，以身作祭，希翼求得上天的宽恕。一位具有超能力的巫祝（nécromant）提出了一个“以巫法制僵尸”的技术性提议。这位巫祝来自群山中的荒寂之国（Pays-désert-des-Montagnes），那是一个具有佛教色彩的神秘乌托邦，魔道众生和人道百姓杂处。他修行已久，已经摆脱了人性三毒——“贪、嗔、痴”（le désir, la colère et l’ignorance）。只见他法相庄严，正襟危坐，犹如一杆标枪，眼观鼻，鼻观心，一动不动（les yeux fixés sur l’extrémité de son nez [...] il s’est conçu lui-même）。根据宦官的介绍，这位巫祝曾让自己的灵魂骤然脱壳，犹如敲响铜锣一样，撼动天地，让天界和地界诸神发抖。他上天界能见神佛，入地府能见阴司阎王，在人间则能驱邪捉鬼，样样精通。这样一位类似佛教护法的高人献策要用法术消灭僵尸，比如首先念咒语聚拢这些来自地底的捣乱者，再用魔方法器将其收入。

他早已勘破生死，对肉体皮囊嗤之以鼻，因此异常残忍地对待动物和非人类的生灵，无所不用其极。而皇帝宅心仁厚，认为这样的做法过于卑劣（infâmes et défendus），有违天和（instruction du Ciel），而且他相信因果昭彰，使用这些见不得光的手段（art noir），终将给国家带来更大的厄运[37]。因为，当下既要解决问题，又要展现出人的虔诚，和对死者的尊重。他甚至斥责巫祝是“滥用权力骗取人的灵魂并折磨它们的恶棍（scélérat）[38]”。这种心态和基督精神颇有相通之处。克洛岱尔引经据典、煞费苦心地塑造了一个符合中国传统道德的圣贤君王，勤政爱民，还孜孜于寻找最高的“道”，为其最后皈依耶和华做了铺垫。一方面，皇帝认为这些僵尸也曾为人，他们的灵魂因羞耻和恐惧而堕入畜生道（passer au corps des animaux），虽然看似虚妄而丑恶（vaines et mauvais），但是本性其实纯清如雪，无善恶亦无真假是非（n’y ayant cependant proprement bien ni mal, ni vrai, ni faux）。生命都是平等的，何

于桑林，曰：‘余一人有罪，无及万夫，万夫有罪，有余一人；无以一人之不敏，使上帝鬼神伤民之命。’于是翦其发，磿其手，以身为牺牲，用祈福于上帝。民乃甚悦，雨乃大至。”《墨子·兼爱下》载子墨子引《汤说》云：“汤曰：‘惟予小子履（成汤又名履），敢用玄牡，告于上天后曰：今天下大旱，即当朕身。履未知得罪于上下，有善不敢蔽，有罪不敢赦，简在帝心。万方有罪，即当朕身，朕身有罪，无及万方。’即此言汤贵为天子，富有天下，然且不惮以身为牺牲，以祠说于上帝鬼神。”

37 *Th-I*, p.806.

38 *Ibid.*, p.805.

况它们并无罪过，所以在自救的同时要避免无谓的杀戮；其二，皇帝把灾祸视为来自一个人格化的“上天”的惩罚和考验，那么解决问题的关键是和这位神灵沟通，找到症结所在，按照他设定的规则来完成赎救。“（死者）获得了重回人间的力量，那最高的立法者（Suprême Régulateur）必然也赋予了我们某种相应的权力。人不可以逃避和违抗天地之法，不可只凭一己之力独断专行[39]”。也就是说，要寻求更高层次的超自然力量的帮助。

（二）与始祖圣君——黄帝之灵对话

无计可施之时，皇帝率众来到黄帝幕前祭拜。由巫祝施法，将黄帝的灵魂从地府召唤了上来，现世的帝王和这位古老的圣君就救赎展开了对话。

黄帝者，少典之子，姓公孙，名曰轩辕，生而神灵，弱而能言，幼而徇齐，长而敦敏，成而聪明[40]，是传统史家心目中的中华文明始祖。先秦时已被塑造为修道的仙人形象，“世之所高，莫若黄帝”，学术界亦“百家言黄帝”，托之以自重，形成了黄学[41]。黄学与道家结合产生黄老学，稷下黄老学派积极参与政治活动，以道家哲学讲刑明法术之学，与追求逍遥游的庄子一派并立为道家两大派系。汉武帝时，方士们更以黄帝附会神仙学说，逐渐将神仙学与黄老学捏合在一起，言神仙者都托名黄帝。这样一位并无信史记载，却又具有堪与《圣经》中的亚伯拉罕比肩的文化人类学意义的远古帝王，成为了克洛岱尔借以铺陈其索隐神学的最好工具。“道”就是基督精神在远东的变体，而黄帝这位远古的帝王，就成了“纯正”基督福音的见证和传播者。

第一幕中，巫祝燃起香烛，站在跪在一个青铜圆盘前念了一通神咒，杀鸡洒血。大地裂开，全副武装（Armé de pied en cap）的黄帝之魂，以亦人亦兽——“远古之虎”（Antique Tigre）[42]的样貌，从地底带着焰火飞升上来。只有皇帝和巫祝能看见他，其它的肉眼凡胎只能听见恐怖的虎啸。这样的一个纯灵体的黄帝造型借鉴了炽天使撒拉弗（Seraphim）[43]的形象，

39 *Th-I*, p.805.

40 [汉]司马迁著：《史记》，中华书局 1958 年老卷版，第 1 页（《五帝本纪》）。

41 黄开国等主编：《诸子百家大辞典》，四川人民出版社 1999，第 608-609 页。

42 在中国传统祥瑞动物中,虎的地位仅次于龙.《周易·干卦》云：“云从龙，风从虎”。龙飞于天，虎行于地，龙虎结合，成为吉祥和权威的象征。克洛岱尔在中国多地见到虎形瑞兽造像,便将重要的中国神祇描绘成虎。

43 古代教会传统中有九级天使之说，分为三种类型：即最高类三等级为（1）撒拉弗（Seraphim），（2）基路伯（Cherubim），（3）德乐尼（Throni）。他是神的使者中

这位高等级天使具有烈焰火龙的特征，成为了中华民族为“龙的传人”[44]的基督教解释。他如此表面自己的身份：“我就是那伟大的黄帝。是我建立了帝国，屠灭了众部落的首领和王子，融合各族。是我建造了‘长城’（Muraille）；我厘定一年之始，分出交替的四季。我创立时间的秩序，令万物各行其道；我挖掘了大运河，修通四方道路，也是我焚烧书籍[45]。”其后皇帝向众臣介绍黄帝时也特意强调了“融汇各族之王”（réunisseur des Peuples）和“大一统的缔造者”（Implantateur de l’Unité）这两个关键身份[46]。对中国历史一知半解的克洛岱尔，把秦始皇的作为也附会到这个高度符号化的“始祖帝”身上，而这个始祖帝王如同《旧约》中的大卫王，亦是“被上帝所膏之人”。

面对这样一位代表着原初智慧的先帝、“民族之父”（Père de ce peuple），皇帝迫不及待地询问世界的起源（le commencement et l’origine）。黄帝顺理成章地给出了一个老套的索隐神学解释：洪荒之初，天地洪水泛滥，伏羲氏（Fou-Hi）造方舟，保存了各类动植物的“种子”。舟中有其夫妇二人、三子及三儿媳，共八口人，汉字“船”即是铁证[47]。黄帝暗示，自己之上还有更高的存在。克洛岱尔以这种方式把汉语索隐神学嫁接在了中国历史传说之中。

皇帝询问灾害之因及化解的办法，黄帝只是淡淡地表示：“所有吃饭的人都无法逃离死亡。不要勉强乱为，搅乱大地。”（Ne remuez pas la terre）。一幅“圣人不仁，以万物为刍狗”[48]的世外仙人做派。

皇帝愤怒地质问：“难道就放任他们四处飘零？是你把先民带到这里来的，他们是你的王座基石！[49]”言语之间，充满着火药味。黄帝之魂出现时，

最高位者，无形无体，以赤红的火焰为象徵。若是必须现身于人前时，是以六翼四首（亦有二首之说）之姿出现，并发出红色电光划过长空，形如长蛇（龙）。炽天使之名源出古犹太语，意指“治愈者”和“至高者”（或守护天使）。见任继愈主编：《宗教大辞典》，上海辞书出版社 1998，第 807 页。

44 剧中提到“中央帝国”时，克洛岱尔特意提到“巨龙盘亘其上，不见首尾”（le grand Dragon s’y enroule, dont on ne sait où est sa fin ni sa tête），以之为佐证。见 *Th-I*,p.799.

45 *Ibid.,* p.811.

46 *Ibid.,* p.812.

47 *Ibid.,*p.811-812.

48 [魏]王弼注，楼宇列校释：《老子道德经注》，中华书局 2008 年 12 月，第 13 页（第 5 章）。

49 *Th-I*, p.810. toi qui as introduit ce people ici, fondant.

众人都因恐惧而拜服，只有皇帝傲然站立，两人的交流完全看不到宗法制文化中的长幼尊卑和孝悌之情，仿佛两个不同的信仰阵营在隔空喊话：

> 罔顾这位后人的愤怒，黄帝说道："你需偿还你欠下的债（redevance）。"
>
> 皇帝莫名其妙："我们的祭礼和祭品难道还不能让神明满足？"
>
> 黄帝："怒则无智！你胆敢像法官一样质问我？莫非你以为用两根细绳就能绑缚猛虎？你就不怕我把你带走吞噬吗？收起你的手臂和拳头，听我一言：肉身为何？泥土又为何？身死都要葬入土中。那充盈着灵魂的，到底是什么？[50]

克洛岱尔在《龙的图腾下》提及中国人根深蒂固的因果轮回迷信，看到"鬼节"和日常祭祀中，国人烧的千奇百怪的祭品，他深深地惊诧于这种极端的实用主义。在他看来，中国的鬼神崇拜就是一种赤裸裸的利益交换，完全谈不上敬虔。受启于此，他借黄帝之口，提出一个"债/税"的因果概念，渐次将其替换成基督教的"罪"的观念。剧中，为了让人间帝王理解这与生俱来的"天债"，黄帝就形而上的灵魂之本质展开了辩说。他认为，人死身灭，灵魂依然留存，因为"灵"的根本属性是一种流溢的"爱"（amour），如同商人注入某种共同基金的流动资本，是天下人共有的财富。它是一个具有同一性的整体，不论是否有肉身，"爱"都不会消亡。它就像一条"赤裸的蠕虫[51]，蕴藏在物质实体之中"（comme un ver nu, réside dans l'épaisseur de la matière）。而这种爱，并非天地偶然孕育而成。与洪荒时代的传说相应，它是那个更高的存在施与的礼物。人世间的这些祸乱并非神明降灾，它其实是人心的贪婪（avare）所致。人性中的欲望过于张扬，掩盖了这原初之爱的光辉，也使人渐渐迷失自我。"活人都自然地想把身边一切据为己有（tirer tout à lui），死而复活的僵尸更是如此[52]。"这样，亡灵成灾实际上成了一个因果报应的循环：活人侵吞了属于死者的"资财"（bien des Morts），而且，由于对亡者缺少敬虔之心，焚烧纸作的银元宝（taël de papier）、货币了事，受到欺骗的地府众生则用变本加厉的贪婪和冷酷回来报复活人。另一方面，人民遗

---

50 *Th-I*, p.810.

51 虫是不死的，火是不灭的。见《马可福音》（9：48）。

52 *Ibid.*, p.811

忘了神，将“爱”弃若敝履，自甘堕落，亦当为此承受来自神明的敌意（de notre inimitié）。这就是皇帝治下的人民为自己造的“罪孽”要偿还的“债”。

皇帝无法相信这荒唐的解释，他认为生命都是平等的，凭什么要活人让出本来就稀少的物资来供养地府的亡者。用智慧和律法“牧养”（Paître）民众、维护社稷江山，是人间天子的大义，地府之君不能有效管束自己的臣民，就应该出来承担责任。他驳斥道：“天道不害！一定是（邪妄）违背了苍天的本意！”（sans la permission du Ciel ouvert et bleu, Il ne vous est pas permis de nous nuire）。黄帝提示，要对地府里的王和隐没于玄天深处的神保持同样的尊敬（honorez la puissante enfer, honorez le Dieu de noir），要献上“大米和糕点以为燔祭”（offrez du riz et des gâteaux），更重要的是察觉和悦纳这原初之爱，靠对爱的信心来化解灾祸。皇帝非常固执，追问具体的解救之法。话不投机，黄帝无法说服他，只留下一句话“只有亲下地府，才能将真正的解救之道带回人间[53]”，然后消失了。

二、我不入地狱，谁入地狱：皇帝的求赎之游

那么，如何才能与这种力量建立“连接”（religion）？皇帝不相信黄帝的解释，然而他拒绝了佛家法门，麇集各路方士，焚香燃纸、遍求神仙也问不出所以然。道家神秘的六十四卦（soixante-qutre Kouâs）亦卜算不出结果，陈旧的儒家典籍——《五经》（*les Cinq Livres*）中更是找不到答案。众人一片茫然，诚如皇长子所叹：“我们到底该期盼什么样的救恩？又该向什么神祈求呢？[54]”这里，克洛岱尔顺便借他之口抨击了一下中国的信仰。“众神仙完全不能提供任何帮助。[…]昏暗的庙宇中，祭坛之上只有一片虚空和黑暗，香炉中的灰烬越积越厚，我们跪拜在地，心中愤懑，难道就只能像懦夫一样逢迎恶主吗？而这些神佛，虽然我们为其塑了金身（doré la face），却总是高高在上，只会咬牙切齿，摆出一副凶神恶煞的模样[55]。”为了江山社稷，皇帝沉吟再三，决定亲下地府一查究竟。“我意已决，将以人间皇帝的身份，亲自拜会阎罗王（Yâlô）[56]”，因为寻求拯救是国主应尽之责，一味地埋怨，以及

53 *Th-I*, p.811. celui qui descendant chez les morts en est revenu.

54 *Ibid.*, p.813.

55 *Ibid.*

56 *Ibid.*p.802.“阎王”之名，语出梵文 *Yamaraja*，原意为“地狱统治者”。佛教名词。中国佛教于唐末形成“十殿阎王”之说，指秦广王、初江王、宋帝王、伍官

巫祝的旁门左道根本无济于事。在这位一心想要拯救受苦臣民的帝王，就成了寻找基督福音、与神立约的最佳人选。

确定了目标后，皇帝随即禅位于太子，交代其“以公义、力量和智慧牧养人民”，甚至都顾不上和皇后告别，就持杖叩响了地府通道之门。他的信心来自这样一种似是而非的克洛岱尔式的“汉字思维”，作为“王”，肩负着沟通“天庭”（Ciel）与“地府”（Enfer）的天然使命，是人神鬼三界的中介，或者说是沟通儒家和基督宗教“同出而异名”的天、道家的人间帝国、佛教的地狱的跨界者，是拥有高度自由的游离者。活人游地狱的桥段，在古希腊-基督教文学传统中也是热门选题[57]，在西方文学中见于但丁《神曲》，在中国古代文学中则有“目连救目”、“唐太宗游地狱”和“丰都知县刘纲游地狱[58]”。克洛岱尔的地狱构想吸纳了这些故事中的各种元素。

（一）地狱

地狱的概念，为基督宗教、佛教和道教所共有。佛教中的地狱，为梵文*Niraya*（泥犁）或*Naraka*（那洛迦）的意译，亦译“不乐”、“苦具”、“不自在”、“可厌”、“苦具”、“苦器”等，为“六道”中恶道之一。佛经中“地狱”名目繁多，共有一百三十六种，在原始佛教中本为一种观念性的存在，是一个思辨的对象，为方便法门而衍生出了众多具体的形态。道教的地狱观多袭借自佛教，结合中国本土的地下牢狱想象，变成了即有形而上的成分，亦有物理实体的平行世界，克洛岱尔所提到的“十八层地狱”（des dix-huit enfers）[59]就是兼融佛道、最为民间熟悉的“重狱”。基督宗教中的地狱

王、阎罗王、变成王、泰山府君（一作泰山王）、平等王、都市王、五道转轮王，分管地狱十殿。后道教也沿用此说。见郑天挺等主编:《中国历史大辞典·上卷》，上海辞书出版社 2000，第 23 页。

57 根据日本学者岩本裕在《游地狱的文学》中（第 184-199 页）的描述，佛经中的的普济众生（soteriological）主题源出西亚的一神或二神教（琐罗亚斯德教、基督教和摩尼教），这些宗教在公元 2 世纪起逐渐经由波斯传播到印度北部。他据此推测鬼节神话中子救母出地狱之神化源出狄奥倪索斯降至地狱解救其母塞墨勒的希腊神话，由曾一度流行于北亚的狄奥尼索斯教派传入中国。转引自《幽灵的节日》，第 22 页。

58 [清]袁枚:《子不语全集》，河北人民出版社 2000 年 9 月，第 49-52 页（丰都知县篇）。

59 又作“十八重地狱”或“十八地狱”。佛教谓恶人死后转生之受苦处。有十八重，故名。十八层地狱，分由十八王掌管。其地狱名为泥犁、刀山、沸沙、沸屎、黑

（enfer），系出于古希伯来语 *Sheol* 和希腊原词 *Tartarus*，指地面下之黑暗深渊处[60]，以及 *Gehenna*，指恶人死后受苦的地方。中世纪教父神学发展出了地狱分层的理论，但丁在《神曲》据此塑造了 *Inferno*，把地狱置于地球中心处的空洞中，所有罪人死后都坠入其中受苦，沿袭为基督教地狱最详实的描述。《第》剧中的地狱，其形态是佛道色彩明显的东方炼狱，而其地理实存则未脱离但丁的想象。

皇帝正是在苦难深重的佛教地狱中，找到了基督福音的曙光。之所以要入地狱，而不是直接向最高的“天”寻找答案，原因一方面在于人背负着罪，不经过赎的环节，无法获得神启示的真理。另一方面，诚如克洛岱尔多次引用的俗谚——“天主以曲划直”，神的“道”充盈天地，但是人无法认识，只有经过炼狱般的艰难考验，才能最终领悟。

所以，下决心以苦行领悟真正天意的皇帝，拿着皇权之杖（Bâton Impérial）开始叩击大地，以求敲开通向地狱之通道。这个桥段借鉴了摩西故事的情节：“摩西向海伸杖、耶和华便用大东风、使海水一夜退去、水便分开、海就成了干地。摩西就向海伸杖、到了天一亮、海水仍旧复原、埃及人避水逃跑的时候、耶和华把他们推翻在海中。”（《出埃及记》14：21，27）在剧中，皇帝举起手杖大呼：“手杖啊，采自泰西圣地之杖！我族之先祖，倚靠着你来到这片土地生息繁衍。现在，我要依靠你，进行一次更长的旅行。打开吧，大地！裂开吧，大地！[…]我以着黄袍的天子之名，请求你打开，给我一条通道[…] 我将再见到您，赐我血肉的母亲，我将重归原初和万物之因（L'origine et la cause），愿我能再度重生，带给人民以一线生机！打开吧，给我一条甬道！”三唱三叹，大地如红海一样轰然裂开，皇帝独自跳入其中，高呼“要么我在这地火中化为灰烬，要么我携带真理归来！[61]”，手杖一挥，大地重新合拢。

（二）会见母亲

克洛岱尔笔下的地狱是一片彻底的虚空和黑暗，没有了方向、感受不到时间，只有一片混沌和鸿蒙（perdu, embrouillé, confondu）。受困其中的皇帝依然保持着自己的骄傲，他对着虚空呐喊，请求阴司官员回应：“我是活人世

身、火车、镬汤、铁床、䃜山、寒冰、剥皮、畜生、刀兵、铁磨、冰、铁箭、蛆虫、烊铜等。见华夫主编：《中国古代名物大典·下》，济南出版社 1993，第 714 页。

60 前者尤指早期希伯来人想象出来的、亡灵居住的、黑暗的地下世界。

61 *Th-I*, p.816.

界的皇帝，乃是为了人间子民和动物的安宁而来，为消除我们的无知和冒犯导致的误会而来(dissipqnt l'impiété de notre ignorance)，我是你们的客人[62]。"说完，他把脚下的泥土涂在耳朵上，恢复了听觉。原来，地狱里充满了快速的、感受不到唇齿动作、听不出音调和意思的话语，挤满了各种灵魂。皇帝渐渐从这片嘈杂中分辨出了啜泣和哀嚎的声音，"那是突然遭受死亡的人的悲鸣[63]。"受到这悲伤氛围的感染，皇帝带着恐惧高呼："有人能听懂活人的言语吗？[64]"混乱之中，他听到了自己早已亡故的母亲的声音。两人都失去了视觉，只能以声相闻。

不过，以帝王身份和亡母相遇，皇帝显现得非常理智。他首先告知自己尽到了人子的义务（rempli le sacré devoir filial）：为孝亲斋戒、守灵、供奉长生排位，所有的仪轨都做到了尽善尽美，以此来告慰母亲。这位堕入地府的母亲却是自私和偏狭的，她失声痛哭："我像一条瞎眼的母狗一样，嗅到了你的气息[…]是我给了你生命，现在你把它还给我吧（rends-le-moi），让我重新活过来、再看看这个世界！"长期地游荡在这样一个无边的虚空境地，对救赎的极度渴望使她变得心智失常。她认为自己所行符合"贞妇"（la dame de Kin）的所有要求，谦逊淑静，恪守五常（les cinq relations），对于先皇的众多嫔妃，亦待之以礼。而且，作为封建时代的女性，她忍受了裹脚（briser ses pieds）的痛苦，依附男性生活，毕生都生活在男权的阴影里。虽然得以善终，但人生苦短，根本都不曾享受到幸福。若一定要鸡蛋里挑骨头，那也仅仅是"被强加的永恒的无知"（l'ignorance éternelle m'est départie）。其中有两层意思：就文化层面而言，"女子无才便是德"，这是时代的弊病；若追问下去，哲学和信仰层面的"无知"是所有人都背负的罪，为何单单让一个柔弱女子承担如此的惩罚？接过这个话头，皇帝表明，广阔的天地之间，公义自在且永明（existe avec Eternité la Justice exacte, irrépréhensible），哪怕是在地府最深处，上天的光辉也能照耀。而自己行走在天地间，坚信天道昭昭，到哪里都无所畏惧（je ne chancellerai point dans mon esprit）。这里巧妙地引入了基督教的理念：上帝之爱的救赎能到达地狱的每个角落，而人要因信而称义，最后得救赎。

62 *Th-I*, p.817.
63 *Ibid.*
64 *Ibid.*,p.818.

母亲让他看看地府的现状，所有的生灵都是“盲目”（aveugle）的，生命本身也没有目标和方向。周围这些悲泣的声音，大多都是绝望妇人和儿童，大家睁大双眼也无法望见阳光和那“永明的公义”。在这样的一个虚空的世界，他们只能沿着一条无法回头的道路往前走，“这条路永远没有尽头，只有无法满足的饥饿”（le chemin et l’issue, point de fin à la faim déçue）。对此，皇帝除了安慰母亲坚守对上天的信心，自我赎罪，别无他法。同时他也明白了自己要找的对话者不在这里。这是佛教六道轮回之说中的“**饿鬼道**”所在，而真正给人间帝国造成麻烦的是那些“能翻越攀篱，像猴子一样偷吃穷人粮种的亡灵”，以及有预谋地返回人间的“不信教邪灵”（les morts avec impiété），那些阿修罗式的不速之客（hôte importun）和这些可怜的饿鬼有着本质的区别。询问母亲，得到的答复是，那是一些活着时就作恶多端的“凶死者”（mal morts）之魂，它们飘忽不定、无处可寻。它们中，“有些逐炊烟和食物的气息而来，有些则带着怨念盘亘在废墟和荒野，伺机而动”[65]。当皇帝追问母亲去何处寻找死者之王，这些看不见的阿修罗恶鬼已经悄然而至：

> “它已经来了。它是藏匿在我们身旁的、属于夜晚的动物。就是你所喜欢的、供奉在地上庙宇里的‘瑞兽’。暴虐如虎、阴郁如虫、沉寂如鱼。人喜欢将其塑造成高声嘶吼、狂乱舞蹈的模样，佛陀就在它们中间微笑。其心空虚如坟墓，亡灵亦会再度葬身其中，它们往来似一阵风，带来彻骨的寒冷。它们天生具有可怕的破坏欲，时刻不停歇；它们游荡在世上，像得了狂犬病的疯狗。这就是我描述的野兽。[66]”

在母亲恐惧的描述中，结合了路西法和阿修罗形象特征的恶魔（Démon）形象浮出水面。这里值得注意的是，佛陀被归于邪兽之伍，成为路西法阵营中的东方使者。这里对佛教偶像毫不掩饰的攻击，显示克洛岱尔对佛教妖魔化已然走到了偏狭的境地。

（三）与魔鬼对话

在一阵狞笑声中，母亲消失了，魔鬼带着“灼热的寒冻之气”（froid brûlant）粉墨登场。克洛岱尔使用的是 démon 这个术语，源于希腊语中诸神的统称 *daimon*（神灵）。古希腊文化中的神灵既指善神，也指恶怪。其后逐渐

65 *Th-I*, p.821.
66 *Ibid.*

变演变成了介于神和人之间的灵怪。基督教出现后，这些灵怪被塑造成与耶和华与耶稣为敌、道德上堕落，诱骗人的灵魂进入地狱的恶行累累的堕落天使。正统的天主教神学甚至将所有异教神都视为魔鬼[67]。因此，不同于撒旦（Satan）[68]和路西法这样完全基督教化的魔鬼，这个鬼魅兼有东西方神话的元素，体现了二元对立的存在，仿佛是对善恶纠葛的复杂人性的隐喻。皇帝认为它是“地底皇帝的仆人、专横的暴君”（Empereur d’En-bas, tyran），而它代表着地府中所有“凶杀、野蛮、欺诈、偷窃、奢靡、贪婪、残忍、痴妄、狂热的灵体”（l’esprit de meurtre, brutalité, fraude, vol, luxure, avide, cruauté, démence, frénésie），而综其所有，这种精神性存在的产生源于“渎神”（Esprit de Blasphème）产生的罪孽。在这里，神象征着最高的善和美。

魔鬼对所谓的“渎神”嗤之以鼻。它自称为“掘墓之灵”（Esprit-fossoyeur），是死亡的引路人，所以前来接引皇帝。造物主造物，它就负责终结与回收。对于皇帝自诩为善的傲慢，它认为善恶都是相对，世间之人天生都有“为恶”的基因，理据有三：“人为了利益和幸福，会向恶的诱惑屈服，此其一；其二，人的习惯一旦养成，天性（Inclination）会使其违背理性（知识和意愿）的制约而继续犯罪（pèche）；其三，这‘恶’深深地染着人性，在人的精神中发展成熟，其程度甚至要超过魔鬼。即便作恶并带来快乐或获取利益，人依然会出于热爱而对其爱不释手。所以，人心与魔鬼相通，乃是自己的选择[69]。”那么，进一步追问下去，何为恶？何为罪？何为苦？魔鬼像个启蒙者一样，将这些“隐秘在黑暗中的真理”（mystisme noir）娓娓道来，对皇帝进行了一番基督教的布道。

所谓恶，在皇帝眼中，就是天地间“非‘自在’的存在”（le Mal est ce qui n’est pas），即是一种有待于消灭和克服的事物。而魔鬼告诉他，恶是所有

67 蒋梓骅等编：《鬼神学词典》，陕西人民出版社 1992，第 206 页。

68 希伯来文英译词，原意“敌手”。与希腊文“*Diabolos*”（英文译称 devil）同义。《旧约》中，他是上帝侍者，曾受命考察约伯。《新约》福音书中，撒但是魔鬼、诱惑者、鬼王、现世之王。他控制的魔鬼造成疾病，使人头脑混乱，甚至带来自然灾害。撒但与其魔鬼代理人不断与上帝的意愿唱反调，被视为人间罪恶与痛苦之源。《启示录》中，化为巨龙的古蛇，亦名撒但，被上帝关押一千年后，又被投入硫磺火湖中永受折磨。见帅培天等编著：《圣经文学词典》，四川人民出版社 1997，第 240 页。

69 *Th-I*, p.823.

造物（Créature）的与生俱来的，是不可归因于神灵的属性。以人为例，人类种族从诞生起就因为始祖的“诱拐和乱伦”（le premier rapt et inceste）——暗指亚当、夏娃吃下禁果及该隐与姐姐乱伦（《创世纪》：4，16-17），这种根本性的恶一代一代滚雪球似地传承下来，却因为人的无知和懈懒，始终没有悔改和赎还。自诩高洁的人道中的生灵其实和饿鬼、畜生道中的鬼怪并无区别，“只要人还有饮食之欲，恶之芽就会不断地在下一代中萌发衍生”。“人与鬼，分有共同喜乐和智慧”，如庄周梦蝶，孰为“人”孰为“鬼”尚未可知，做人的好处，仅在于等待尚未真正来临的报应和惩罚罢了。这样，魔鬼用简单粗暴的相对主义，轻描淡写地摧毁了皇帝作为人的尊严感，把可以修复和优化的恶替换成了基督教的“原罪”观念。人类始祖由“恶”而至“罪”（crime），超越时间域限的罪（ayant péché hors du temps）[70]。由于判罪者是高高在上的神，身份差异有如云泥之别，卑微的人类连要求神接受自己的赎价都是奢侈的，“犯了偷盗罪的奴隶岂能像自由人一样自赎？[…]罪已成事实，就如同砍下的肢体，再也无法复原。就如同天堂和地狱之间，永远横亘着无法逾越的距离[71]。”

皇帝追问，既然此“罪”已成覆水，人无法自我赎还，那么人生所受之苦（souffrance）又是什么？有何意义？难道不是一种惩罚、一种被动的赎罪吗？在他看来，痛苦就是神的旨意，它促使人学习成长并自我改善，而且通过对过失的研究，最终能找到解救之法（prescription）。魔鬼承认，地府正是一个集中了各种痛苦的地方，但在此受苦并不意味着赎救将成为可能。与人间的苦难不同的是，地府充满了看不见烟焰的“灵火”（Du Feu sans feu et sans fumée）。这是罚罪之火（feu pénal），它“比八月的骄阳更为毒辣、比大海上的电闪雷鸣更为惊悚，它能分离一切、吸收一切，化气为气、化土为灰烬；它能获取和吞噬一切，有人将其比附为科学和律法，纯净、精准且永存不灭（indéfectible）；无法毁灭之物，如铁，它令其柔软和可塑，无法柔化之物，它将其煅烧殆尽[72]”。这样的“火”，脱离了物质意义上的燃烧现象，而被赋予了基督精神属灵的特性。上帝在人世间可以显现为风、为‘道’、为光等等，在地狱中就以火的样貌降临。这迥异于人间烟火的“灵火”，就是

70 *Th-I*, p.827.
71 *Ibid.*,p.824.
72 *Ibid.*,p.826.

不离不弃的上帝之爱的显现，也回应了正统神学中有关神之爱亦浸透地狱的教义。魔鬼接着拿繁体汉字“東”为例，描述了一幅克洛岱尔心目中的东方式“救赎”的场景：树木生于天地间，红日现于树后，将其从土壤中拉扯到地面，喻指防止其堕落。枝杈横生的树越是迎向阳光，就越是枝繁叶茂，这暗示生命之力依靠神的爱而繁茂。从人类初生时期开始，神对其造物的要求就一直不曾改变，即《传道书》中称“万物各有其时”。树木长大成才，伐木工便将其砍伐运走。“灵火”按其时，将造物化为灰烬。看起来，它在收割生命，其时更是在润养生命，提升生命的品质。统而言之，在克洛岱尔的神学观念中，“灵火”即是神罚、又是爱的显现、更是悦纳和收容。诚如各典籍中所云“一把火尽焚三界”（un même feu brûle dans une triple demeure）[73]，造物之神的能力覆盖了“天、人、鬼”三个世界。

回到“痛苦”的主题。魔鬼说，自己的罪在于抗拒上帝所制定的“时令”之法，即拒绝了基督宗教的根本意识形态。“自教会分裂时起，我自守本‘心’，不再虔心敬神”（au jour du schisme, retournant mon cœur sur lui-même, j’ai refusé l’aveu）。在基督教神学传统中，救赎只能依靠神，妄图靠自己实现解脱都是异端。魔鬼之所以困守地狱，真正的原因乃是其走上了佛教式的自救“不归路”。在罪的效应上，人魔殊途却又同归。所谓殊途，即魔鬼主动选择了“自证其心”，且义无反顾、已经无法回头；而人则是因为人性的狂妄、贪婪和无知而堕落。所谓同归，则是都脱离了神的怀抱，都不得不经受“痛苦”的历练。

面对这悲观的言论，皇帝并不满意，他不认可“痛苦=历练”的理论，人间的苦难明明就不是天灾，而是“鬼祸”：魔鬼堕入地狱纯属咎由自取，妄图替天行道、骚扰人间根本就是僭越。魔鬼苦劝皇帝迷途知返，要知道，众鬼魂借尸返回人间，是痛苦所致。皇帝质问魔鬼：“既已为鬼，脱离了肉皮囊，又如何还有痛苦（souffrir corporellement）？”魔鬼则回应道：“人之罪，深入灵肉，肉体消失了，痛苦依然如附骨之疽（la peine lui est un vêtement），萦绕不去。”基督教神学中缺乏对此种痛苦的有效解释，克洛岱尔随即援引了佛教“苦”谛中“爱别离、怨憎会”两条进行论证。曰：所谓苦，“正是在爱中患得患失的恐惧，和人生无奈，终将迷失于怨恨的‘苦海’（l’horreur d’être aimé, la haine d’être livré au Très-Haï）”。克洛岱尔来华初年，在苦读

73 *Th-I*, p.826.

《神学大学》之时，枕边也始终放着《道德经》和《庄子》。这句话和庄子的“相濡以沫，不如相忘于江湖”有异曲同工之妙，但是其意境则和庄子的放逸豁达大相径庭，而更接近佛家的空观。“海”（Haï）是佛门用以比拟人生为苦、六道轮回的现实和暗示生存境遇虚空的常见喻体（如生死海），克洛岱尔的写作中喜欢用水、海的意象来比附无所不在的基督精神，此处保留了“海”的汉语发音，借用佛学意象的用意已然不言自明。只不过，按照魔鬼的诠释，虚幻的只是尘世，只是“此岸”世界，更高层次的上帝之国是实在且永恒的。而这些迷失在地狱的鬼魂，看不透人生本质，也不明白上帝之道，只是一味地怨恨自身（retourne sa rage contre lui-même），被怨忿所化而成为“恶鬼”，只是本能地回到人间，寻找曾经的美好。具体分析，这种“苦”还是具有两个层次：一种是灵性的，偏向于德行（peine morale）；另一种是感性的，偏重于意志，依赖于物质现实（peine matérielle）。对于较低层次的痛苦，可以借助佛教的虚无主义，让人和鬼真正意识到“此岸”（ici-bas）世界的虚幻本质。对于前者，个人是无力解脱的。它是与罪共生的内在张力，一味祈望免除于受苦是无济于事的，我们应当承担痛苦，在痛苦中悔改和赎罪。而对于第二层次的痛苦，深谙佛道的皇帝的领悟充满了诗意：“尘世之上，是那凌驾我们之上的共有的‘时间’，以及那肉身灭度之后的‘阳光之境’（Soleil）：光照之下，人和树的形影显得缩减且干瘦[…] 城中的万家灯火，就像那漫天的星光，如此清明、如此连成一片，直教水中的鱼儿要跃出水面，一口咬上去[74]。”这段咏叹隐晦地表述了“凡所有相，皆是虚妄”及“镜花水月”的佛理境界，只不过这空幻之境之上，仍然有一个统摄万有的“不变的变动者”——时间。

综其所述，所有这一切的终极衡量者和决定者，那个掌控着万物生命的节拍的绝对时间，就是凌驾在“天”之上的“天主”（Seigneur du Ciel）。皇帝追问天主是谁，魔鬼故作神秘地说：“就是那个‘自在（自有）’者（Il est/it is）”，他是万法的准绳和万物的源头，“就如同‘一’是所有数字的根基[…]因他自在，万物才能存在（l’être en lui n’est pas différent de l’existence）”就是所有存在背后的‘绝对终极’（Absolu）[75]。这样的一位神，是“道”的化身，是“万物的凝视者”（contemplateur de la matière）；他不可思量、无从认识；他的存在表现为一种“反理性（反科学）”（Antiscience）的二律悖反，

74 *Th-I*, p.830.
75 *Ibid.*,p.824, 833

既是最大也是最小，是“以黑暗形式出现的光明”（Clarté noire），而人的智慧无法企及他所在的境界[76]。这位神与人的沟通是通过“光”进行的，如同地狱中的“火”一样。诚如火是最纯澈的清洁剂，将污浊的泥土变成晶莹透亮的青瓷，这光也是最祥和的生命能量管道。皇帝询问在哪里能看到这种“光”，魔鬼故作神秘地断言：“它并非来自九霄之外的太阳（ce n'est point le Soleil empyréen）[…]它不灼烧任何东西”，因为它是一种看不见的内在能量，“只有闭上双眼，在内心最隐秘的地方（dans la nuit intérieure）才能看到它的曙光。它会在梦中清晰地闪现，它能赋予方士以异能，穿越厚墙进入漆黑的房间，用一点微光驱散浓厚的黑暗”[77]。至此，魔鬼所要揭示的“道”已经呼之欲出：吸纳了佛教义理**的寂静主义异端邪说**。克洛岱尔将魔鬼和寂静主义联系在了一起，奉耶和华之名，行寻找“内在化”邪神之实。在他心中，魔鬼的真实面目就是基督教在远东最大的竞争对手——佛陀的帮凶，或者干脆就是佛的化身。魔鬼眼见皇帝就要上当，伸手邀请他举行仪式，“揭开我们最大的不公平（之所在）、地狱的圣人、怨憎的天堂的最大奥秘”[78]。皇帝表示谅解魔鬼对人间的袭扰，并诚心准备聆听教诲，突然一阵仙风袭来，天使出场，魔鬼大为惊恐，惊呼撒旦来临，遁地而走。

（四）谷神天使之教

魔鬼在关键时候消失，皇帝在黑暗中悲呼：“难地道狱就是我们永恒的归宿？来者何方神圣，请回答。[79]”天使自称是时间之外的生命老人（le Vieillard de la Vie sans temps），这里的老人（Vieillard）用以专有名词的形态出现，影射老子，也暗示了此天使和基督宗教和道家都颇有渊源。在基督教传统中，天使（Ange）原意为使者，是受造的。天使在天上事奉神，是服役的灵，为承受救恩的人效力，有时神差遣天使以人的形象来到地上作神的工。天使有善恶之分，善者属神，恶者则充当撒旦的差役[80]。按照古代教会的九级天使之说[81]，这位神灵只是个普通天使（Angeli）。不过，既负“谷米”（du

76 *Th-I*, p.832.
77 *Ibid.*
78 *Ibid.*
79 *Ibid.*,p.833.
80 白云晓编：《圣经语汇词典》，中央编译出版社 2004，第 31 页。
81 即最高类三等级为（1）撒拉弗（Seraphim），（2）基路伯（Cherubim），（3）德乐尼（Throni）；中间类三等级为（4）神权天使（Domina-tiones），（5）神德天使

riz）之名，这位天使所代表的力量又整合了道家的“谷神”概念，以及民间宗教中的社稷神形象。谷神[82]语出《道德经》，可喻指生养万物的生命之力的代表；社稷神[83]则实为土地神和五谷神的总称，和人间天子一样，他们也兼有人性和神性，也是受造物，是上天指派的帝国守护者。这位主司谷米的天使便是身为“天地玄牝[84]”的谷神的特使（以下称谷神天使），与主司农事，与麦神、玉米神及黍米神这些功能性神祇并列，此次特意为救难而来。克洛岱尔并不了解这些典故，只是结合自己在华观察到的民间祭祀社神的风俗，融入自己的想象，将其设定为一个杂糅道家和基督宗教的重要中介和灵媒。而他之所以是谷神，纯粹是因为“人在水田中种稻收粮，和远古大洪水时代（诺亚）在水中保存大地上的生命之种并使之繁衍一样[85]。”中国南方奇特的农作物触发了作者的索隐神学热情，中国人被臆想为诺亚后代中散失的一支，需要一位天使来使他们恢复记忆。

在皇帝看来，这位天使是个温柔敦厚的长者，“比老者更为智慧，比孩童更为单纯[86]”；谷神自己所言也可为旁证，“我是圣贤，在所有造物之中，我有特殊妙用；我是强大的，然而依然恪守清规，敏言慎行丝毫不懈怠；我亦是单纯的，本性纯澈，无丝毫杂质[87]。”此中，隐隐可以看到《道德经》所

（Virtutes），（6）神力天使（Po-testates）;最低类为（7）主权天使（Principatus），（8）天使长（Archangeli），（9）普通天使（Angeli）。

82 《老子》第六章云：“谷神不死，是谓玄牝。”（见[魏]王弼注，楼宇列校释：《老子道德经注》，中华书局 2008 年 12 月版，第 16 页）谷，原意为两山相夹之处，象征虚空;谷神，指虚无而又神秘莫测的“道”。三国魏王弼注：“谷神，谷中央无谷也。无形，无影，无逆，无违。”另一说认为“谷”同“毂”。西汉河上公注：“谷，养也。”即“道”能生养天地万物。见陈永正主编：《中国方术大辞典》，中山大学出版社 1991，第 33 页。

83 我国民间对社神和稷神的奉祀，已历两千七八百年。社神是共工氏的儿子，名字叫法不一，有的叫“修”，有的叫“勾龙氏”，有的叫“后土”。《风俗通》中认为：“共工氏之子曰修，好远游，舟车所至，足迹所达，靡不穷览，故祀以为社。”稷神则是厉山氏的儿子弄。《礼记·祭法》中指出：“厉山氏之有天下也，其子曰农（一作柱），能殖百谷，夏之衰也，周弃继之，故祀以为稷神”。见李剑平主编：《中国神话人物辞典》，陕西人民出版社 1998，第 272-273 页。

84 同见“谷神不死，是谓玄牝”。[魏]王弼注，楼宇列校释：《老子道德经注》，中华书局 2008 年 12 月版，第 16 页。

85 *Th-I*, p.836.

86 *Ibid.*,p.835.

87 *Ibid.*

云“我独泊兮其未兆，如婴儿之未孩 […]专气致柔，能如婴儿乎？涤除玄览，能无疵乎？[…]豫兮若冬涉川；犹兮若畏四邻；俨兮其若容[88]”的翻版。皇帝对这位长者的认可度明显高于魔鬼，他“拱手参拜，自称愚污”（joignant les mains, je m'huilie dans ma souillure），夸赞天使是围绕着极点的星辰、是自由的雄鹰，眼观四维（quatre horizons）、参透万物之理，且上达天听，为地上万民的代祈者，希望他指点迷津。

天使滔滔不绝地引用老子的思想：“一个智者频出的民族，亦会因智慧而受罪”（un peuple de sages, sa sagesse a été sa condamnation），犹言“智慧出，有大伪[89]”。老子的解决方法是“绝圣弃智，民利百倍；[…]不尚贤[…]圣人之治，虚其心，实其腹，弱其智，强其骨[90]”，天使阐发为“当人民自觉聪明有理时，堕落为兽的诅咒就降临了。人和兽类一样工作、繁衍、死亡，终生无法摆脱恐惧，生命中充满着各种无以名状的危险[91]。”话锋一转，很快就从“无为而治”转到信仰缺失的问题上来了。最根本的问题，在于人性的兽化靠皇帝一人之力无法挽回。“人间的皇帝牧养万民，犹如伫立在畜群中的大树，无论多么枝繁叶茂，也会被啃食干净。[…]经历万千年，这种循环轮回不会改变：这些自作孽而凶死的生灵，大地也无法满足它们，它们在你们的脚底的世界里始终昏暗无明（obscurci）。就算以肉身下地狱，又能如何？[92]”

皇帝哀叹一声，提及刚才“地狱的导师”（Précepteur infernal）指出了这无明痛苦的三大原因：无知、违反力量法则、反科学（Ignorance, Antiforce, Antiscience），因果循环，恶果必有其因（la fin retournée sur la cause）。天使随即就“人的第一因”（la cause première）和皇帝展开了讨论，所谓最重要的“因”，不在于物质性（matière）亦非智识（intelligence）。前者只是人成其为“人”这个生物学种类的必要但不充分条件（fait seulement qu'il soit cet être et non pas tel autre），后者则是人意识到自己的存在（il sait seulement deux choses : qu'il est et ce qu'il n'est pas），即产生“我”的观念的前提，那么就是什么是第一因？天使循循善诱，他启发皇帝思考罪的神秘本质：（神）自在（Il

---

88 [魏]王弼注，楼宇列校释：《老子道德经注》中华书局 2008 年 12 月版。第 22,33,46 页（第十、十五、二十章句）。

89 同上，第 43 页。（第 18 章句）

90 同上，第 8,45 页。（第 3，19 章句）

91 *Th-I*, p.836.

92 *Ibid.*

est)有何深意？皇帝陷入了困惑，犹如老子所言，道恍惚不可识，名“夷希微”，罪是否就是背离了道？天使笑答，人之罪的实质就是因狂妄无知而产生了“我执”，有了欲望，以此导致了主客分离，人为地隔断了与“道母”融合。撒旦正是从此趁虚而入，混淆视听，诱骗人相信魔鬼代表着最高的道。“因为魔鬼知道这万因背后的终极之因，了解洪荒创世之前的‘法’（la Cause hors de la cause,et le Principe hors du commencement）它看到了（第一因的）光、智慧、爱、公义、宽厚和慷慨[93]”。所以，这第一因就是那不动的推动者——耶和华，之前撒旦口称的最高的善，正是彼岸之国“最高的篡权谋逆者”（le Suprême Inceste），它的言论就是（类佛教的）“寂静主义的奥义”（le Mystère de Quiétude）。辨明这一点，人就有了寻找整理之途、获得救赎的希望，因为神会拯救一切悔改的生灵，就连沉沦在深渊中的撒旦，上帝也依然没有放弃他。

恍然觉悟后，皇帝垂询如何能得救，“愿求得解救活人摆脱死亡之必然命运的方法，请赐予我们身、心、灵三重的平和（triple paix），以及重归天、地、深渊三界的安宁（triple certitude）！[94]”天使终于开出了最终的药方（remède）：皈依万物之法（le Principe de Tout）。具体而言，就是回归基督宗教的仪轨和信仰范式：怀抱敬虔之心，用六日劳作，第七日休息礼拜，表达对上帝的崇拜和感激。认同了基督宗教的创世观，就是完成了和神立约的重要程序。在克洛岱尔的理念中，汉语索隐神学终于在这个古老的帝国迎来了最高潮：尊奉道家的皇帝，明白了佛教式“寂静主义”的虚无，以这种特殊的方式找到了更高的神，实现了神圣的“归信”（réconciliation），也给族人找到了救赎的希望。

三、拯救的完成：皈依圣十字

同一时刻，在人间的皇宫里，太子和众多达官贵人则在通宵达旦地开会商讨对策。皇长子还在摆弄周易卦爻（trigrammes），其中一卦显示：“暴乱四起，愈演愈烈。民众居上，而王子垫底[95]。”事实上，情势已然危急到了极

93 *Th-I*, p.838.
94 *Ibid.*, p.839.
95 根据贝尔纳的研究，克洛岱尔对《易》做过一点研究（见 Bernard Hue, *Litteratures et arts de l'Orient dans l'œuvre de Claudel*,p.67-69）。作者考证，此处或为第 12 卦，否，天地否，干上坤下。卦辞云：“否之匪人，不利君子贞，大往小来”，即为小人所隔阂，这是不利于君子的卜占，事业也将由盛转衰。

点：政府失灵，军队在和僵尸的首次接战中就溃散了，“犹如人被鼠群撵得豕突狼奔，全面溃退，有如大洪水复发，如黄河（le grand Ho）决堤[96]”。众人困守孤城，城外是漫山遍野的乌合之众，王子甚至无法从中找到一个谈判的对象。眼看着四百年的江山就要毁于一旦，诸王子相互跪拜，争相决定牺牲自己以作祭，平息上天的怒火（courroux du Ciel）。宦官提醒大家呼唤皇帝归来主持大局，并且贴心地准备好了新的朝服和面具，为其遮挡那“不愿示众的带着地狱气息的面容”[97]。众人来到供奉着皇帝的长生牌位（la tablette dynatique honorée）的圣殿（sanctuaire）门口叩拜，怀着最后一丝希望祈盼他出现。

果然，随着圣殿大门徐徐打开，戴着面具的皇帝出来了。他高举变成了十字形状的权杖，高呼：

> “看这皇权之杖（bois royal）！我的先祖、我的子嗣，我的人民！我没有抛下你们不顾！像被流放的远祖一样，我又回到了这里。我从地底深处带回了这支探索和号令天下的权杖，它是帝王之所依，如今它成了丈量世界、衡量智慧和力量的准绳！看哪！”

这里面的基督教信息非常丰富。“被流放的远祖”指《旧约》中因崇拜异教神、背离耶和华而被判罚流落到埃及，最后在摩西带领下回到应许之地迦南的早期以色列先民。这里其实还影射了十七世纪以来西方流行的各种“中国人种西来说[98]”，将中国统治阶层假想为希伯来民族的一个分支，为其

96 *Th-I*,p.841.

97 *Ibid.*,p.843.

98 或称中国民族西源说，包括埃及说、巴比伦说和所谓“新西来说”。其中“埃及说”出现最早，其根据有三项：第一根据文学，认为中国、埃及两国文字同出一源，而且中国文学发源于埃及。始自1654年德国耶稣会教士基尔什尔（Athanase Kircher）所著《埃及谜解》一书，第二，根据磁瓶的埃及说。1834年埃及第伯斯地方古墓中发现中国磁瓶，英国威尔金生（Gardner Wilkinson）即以此为证据。但当证明这种磁瓶系中国明代的物品时，其说便不攻自破。第三，根据西洋古史记载。希腊史家希罗多德和西西里史家提奥多尔二人所述埃及各王拉姆西斯第二（Ramses）征服印度而加穿凿，谓其曾征服到中国。关于中国人种来自巴比伦说。英国伦敦大学教授拉古柏里（Firuen de La-couperil）始倡此说。自1880年后，拉古柏里曾说中国古代之“百姓”实即巴比伦之巴克族（Bak），此辈移徙中国后，对于故国旧习，多有保存，如洪水的传说，伏羲即巴比伦的乌拔，神农即萨贡，黄帝即洪特，仓颉即同基，以及皇古时代半鱼半人的先后辈出及文字之起源，人生吉凶之说及历书等。关于中国人种“新西来说”，首倡者为瑞典人安特生。安

推行基督福音制造理据。中国古代皇朝更迭，所依据的是“天命”和其物质化的象征——传国玺[99]，并非这具有埃及文化风格的权杖。这根权杖是具有生命力的“木”（bois），对应着《旧约》大洪水故事中诺亚放出的鸽子衔回的橄榄枝（《创世纪》8：11），表明灾难已经过去，和平就要到来[100]，且它成为了丈量世界、衡量智慧和力量的准绳，意味着得到了神的允诺。

果然，欣喜若狂的太子大呼：“（爻卦）预言果真实现了。老枝发出了新芽[101]。”他并不知道上帝，只是一味地感谢“不知名的神的大慈大悲”（la révérence m'envahit et je ne sais quelle pitié）。对于十字架形状的权杖，他认为那是汉字“十”，象征着十全十美，是“人之信仰的表征”（figure de la Croix humaine），预兆帝国的徽章还会扩大版图，再生枝杈。

见众人不了解得救的根本原因，皇帝化用“天人合一”之论进行新的格义。作为论述天与人、天道与人道、自然与人为相统一的学说，在中国哲学史上，天人合一的理论内涵在不同时期有不同的含义[102]。张载提到：“儒者

特生通过发掘仰韶沙锅以及甘肃等地石器时代之文化，于 1921 年发表《中华远古之文化》一文，提出仰韶村发现的陶器颇有西来之迹。瑞典人阿恩（Arne）在其所著《河南石器时代之着色陶器》一书，认为河南陶器之质地、花纹、色泽、形式与西业欧洲各地所得相类。1939 北京周口店山洞发现猿人头盖骨，距今五十万年前，此即著名的“北京人”，这一事实足以证明中华民族固为今日中国境内最早之土著居民。其后，中国人种西来说逐渐销声匿迹。见蒋大椿、陈启能主编：《史学理论大辞典》，安徽教育出版社 2000，第 247-249 页。

99 秦始皇（公元前 246-210）所用之玺。《唐六典·符宝郎》注记：传国玺是秦始皇时用兰田玉制成的，玺文为丞相李斯所刻，文为：“受命于天，既寿永昌。”又有：“受天之命，皇帝寿昌。”四面有盘龙薄翼。后世统治者将得此玺视为得天命的象征。秦传国玺早已佚失，不知下落，但历代统治皆伪造传国玺，以证明自己的统治是受命于天。见北京大学法学百科全书编委会编：《北京大学法学百科全书》，北京大学出版社 2000，第 89 页。

100 丁光训主编：《基督教文化百科全书》，济南出版社 1991，第 375 页。

101 作者考证，当为泽风大过第 28 的卦辞，其中有云“九二：枯杨生稊，老夫得其女妻，无不利。”（枯杨发芽，老头子娶少女为妻，并无不吉利）见周振甫注，《周易译注》，中华书局 1991 年 4 月版，第 100 页。

102 殷周时期，天是最高主宰的人格神。这时的天人合一是以皇权受神权保护的原始性宗教形式表示的；春秋末期，主宰之天地位动摇了，命运之天成为主要观念。道家也有天人合一思想。但道家的所谓“合”是完全顺应自然而不要人为。《老子》云：“人法地，地法天，天法道，道法自然”（第二十五章）。《庄子》说：“无以人灭天，无以故灭命”（《秋水》）。至汉代，天人合一的思想表现出天人

则因明致诚，因诚致明，故天人合一，致学而可以成圣，得天而未始遗人，《易》所谓不遗、不流、不过者也[103]。”即：一方面，人性即是天道，道德原则和自然规律是一致的；另一方面，人生的理想在于与天为一或天人调谐[104]。克洛岱尔借以构筑了自己的神学目的论体系：这个十字，是“最崇高的交叉，系天与地之间，在人的作用下实现的合一；它是不左不右、不偏不倚的中道、是分出高下的尺度[105]。”至此，十字架象征的精神内涵仍然与天人之道的儒家内涵相契，然而，虽然人道就是天道，这二者在地位上却是“滴水映射宇宙”的全息影像关系。人的完全实现，最终要是要回归并融入这个无限广大的人格化的“天”——耶和华那里去，所以十字架的另一层更关键的意义也就浮出了水面：象征“神圣的奉献和牺牲”（oblation et sacrifice）。在基督教传统中，十字架的有两大寓意：其一，神的无限能力和拯救世人的记号。基督耶稣并没有背负原罪，却按着神的旨意死在十字架上，三天复活，为有罪的人完成了一次救赎，使因罪与神隔绝以至灭亡的人可以因信成为神的儿子得永生；其二，是舍己，即抛弃自己肉体的欲望，追随耶稣之道的象征。耶稣劝诫信徒舍己，背负起自己内心的十字架来跟从他。要与神联合，跟从基督的信徒，就要天天舍己，就要把自己的肉体的邪情私欲钉在十字架上，让耶稣的生命活出来[106]。这里，在“天人合一”的堂皇论据中，皇帝偷换概念，把十字架的救赎意义播撒到了人间。

他自称手持十字，他穿过生死之门，在它的神力护佑下全身而返。在圣殿之上，他庄重地把这十字架传给众人，同时告诫大家，最高的神是公义

同类的特殊内容。《淮南子》中已有天人同类思想：“头之圆也象天，足之方也象地。天有四时、五行、九解、三百六十六日，人亦有四肢、五脏、九窍、三百六十六节。天有风雨寒暑，人亦有取与喜怒”（《精神训》）。董仲舒以天人相类说为依据建立起了“天人感应”的神学目的论。他说“人之为人，本于天。天亦人之曾祖父也，此人之所以乃上类天也”（《春秋繁露·为人者天》）；魏晋时期，玄学思辨兴起，在“有无”、“本末”等争论的背后，玄学家们实质上是主张天（自然）人合一的。宋明以后，义理之天成为主流，孟子的天人相通思想被发扬光大。见方克立主编：《中国哲学大辞典》，中国社会科学出版社 1994，第 75-76 页。

103 [宋]张载撰，[清]王夫之注：《正蒙·》，上海古籍出版社 2000 年 12 月版，第 239 页（《乾称篇下》）。

104 陈瑛、许启贤主编：《中国伦理大辞典》，辽宁人民出版社 1989，第 74-75 页。

105 *Th-I*,p.844.

106 白云晓编：《圣经语汇词典》，中央编译出版社 2004，第 6 页。

的，人间的一切所作所为最后都要称义，人都应当悔改。看透了苦乐交集的人生，他坦言人生之上，有着无限高远的启示（révélation）。作为牧养万民的天子，他看到生死两界的民众，浸淫在盲目的欲望之中，看不见亦听不见上天的启示，只会张大嘴索求，这是最无奈和痛苦的事。揭开面具，众人看到，皇帝脸上布满麻风斑，肿胀变形，鼻子和双眼都已坏死。然而，虽然失去听觉和视觉，他却比任何时候都更为耳聪目明，心灵更为自由。事实上，麻风和伤病代表皇帝为了自己和民众的救赎，以自己为祭，背上了十字架。“我身如枯槁，经历了炼狱之火，身上布满自己的灰烬[107]”，只愿赎脱罪孽。

第二天阳光升起时，皇帝走上城墙，高举十字架施行最隐秘的神圣仪式（rite interdictif）。他隔空比划，“叛党如被宝剑劈中一般，凭空消失了”（rasée comme par le sabre）。危机既已解除，皇帝举行庄严的朝会，宣布正式禅位于太子，自己将要“翻山越岭，去大山中归隐”（m'élèverai vers la Montagne）[108]，去追寻“道之母”（Mère）[109]。众人苦苦挽留，皇帝长叹一声：“我已是残废之躯，身患麻风，感官几乎尽去，仅能说话和倾听，不宜再掌国[…]老去之人就应当带着廉耻退场[110]。”但是，众人完全不必哀伤，因为他已经找到了最高的“道”。且借引《道德经》的典故，“圣人言，五色令人目盲、五音令人耳聋[111]，我摒弃了这一切，心中却无比真切的听到了‘原初之音’（bruit premier）接触到了上帝之‘味’（la saveur de Dieu）[112]”，而这种无法形容的味道，就是道家之核心概念之一——“无”的神妙境界。诚如新继位的太子所云：

---

107 *Th-I*, p.845.

108 *Ibid.*, p.854.

109 以“母”来比附神秘的“道”，系借自《老子》。无名天地之始。有名万物之母（第一章）；我独异于人，而贵食母（第 20 章）；有物混成先天地生。寂兮寥兮独立不改，周行而不殆，可以为天下母。吾不知其名，强字之曰道（第 25 章）；天下有始，以为天下母。既得其母，以知其子。既知其子，复守其母，没身不殆（第 52 章）。见[魏]王弼注、楼宇列校释：《老子道德经注》，中华书局 2008 年 12 月，第 1,46,63,140 页。

110 *Th-I*, p.845,851.

111 [魏]王弼注、楼宇列校释：《老子道德经注》，中华书局 2008 年 12 月，第 28-29 页（第 12 章）。

112 *Th-I*, p.845

"你好，蔚蓝的深渊！我唤你为'界'，即在这天地中又不在这天地中，即是时间又非时间，你就是这样圆融混沌的存在。

如同那埏埴，如同那风箱，因蕴含着"无"而"存在"，又仿佛那诗琴；

如同那辐毂，使得轮辋得以连接在一起的，正是内部的'无'；

就是这样，天地万物分有了你的'无'。[113]"

在克洛岱尔心中，这呈现为万有的"无"，这充盈天地的"夷、希、微[114]"的道，就是上帝耶和华之名在远东的转写。借皇帝之口，他训诫众人要谨守这十字架之"道"："救恩之法，不在沉睡的佛陀，不在裸身飞天的龙的'道'，亦非阴阳之理、象形文字的符咒，而是闪现的灵光[…] 这最高的'道'，选择了人作为他在世间的代言（représantant），如一位父亲，会永远为我们提供食粮[115]。"所以，应当对这真正的万物之主（Maître de tout）保持敬虔，而勿要崇拜他造的那些神怪偶像。

明白了上帝的身份后，新皇追问如何才能知道神是否悦纳人的献祭，皇帝微微一笑："用心去思考，仆人向主人献祭，只要虔心而为，所有的奉献都能有修补（suppose une réparation）[116]。"他强调，自人类始祖犯下原罪以来（transgression primitive），所有后代都要背负着赎还的十字架。眼下的和平来之不易，它归功于人于神在诚信和敬虔的基础上订立的"约"（le fidèle pacte entre Dieu et l'homme），世间的人在事实上已经得到了神的收纳（contrat d'adoption）[117]。所以，不能计较太多，人在做，"神在看，也在爱"（le voir et l'adorer），终有一天会达成最完满的净化（purification），得到喜乐和自由（la joie,la liberté）[118]。

完成了有关得救和归信之最大奥义的布道后，皇帝自觉卸下了千斤重担，"光明的荣耀终将从大山之中和西边而来[119]"。此处，大山代指道家，西边

113 *Th-I*, p.847.

114 源出"视之不见名曰夷，听之不闻名曰希，抟之不得名曰微"。[魏]王弼注、楼宇列校释：《老子道德经注》，第 31 页（第 14 章）。汉语索隐神学把"夷希微"比附为"耶和华"的发音。

115 *Th-I*, p.849.

116 *Ibid.*

117 *Ibid.*, p.848.

118 *Ibid.*, p.850.

119 *Ibid.*

则喻指信仰基督宗教的西方世界，道与基督的联合，最后会使得古老的中国民众找到真正的救赎。一身轻松的老皇帝站在高处凝神沉思，犹如闲云野鹤，身后就是生机复现的大地。一对白鹭绕着他悠悠回旋，在这充满道家意趣的场景中，全剧落下了帷幕。

第五章　禅之美：克洛岱尔和日本

第一节　禅的审美解脱之路

一、禅宗史回顾

禅，或称“禅那”、“驮那演那”，是梵文 *dyana* 和巴利文 *jhāna* 的汉文译语，意为为思维修或静虑。该术语源出《奥义书》(*Upanishads*)，为印度教术语，是修习瑜伽 (Yoga) 的高级阶段，即沟通人世间与神界的桥梁，是达到“梵我如一”或“梵我合一”的必由之路。此法原为古印度宗教普遍流行的修持方法，后被佛教吸收，成为佛教徒解脱苦难，到达真如彼岸的重要途径。佛教哲学围绕着禅形成了“三无漏学”、“六度”等深奥的理论，在实践效果上则有五大法门、坐禅十种行法和四禅定境界这样繁复的程序。但是，在印度佛教传统中，禅仍然只是通向真如佛性的一种修持方式，真正以其为核心形成宗派，并赋予新的哲学和美学内涵，则是佛教中国化过程中的结出的硕果。

东汉末年，佛教传入中原。早期佛教有意攀附黄老，借道家言释教，佛教的般若学、阿毗昙学结合黄老道，催生了魏晋时代的玄学热。自此，老庄的“道”之本体注入了“梵”的内涵，印度禅的“静虑”与庄子的“坐忘、心斋、朝彻”互相比附、“有无相生”推演成了“梵我合一”，玄学的“体之即神”变成了禅教的“本心即佛”，“色空不二”也始与“有即是无”相通约，甚至构成禅宗核心义理的“顿/渐”之法、“直指本心、不立文字”也与玄学派的“见理/顿了”、“口说玄理、入理言息”的理念难分彼此。加上大量禅经译入，禅学流行，形成六家七宗的繁荣局面，客观上为禅宗的创生奠定了理论基础。进入隋唐时代，中国开始形成一系列真正具有华夏风格的宗派，在此本土化浪潮之下，以《楞严经》、《金刚经》、《坛经》为根本经典，主张“不立文字，教外别传，直指人心，见性成佛”的禅宗终于在中唐时破茧而出。禅宗虽认祖于菩提达摩（Bodhidharma,?-535），但真正的创立者是“东土六祖”中最后一祖——慧能（638-713）。从慧能开始，禅宗分为主“渐悟”的北宗和主“顿悟”的南宗，安史之乱后，北宗法脉断绝，南宗成为主流。此后，禅门五家分灯，出现“五家七宗”的盛大局面。然而，各派发展并不平衡，入宋之后，只剩下临济、曹洞两家，有“临天下，曹一隅”之称。两宋是禅宗最为繁盛的时代，唐末士大夫开始流行参禅学佛，到了宋代形成普遍风气，禅学开始和理学结合，“禅教合一”，三教合流，禅宗渐由“不立文字”的禅法发展到“颂古”、“公案”之类的“文字禅”、“看话禅”。从元代开始，禅宗开始盛极而衰，逐渐走向禅净双修的发展道路。

作为最具中国特点的佛教宗派，禅宗的理论基础为恒久常在、统摄万有却又玄妙而无法言说的“真如本性缘起论”，主张“一切众生，皆有佛性”，真如佛心就印于心性之中，由此亦称“佛心宗”；其核心问题是探讨如何认识真如本性和达成终极解脱，即如何“见性成佛”；在宗教实践上，抛弃印度佛教繁琐的教理和仪轨，依靠主体的内省和直觉顿悟，“智慧观照，于一切法，不取不舍，即见性成佛道。”

两宋间，发展至巅峰的禅宗传入了日本，且随着中日两国禅师的密切交往而形成了与中国禅宗既有传承、亦有本土特色的日本禅宗。时值日本镰仓时代初，日本禅宗开山之祖明庵荣西（1141-1215）两次来华（1168, 1187-1191），学习临济黄龙派禅法，回国开创了日本临济宗；其再传弟子希玄道元（1200-1253）入宋求法，遍访名寺后入天童寺学习曹洞宗“默照禅”，归国后开创了日本的曹洞禅派。宋末元初，大量躲避战乱的中国禅僧东渡，日本禅宗获得迅速发展，压倒了所有其它佛教宗派，形成了二十四禅派。经过了镰仓、南北朝与室町时代的鼎盛后，禅宗在江户时期出现了颓势。其时，中国黄檗山住持、临济僧隐元隆琦（1592-1673）赴日，开创日本黄檗宗，日本禅宗的宗教组织建设终于完成。黄檗禅带来了中国明代的念佛禅，客观上也刺激了停滞的临济、曹洞两宗，日本禅宗三派鼎立、共同发展的局面形成。

及至明治维新，西方文化涌入，江户时代日本佛教界重视佛学教育的风气开始与近代教育学接轨。佛教各宗都兴办新式教育机构，禅宗开办了四所大学和大量的中等学林，培养了一大批禅学人才。此外，禅宗也不断派使团考查西方，引入西方佛教学术的范式，借鉴和吸收西方哲学和科学的最新成果，推动了禅学研究的现代化转型[1]。此外，从江户时代开始禅宗的居士禅林就已经展开，明治时期出现了一大批著名居士，如临济宗今北洪川门下的铃木大拙。有了人才储备和与国际接轨的学术基础，在日本明治政府抬神道教而贬抑、整顿佛教的政策压力之下，日本禅宗开始积极地向西方传法。

美国是日禅西传的第一站。1893 年芝加哥世界宗教大会，日本临济禅师释宗演在精通英语的居士弟子铃木大拙（1870-1966）帮助下，发表有关日本禅的演说，引起轰动，成为禅宗传入西方的标志。释宗演后来再次访美，四处演讲宣传禅宗，其门下弟子在美国创立众多禅修中心，影响极大。1906 年他出版了英文书籍《方丈的布道》（*Sermons of a Buddhist Abbot*），同年铃木大拙完成《神秘主义、基督徒和佛教徒》第一章，这是西方人开始认识与佛教思想不一样的禅的开始。此后他笔耕不辍，陆续出版三十余卷英文禅学著述，为弘禅事业做出巨大贡献。二战后，“禅热”在欧美普遍形成规模，热度至今不减。以法国为例，几乎所有的禅宗派别都在西方立有一席之地，中国禅、韩国禅、甚至越南禅也流行一时，其对文学艺术产生了重大影响。

铃木大拙和后来的禅学学者，都把诠释禅和弘扬日本文化捆绑在了一起，认为：“离开禅佛教，遑论日本文化[2]。”禅宗的兴衰经历了日本历史上三个武士政权，其影响和作用一直延续至今，这是任何一个佛教宗派都望尘莫及的。作为一种外来的文化样式，它对日本文化几乎所有领域都产生了巨大而深远的影响，使“纯粹中国化的佛教”异化为“典型日本化思想”。日本文

1　值得一提的是，1902-1905 年间日本学者在梵汉互证、敦煌学这两个方面形成了一个研究高潮，培养出了一批师从西方大师的日本佛学学者，如缪勒的日本弟子南条文雄、高楠顺次郎、狄原云来登。他们在西方学习并掌握了梵文以及相应的研究方法，凭借精通梵语、藏、汉的优势，迅速在某些领域成为欧洲学者的合作者。梵汉互证在当时的日本是一种新鲜而卓有成效的研究方法，很大程度上纠正了西方对汉传佛教是“堕落的佛教”的认识。

2　铃木大拙著：《禅与日本文化》，陶刚译，生活读书新知三联书店 1989 年版，第 147 页。

化的深层结构是由“无我文化”和“有我文化”的组合形式派生的文化价值观念。禅宗的非理性思辨特征恰恰可以解释这种“无我”“有我”的合理性。刘毅指出，日本文化体现为一种悟化的禅意文化[3]。在对幽玄清寂和极端勇气的双重崇尚之下，中国禅宗“教外别传”、“不立文字”、“以心印心”的立体传承被日本佛教界有选择地接受了，禅被有意剥离了历史背景，精心包装成与基督宗教的灵修经验具有同构性的东方神秘主义。禅宗的“静观”修行法门和基督教的“冥想”宗教实践发生了况义联通，被演绎为疗愈西方基督教文明和工业社会缺陷的东方神秘主义。西方心理学对禅的科学主义解读，也从另一个侧面强化了西方现代哲学“心性化”的向度。

二、禅宗与远东美学精神

作为汉传佛教的典型代表，禅宗其实是综合儒释迦道三家精华的中国精神现象哲学，它和士人阶层的亲密关系成就了其艺术的宗教、美学的宗教的历史地位。张节末将禅宗美学定义为中国美学思想史上的第二次“突破”[4]，认为其冲破了儒道两家主“实有”的自然主义美学世界，建构了“空幻”本体论的唯心美学观。由此，“主空的自然观与看空的人格观两相结合，就产生了一门全新的美学：心造境界——意境[5]。”具体而言，禅宗的美学品格有两大特点：自然的**心相化**和自然现象的**任意组合**。对于前者，观物即是观心，“心不自心，因色故有”，心与物为一种“通感”（correspondance）关系；对于后者，一切色相或心相都是喻象（allusion），只有“破执”——即打乱对固有时空现象的认知，才能“看空”[6]，通达本性真如。禅宗美学融汇庄子哲学之“逸”的精神，形成庄禅意境。其最玄妙的奥义在于“空”，但此“空”并非完全排斥物质的绝对无。所谓“不着一物”，核心在于反对意境流于枯寂空疏。它讲求化实为虚，不着色相，以求神韵天成，极是自然，可称为“清”；而其中又有活泼灵动的情思，生机盎然的情致，可称为“灵”。“清”又可生简远，淡泊之意；灵又有变化无尽之感。因此，禅宗意境才会不粘不

3 刘毅：《日本人文化价值观的演进》，《日本研究》1986 年第 4 期第 1 页。

4 第一次发生在先秦，由庄子完成，第二次历经魏晋至唐宋，即是禅宗的创生。见张节末：《禅宗美学》，北京大学出版社 2006 年 7 月版，第 2 页。

5 同上，第 3-4 页。

6 它承认物象的存在，是有；又认为物象乃因缘合和而生，是不确定的，故无。同上，第 5 页。

滞，周流不息。总而言之，是在善的前提下追求美的最终目的，呈现空灵、冲淡之美，富含着无限的生机。从这方面讲，禅宗思想的美学呈现于西方非理性主义思潮，尤其是象征主义理念是颇有通约之处。

禅学思想对中国古典诗学产生了根本性的影响。孙娜提到，禅宗在不断吸取老庄与儒家思想的过程中，逐渐抛弃了宗教的外在形式。当它与中国古典文学遭遇时，禅宗的随缘任运，自然适意进一步剥离了宗教感，肯定人的主观心性，带来的是更形而上的超脱，成了一种纯粹的心性修养和精神境界[7]。中国禅宗的“空”指涉的是“无中万般有”的内涵，它融合了老庄玄学的“无”与“自然”，追求人格上的完整独立与精神上的自由写意。它对中国古典文学最大的影响就是营造了实现中的庄禅意境。论及禅学对古典诗论的渗透，张晶以《沧浪诗话》为代表，认为所谓“禅道惟在妙悟，诗道亦在妙悟”[8]，阐释了诗禅相通的关键在于以物观心、以破执而证得澄明感和清净心，即在空灵中达到“悟”的高峰体验。此外王昌龄的“三境”说[9]，苏轼的“空静”说，叶梦得的论诗“云门三种语”，姜夔的“高妙”和“自悟”说，都是受到禅宗影响产生的命题。一言以蔽之，中国古典诗学的“虚静”审美旨趣在禅的改造下，发生了向“空静”美学意境的飞升，表现这种喜悦和自由的“禅趣”成为古典诗学的核心理想之一。

传入日本的禅宗，其美学境界略有不同，对诗学的影响也有差异。正如禅宗在中国受到了道家和道教文化的影响，日本禅宗也受到了其它汉传佛教宗派和本土宗教神道教的影响，衍化出两种截然相反的禅宗审美姿态：一种阴柔、哀伤、纤细、敏感至极，另一种则至刚至烈、堪破生死。前者旨在表现无常之佛理，可以称为“寂”的美学，具体还可细分为幽玄的空寂和风雅的闲寂[10]。究其产生原因，一方面，日本平安朝末期贵族政治的崩溃和社会动荡

7 孙娜：《中日禅宗美学意境比较》，吉林大学2006年硕士论文，第4-5页。

8 张晶：《禅与唐宋诗学》，人民文学出版社2003年6月版，第3页。

9 一曰物境。欲为山水诗，则张云石泉峰之境，极丽绝秀者，神之于心，处身于境，视境于心，莹然掌中，然后用思，了然境象，故得形似。二曰情境。娱乐愁怨，皆张于意而处于身，然后驰思，深得其情。三曰意境，亦张之于意而思之于心，则得其真矣。

10 空寂以幽玄为基调，多表现苦恼之情，更具情绪性；闲寂以风雅为基调，多表现寂寥之情，更具情调性。见叶渭渠：《日本文学思潮史》，经济日报出版社1997年3月版，第217页。

导致末世观念流行，催生了镰仓时代观无常、厌世悲观的新佛教思想；另一方面，杂糅百家、具有原始色彩、宣扬“万物有灵，神皇一体”的神道教在崇拜自然的同时，亦渲染了一种季节更替、生命苦短的物哀情绪。佛教的无常意识、神道教的悲感，结合禅宗的空观，提供了一个可以消解无常感的精神归宿——寂灭的虚空。与中国禅宗美学追求超越无常，达致更高层次的禅悦不同，日本禅的终极就停留在消解一切的无常之“寂”中[11]。李泽厚认为，日本美学和禅之“寂”深深地纠葛在一起，“它那感伤、凄怆、悲凉、孤独的境地，它那轻生喜灭，以死为美……总之它那所谓‘物之哀’[12]”，它那对刹那瞬间微妙感受的捕捉、对“无常”的执迷，悄然摒弃了东土禅门的大气磅礴和高妙静逸，转而成为克洛岱尔所称“具有迷人的忧伤气质”的日本禅教美意识的精髓。至于第二种追求刚烈的美学，在发展过程中深受武家文化影响，提炼出了“纯粹”这种以死亡为对象的审美行为。它帮助武士忘却死亡恐惧，实为日本民族“对于实存特有方式的不同寻常的自我表达[13]”。对日本诗学产生重要影响的主要是前者，传统的俳句、水墨画、能剧无不浸透了禅家的生灭无常、寂静涅槃的奥义。

南宗禅自诩“不立文字，教外别传”的心法，讲求单刀直入、识心见性，主张顿悟可以成佛，表现在文学上就特别强调直觉、暗示、感应、联想在体悟中的作用。这种看法，传入日本后也给日本文学界很大的影响。铃木大拙在论及禅与日本文化关系时指出：深受禅学影响的日本艺术家，都会尽量用最少的词句和笔触去表现自己的感情，因为如果把感情全部表现出来，暗示的余地就会化为乌有[14]。因此，“暗示力”是了解日本文学深层次奥秘的钥匙。

二十世纪上半段，讲究“暗示力”的日本文学，随着禅宗西传，以一种新的样貌吸引了法国文学界的关注。早在1902年，英国外交官、著名日韩语

11 涅槃之境被看作是消解一切的“寂灭”，所谓“见性成佛”，其中的“性”便是寂灭，亦是参禅的最后结果。见孙娜：《中日禅宗美学意境比较》，第10页。

12 李泽厚：《美学三书》，安徽文艺出版社1999年1月版，第391页。

13 [德]莱因哈德·梅依：《海德格尔与东亚思想》，张志强译，中国社会科学出版社2003年11月版，第154页。此外，武家禅是日本禅所特有传统，因其对克洛岱尔诗学影响有限，本文不展开论述。

14 铃木大拙著：《禅与日本文化》，陶刚译，生活读书新知三联书店1989年版，第54-55页。

言专家威廉·乔治·阿斯顿（William George Aston, 1841-1911）的著作《日本文学》（*Japanese Literature*）就已经译成法语[15]，并广为流行。1910 年，日本学家米歇尔·勒封（Michel Revon, 1867-1943）出版了《日本文学选集：从原初到二十世纪》[16]（*Anthologie de la Littérature Japonaise des Origines au xx^{e}siècle*），成为法日文学交流史上具有里程碑意义的事件。它开启了一种双向的文学交流：一方面，该作收录了各种传统文体（小说、诗歌、论文）外，还首度收入了随笔（*zuihitsu*）；另一方面，他将日本随笔与法国传统的散文随笔进行对比研究，将其等量齐观，在法国文学界中引发了对日本文学和思想传统的探索热潮[17]。

三、化禅：克洛岱尔在日本进行的佛教研究

作为世界三大宗教之一的佛教，尤其是汉传佛教传统中的禅宗，突破了两千年来植根的亚洲土壤，以一种充满东方神秘主义的智慧体系和美学系统的样貌进入了西方文艺界，并深刻影响了西方现代诗学的建构。

克洛岱尔对日本佛教的整体印象可以概况为：这是一种属于美学和艺术的宗教。二十世纪二十年代，西方的佛教学术有了相当程度的发展，日本禅宗也传入了美国，“禅意”作为一种追求极简主义和超验审美感受的美学原则，借着意象派和美国新诗运动的东风，成为西方文艺圈的流行话题。因此，不少对汉传佛教缺少认识的西方读者便顺理成章地误将日本佛教等同于禅宗。克洛岱尔自己就公开宣称欣赏禅佛教，他谈及日本佛教名相，论到对不同佛教宗派的印象，始终都没有离开禅宗经验和美学意识。

如果说克洛岱尔对印度佛教、中国佛教的了解多多少少都流于表象的话，驻日时期，他对佛教的关注才算得上真正的研究。日本在政治上的转型，以及经济上的巨大成功，让西方学者感觉到东亚佛教，尤其是日本本土的佛教实践具有神秘的内在活力，这种力量或许可以帮助西方社会克服现代化的种种顽疾。出于这种心态，法兰西第三共和国派出不少东方学家（佛教学者居

---

15 Aston, William George, *Littérature japonaise*, trad. H.-D. Davray, Paris, Armand Colin 1902.

16 Revon, Michel, *Anthologie de la Littérature Japonaise des Origines au xxe siècle*, Paris, C. Delgrave, 1910.

17 André Laidli, “En marge des genres : l’écrit «au fil du pinceau»（zuihitsu） au Japon et sa lecture moraliste en France”, *Revue de littérature générale et comparée* № 13,2012. http://trans.revues.org/517

多）来到日本，并责成 1921 年上任的大使——克洛岱尔建立“日法会馆”（Maison franco-japonais）[18]。会馆汇聚了当时最顶尖的学者编撰汉传佛教词典《法宝义林》，接洽过各国佛教研究团队[19]。对于这段经历，晚年的克洛岱尔在回忆录中提到自己颇为厌恶锡兰的佛教，亦不喜欢中国佛教，但是“很喜欢日本的佛教形式。因为日本的佛教艺术中有一种苦涩的物哀情调，意味深远。在日本佛教各派中，其净土宗又比中国佛教更为吸引人。相较而言，日本佛教更加艺术，弥漫着一种安详的忧伤氛围，而这正是它最吸引人的地方[20]。”佛教哲学中的本体论——“空”观，在克洛岱尔看来，是对于“通灵”的艺术体验的精当比喻。1952 年，他在评论印象派的作品时提到，印象派的作品描摹光影世界，精细入微，给人以“脆危”（fragilité）、“散乱”（épars）之感，“其如佛教徒所描述的五彩斑斓的表象世界，即‘皮囊’（monde de la pelure）。[21]”

作为一个享誉日本文学界的“诗人大使”，他最关注当首推介绍和评论东方艺术作品，其中有不少涉及到佛教的出版物：亨利·福西永（Henri Focillon）写的《佛教艺术》（*L'Art bouddhique*）[22]、二十世纪二十年代由法国

18 日法会馆（日仏会馆, Nichi-Futsu kaikan）是一个致力于促进两国之间在文化研究领域的交流与协作的学术机构，1924 年 3 月 7 日由日本著名实业家涩泽荣一（Shibusawa Eiichi）子爵和时任法国驻日大使克洛岱尔共同揭幕，发展成为西方汉传佛教研究的重要机构。见 http://www.mfjtokyo.or.jp/fr/profile/histoire.html

19 克洛岱尔时期法国主持的佛教研究，对二战期间德国学者的佛教研究起到了重要的奠基性作用。后来《禅宗史》（*History of Zen Buddhism*）的德国学者杜默林（Heinrich Dumoulin）就极为重视法国学派留下的文献。

20 *M.I.* p.165-166 （Le Bouddhisme sous sa forme japonaise m'a beaucoup plus intéressé. Dans ce bouddhisme japonais, il y a une espèce de mélancolie amère et profonde qui est vraiment intéressante. Sous sa forme japonaise, la forme amidaïste du bouddhisme m'a plu advantage que le bouddhisme chinois.[...] Seulement, le bouddhisme japonais est beaucoup plus artistique et il s'y ajoute une nuance de mélancolie paisible qui est assez attrayante）

21 *Ibid.,* p.167.

22 Henri.Focillon, *L'Art bouddhique*. Paris, H.Laurens, 1921. 此外，根据贝尔纳-胡的考据，克洛岱尔从 1921 年 8 月开始阅读福西永有关佛教艺术的作品，意在为即将实现的第三次锡兰之旅做准备。作者为里昂美术博物馆馆长，该书中花了很大的篇幅来介绍中国和日本的佛教（如第二章中国的理想主义和实证主义（Idéalisme et positivisme en Chine）；第三章佛教艺术和日本天才（*L'art bouddhique et le genie japonais*）），此书为克洛岱尔借以了解中国日本的汉传佛教和印度原始佛教之差别的重要文献。值得注意的是，福西永亦为日本专家，着有《葛饰北斋：艺术和版画》（*Hokousai: Art et Esthétique*, Paris, Alcan,1914）对克洛岱尔的日本文艺观有

东方之友协会赞助、维克多·戈鹭波[23]（Victor Goloubew, 1878-1945）主编的《东方古典》(*Les Classiques de l'Orient*）书系[24]、以及一本现代英文小说《经

重要影响。见 Bernard Hue, *Litteratures et arts de l'Orient dans l'œuvre de Claudel*, p.206 注 153.

23 法国远东学院 1920-1945 年间的研究员，古高棉文化专家，在青铜器考古领域成就突出。

24 Les classiques de l'Orient, Bossard, "*Collection publiée sous la patronage de l'Association française des amis de l'Orient et la direction de Victor Goloubew*"。该书系一共出版了 13 卷。卷一《那罗和达摩衍蒂的传说》(*La légende de nala et damayanti*, traduite, avec introduction, notes et vocaburaire par Sylvain Lévi ; bois dessinés et gravés par Andrée Karpelès, Bossard 1920）；卷二路易·菲诺(Louis Finot, 1864-1935）编译的《迎光而行，入菩提行论：寂天梵语诗歌集》(*La Marche À La Lumière Bodhicaryavatara: Poème Sanskrit De Çantideva*)；卷三《三个神秘西藏故事：》(*Tchrimekundan-Djroazanmo-Nansal : représentations théâtrales dans les monastères du Tibet*, traduits avec introduction, notes et index par Jacques Bacot : Bois gravés d'après les dessins de V. Goloubew, Bossard 1921）；卷四《中国佛教故事和传说》(*Contes et légendes du bouddhisme chinois*, traduits du chinois par Édouard Chavannes ; préface et vocabulaire de Sylvain Lévi ; bois dessinés et gravés par Andrée Karpelès,Bossard 1921）；卷五《五部能剧：日本抒情戏剧》(*Cinq nôs : drames lyriques japonais*, traduits avec préface, notices et notes par Noël Peri ; bois dessinés et gravés par Jean Buhot, Bossard 1921）；卷六《薄伽梵歌》(*La BhagavadGîtâ*, traduite du Sanskrit avec une introduction par Émile Senart, Bossard 1922）；卷七《阿拉伯商人苏莱曼的印度和中国之旅》(*Voyage du marchand arabe Sulaymân en Inde et en Chine*, rédigé en 851, suivi de remarques par Abû Zayd Ḥasan（vers 916）; traduit de l'arabe avec introduction, glossaire et index, par Gabriel Ferrand ; bois dessinés et gravés par Andrée Karpelès,Bossard 1922）；卷八《弥兰陀王问经》(*Les questions de Milinda*（Milinda-pañhā）, traduit du Pali, avec introduction et notes par Louis Finot ; bois dessinés et gravés par Andrée Karpelès, Bossard 1923）；卷九《朗·坦特罗谈话录》(*Les entretiens de Nang Tantrai*, traduits du siamois par Édouard Lorgeou ; bois dessinés et gravés par A.-F. Cosyns, Éditions Bossard 1924）；卷十《跋蹉国主，优填王的浪漫故事》(*L'histoire romanesque d'Udayana, roi de Vatsa, extraite du Kathâ-sarit-sâgara de Sômadêva* traduite du sanscrit en français avec une introduction et des notes par Félix Lacôte ; bois dessinés et gravés par Jean Buhot,Bossard 1924）；卷十一《西藏诗人米勒日巴：他的罪过、考验和涅盘》(*Le poète tibétain Milarépa : ses crimes, ses épreuves*, son nirvana, traduit du tibétain, avec une introduction et un index par Jacques Bacot ; quarante bois de Jean Buhot,Bossard 1925）；卷十二《罗摩和悉多的传说，罗摩衍那摘选》(*La légende de Râma et Sîtâ, extraite du Râmâyana de Vâlmîki*, traduite du sanscrit et rapportée avec une introduction et des notes par Gaston Courtillier, Bossard 1927）.

过印度》(*A passage to India*)、赫尔曼·欧登贝格(Hermann Oldenberg, 1854-1920)的《佛陀传》(*Bouddha*),不一而足。所有这些涉及佛教的现当代作品中,对克洛岱尔的在日创作影响最大的当属《弥兰陀王问经》。

该经梵文作 *Milindapanha*,主要记载了部派佛教后期——公元前二世纪中叶传说中的佛教大师那先[25](*Nagasena*)与统治北印度的希腊王弥兰陀[26]说经论道之事,实际上反映了印度佛教文化与希腊文明的初次对话,是印希文明交流史上重要的历史典籍。巴利文全本对应的汉文名是《弥兰陀王问经》,汉传佛教中亦有一个删译的简本——《那先比丘经》,该经汉译本名为《那先比丘经》,在篇幅长度上不如南传佛教系统的译本《弥兰陀王问经》那么完整。此经大约为公元一世纪前后的作品,它属于佛教三藏经典之外的古典佛教作品[27],在东西文化史上意义非凡。除汉译本外,还有英、德、日、法等各种文

25 又作那伽斯那、那伽犀那。译作龙军。西元前二世纪后半之印度僧。中印度雪山山麓羯蝇揭罗村婆罗门之子。“那”为“那伽”之略,乃象之梵语。其出生时,家中大象亦生小象,故有此名。初学吠陀,深感婆罗门教学之乏善可陈,转随楼汉尊者(巴利文 *Rohana*)出家,修学论藏及七部阿毗昙,证得阿罗汉果。后至北印度舍竭国(梵文 *Sagala*),住于泄坻迦寺,与弥兰陀王(巴利文 *Milinda*)议论,以车与轴、毂、辐等关系为喻,广说人生无常及善恶报应等佛教教义,弥兰陀王深为信服,后皈依佛教。此事见于弥兰陀王问经,汉译为那先比丘经。见慈怡法师主编:《佛光大辞典》,北京图书馆出版社 2004 年 12 月版,第 3022 页。

26 弥兰陀王乃是一真实的历史人物。弥兰陀王,英文为(*Menandros*),布拉克里特文为(*Menemdra*),梵文为(*Mimndra*),巴利文为(*Milinda*),汉文有时译作“麦南德”、“美南多罗斯王”、“弥邻陀王”,皆音译也。他在位时间约为公元前 155-前 130 年。在弥兰陀王统治印度之前,希腊军队曾于公元前 370 年入侵印度,但不久就被印度人击退。到阿育王后期,由于奢蜜多罗叛变,建立了巽伽王朝,破坏了印度的统一。在巽伽王朝(公元前 180-前 150 多年)西北部,有很多少数民族入侵、骚扰,希腊人便是其中的队伍之一。奢蜜多罗为了与阿育王比名声,愿以灭佛之恶名流传后世。而弥兰陀王则以护法的名义进攻巽伽王朝,最后取得胜利。从《那先比丘经》的经文来看,弥兰陀王十分重视对当时印度各种教派学说进行研究,并以论辩方式驳倒各种宗派的思想,最后才碰到真正的佛教大师的。见显密文库:*http://read.goodweb.cn/news/news_view.asp?newsid=54723*

27 对于其写作语言,大致有三种说法:即巴利文说;梵语或混和梵语说;翻译说。印度哲学史家德·恰托巴底亚耶在《印度哲学》一书中提到,《那先比丘经》是用巴利语写成的。中国佛教研究专家方广铝先生在《中国大百科全书》宗教卷中提到,《那先比丘经》有梵语与混合梵语之说。英国佛教史专家渥德尔在《印度佛教史》一书中提到,《那先比丘经》是在公元前一世纪初在印度译出写定的。见《那先比丘经题解》,http://www.jingshu.org/yiwen/37122.html

字译本[28]。作为原始佛教的重要典籍，该经主要通过文学的对话形式，形象生动地阐述了佛教的基本思想。从学术史的角度看，《弥兰陀王问经》的历史意义主要在于两个方面：其一，它是古代印希文化交流史上的里程碑。经文用层层递进的严密思辨，展现了印度宗教思想对古希腊哲学的征服和吸纳；第二便是读者能从中窥见早期佛教在受希腊文明影响后的细微变化，即佛教由重视经律转向重视“论”的变化。这正式促使原始佛教向到大乘佛教发展变化的关键契机之一[29]。这一段佛教与希腊文化接触的历史再次触动了克洛岱尔心中索隐神学的情结：对该经书的发现让他内心对日本佛教艺术的最后一丝忧虑也化解了，取而代之的是佛耶两教融合的乌托邦幻想。这部典籍一方面再度唤起了他年轻时所作的《金头》中对于“印度-希腊”文化接触的架空想象，另一方面也让他意识到佛教和西方文化之间存在着神秘历史关连，继而生出了将佛教的解脱思想纳入天主教的救赎神学体系的强烈愿望。尤其是从禅理中衍生出来的诸如“空”、“寂”、“物哀”、“幽玄”的美学原则，完全可以和天主教理念进行嫁接，嫁接的方式便是用远东独特的诗画艺术形式来烘托天主救赎的伟大和荣耀。

28 而用巴利语写成的《弥兰陀王问经》则有僧伽罗文、泰文、罗马字母等不同文字的写本。此经于上世纪由英国巴利文专家戴维斯（Thomas William Rhys Davids）英译为 *The questions of King Milinda*，收入牛津大学出版的《东方圣典丛书》（*The Sacred books of the East, Edited by MaX Mullers*）第三十五、三十六两卷中。出处同上，法语则有戴密微从汉语本译过去的文本，克洛岱尔看到就是这个译本。见 François Lachaud, “Le poète et les Buddhas : Claudel et la tradition religieuse aistique”, *Claudel et le Japon: cinquantenaire de la mort de Claudel*, actes du Colloque International et de la Table Ronde, p.62.

29 弥兰陀王是一个类似柏拉图社会理想中的“哲学王”。他对佛教以的各种外道经典特别熟悉，并在具体的论辩过程中战胜了这些外道论师。正当他目空一切，在殿堂上大声询问还有没有人与他论辩之时，他身旁的大臣便向他推荐了那先。那先折服了弥兰陀王，不仅为整个被征服的希腊统治地区的印度人民寻得了心理上的平衡，而且也突显了佛教教义的战无不胜的精神力量。弥兰陀王被那先阐述的佛教胜义折伏之后，表示了对世俗王权的厌倦之情，向往佛教的涅槃境界。充分显示了佛教“超度功能”。超越对世间拥有的执着，是《那先比丘经》最为凸出的宗教价值。从传播角度来看，这部作品亦是一部成功的作品。《那先比丘经》所运用的譬喻说理方式，以及通过对比方式彰显佛教真正意旨的做法，对后来的“比喻师”们说经起到了良好的影响。池田大作称《那先比丘经》是一部“佛教入门”式的教课书，生动地点明了该经在传播佛教胜义方面的贡献。见显密文库：http://read.goodweb.cn/news/news_view.asp?newsid=54723

第二节　诗与画：克洛岱尔理解禅意美学的路径

一、从独立诗到俳句

从十九世纪中期起，以法国为中心的西欧就出现了一波盛行长达三十年之久的日本文化热潮，最初称为“日本风”（japonaiserie），后发展成更为系统化的“日本主义”（japonisme），其核心是对日本艺术的审美崇拜。风潮所及，克洛岱尔的雕塑家姐姐——卡米耶·克洛岱尔（Camille Claudel）对从日本舶来的浮世绘版画、和服、漆器等文化物件都特别着迷[30]。而正是在这位至亲的影响下，年幼的克洛岱尔很早就在心中埋下了“日本情结”的种子，他对日本文学产生了莫名的痴迷情愫。

在日本传统抒情诗歌体裁中，克洛岱尔尤其偏爱篇幅极短的俳句，以及毛笔书写、画俳相彰的艺术形式。在他眼中，这种与日本禅佛教关系密切的极短诗歌艺术蕴含着深广的精神性价值——“暗示力”（pouvoir de suggestion），与其孜孜以求的“寓神于物”的诗学理想简直是天造地设的好搭档。克洛岱尔感叹道：“我到了日本，才真正了解到，精神是如何美妙地用墨和纸表现出来的。一定范围的空白饰以些许黑色墨迹，‘道’就显现了[31]。”

1893年，他创作了第一首以圆形日本酒樽为主题，描述想象中的富士山景的抒情散文诗——《圆酒樽之赠》[32]（*Don du vase rond*）：

> “喝！我给你这如月般圆满的酒樽。
> 待你沉醉于杯中，当见酒杯如大海。
> 喉中每咽下一口琼浆，我们都会望见远方的风帆！

---

30 克洛岱尔在《即时回忆录》中提到：“我的姐姐，这位伟大的艺术家，对日本有着无限的热爱。我也一样，看了不少日本版画和有关日本的书籍，这个国家让我神往不已。” *MI*, p.119.

31 Il a fallu que je vinsse au Japon pour que l’esprit se fît encre et papier, et pour que du noir sur un certain blanc s’étalit. “A propos de la publication de Sainte Geneviève”. *Po*. p.1023.

32 «Bois! Je te donne ce vase rond comme la lune. / Et quand tu seras au milieu tu verras monter de la tasse la mer./Et à chaque coup elle entrera dans ton gosier avec ses eaux et l’on voit des voiles au loin ! / Et quand fléchissant sur tes genoux tu humeras les dernières gouttes, / la montagne recourbée qui dépasse le bord avec ses neiges atteint le milieu de ton front. / Et je ne dis point le breuvage, mais il sera pour ton cœur comme pour les ténèbres de la forêt. / Prends-la à deux mains, car étant profonde elle est pleine. / Prends-la, te dis-je ! prends-la ! prends !prends ! » *Po*. P.955.

当你吮吸滴落在双膝上，颤动的酒滴时，

叠嶂的山峰之上，皑皑白雪仿佛就要落在你的额头。

我不谈这杯中之物，或许，它是你心的解药，就如照亮那森林中幽暗之处的光。

双手举杯，喝吧，酒樽深深，酒已斟满。

喝吧，我劝你。喝了它！喝！喝！”

该诗发表在1894年的期刊《自由思想》（*l'Idée libre*）上。其时克洛岱尔刚考上外交官，尚在巴黎等待外派的调令。他满心期待派驻日本，亲眼看看姐姐魂牵梦绕的艺术圣地，但是屡次申请驻日工作岗位都未果，心中颇为惆怅。该诗就是他在二手市场淘到一件日本酒碗后，把玩之余，依据在博物馆欣赏过的葛饰北斋的作品“富士八景”而创作出来的。

就形式而言，这首不伦不类的怪异作品是克洛岱尔受当时法国流行的“独立诗”（poème isolé）的影响而进行的尝试。“独立诗”其实是一种拙劣地模仿东方短诗的三行体“打油诗”，前两句是无韵自由诗，最后一句必以“此为独立诗”（un poème isolé）结尾[33]。在与莫里斯·波特榭[34]（Maurice Pottecher, 1867-1960）的通信中，克洛岱尔声称所谓“独立诗”是对远东抒情诗的亵渎，进而认为法国诗人应该模仿真正的日本俳句来改造法国的短诗。信中直言：“我寄给你看看几行我写的诗，灵感来自我购买的一个日本酒樽。对于该诗的粗糙和浅陋，我感到万分羞愧[35]。”根据诗人的回忆，这首诗最初拟定的标题为“诗人品酒，杯中浮现富士山景”（Un poète boit dans une tasse et voit dans le fond se lever le Fuji-Yama）。这正是时下流行的“日本主义”所刺激产生的“咏物感怀”主题的东方诗，借助充满异国风情的日本工艺品来表达对世外桃源般的前工业化世界的向往和期盼。风潮之下，大部分具有自然主义倾向的法国作家都写过类似主题的作品，其中写到极致的莫过于普鲁斯特（Marcel Proust, 1871-1922）在《追忆似水年华》中借日本茶具所生发的“幻境”[36]（allusion）。

33 见 Frédéric Forte 的评述 http://zazipo.net/+-Poeme-isole-+

34 法国戏剧家、作家和诗人，常以笔名 Martin Petitclerc 发表作品，克洛岱尔的好友。

35 *Po*. 1195.

36 Jan Walsh Hokenson, *Japan, France, and East-West Aesthetics: French literature 1967-2000*, Fairleigh Dickinson University Press 2004. P.204-206.

克洛岱尔真正开始模仿远东诗歌的体裁和美学风格进行诗歌创作，是从1921年末调任驻日大使后才开始的。在和日本诗人及画僧的交往中，他逐渐领略到了“禅俳”的迷人魅力。禅所重视的“悟”，被视为文学、艺术创作与欣赏的最高境界。深受禅宗影响的日本俳句本身并不表达任何思想，它只用表现去反映直觉，而且这种表现也并非在诗人头脑中用修辞手法构筑而成，而是简单、纯粹地描绘直观本身。

俳句（haiku）源出日本古典文学的形式——俳谐连歌，亦简称俳谐或诽谐（haikai）[37]。作为日本传统文学样式，俳句以其短小精悍、余韵悠长的特色从二十世纪初开始受到法国知识界的关注。1902年，法国医生兼诗人保罗-路易·库舒（Paul-Louis Couchoud）来到日本研究垂脖病。1904年回国时完成一篇文章《日本的抒情短诗》（*Les Epigrammes Lyriques du Japon*），专门介绍日本俳句，称“俳句是诗的点滴，是三彩的、清淡的画”[38]，1906年发表在《文学杂志》（*Les Lettres*）上。1905年，他模仿俳句的形式写了一些无韵无律的三行诗，描绘当年在法国运河上航行时所见的旅途风光，并把这种小诗称为“法国俳句”（Le haikai francais），后来以《流水》（*Au Fil de l'Eau*）

37 日本古典文学样式之一，俳谐连歌的略称。《汉书》中有“俳谐者滑稽也”语，《史记·滑稽列传》中有“滑稽如俳谐”语，此为“俳谐”最早见诸史料的记载。基本形式是两人合咏一首和歌，即由第一人咏前句（发句5、7、5式），第二人咏副句（7、7式）。在日本中世时期，俳谐与日本的汉诗、和歌、连歌中的非正雅的异端之作称俳谐。自近世以来，狭义的“俳谐”概念，专指连句。广义则为对以俳谐连句为基础产生的俳句、连句、俳等一切俳谐文艺的总称。室町末期，荒木田宇武等将俳谐的发句（首句）独立出来，作为一种新颖的吟唱形式，但并没有出现“俳句”的名称。直到明治初年，正冈子规（1807-1902）发起诗歌改革运动，正式将发句分立，俳句才成为一种独立发展的诗歌体裁。常见的季题如“元旦”、“早春”、“蔷薇”、“秋雨”等等。季题是俳句的灵魂，否则无以成俳句。这种严格的规定和限制是俳句的独特风格。俳句本身并不表达任何思想，它只用表现去反映直觉。宗教的直觉通常也用简洁的语言来表达，这样能更平易地描述出其精神的体验。而禅宗却多半使用诗句的形式去表现直觉，所以禅和俳句简直就是天然的绝配。因此，俳句排斥冗长的篇幅、精丽的修饰和理性的思维，避免一切涉及观念的词句，讲究尽量用最少的文字和笔触去表现情感，唤醒读者心中本有的直觉。俳句其诗学和美学精神的精髓，简言之，有“空”而已。见乐黛云等主编：《世界诗学大辞典》，春风文艺出版社1993年1月版，第365页。

38 彭恩华：《日本俳句史》，上海学林出版社2004年4月版，第121页。

为题结集出版。此为欧洲最早的本土化俳句作品[39]。其后，不少日本古典俳句作品陆续译介到欧洲，这种以音节为单位的紧凑诗体在早期往往译成自由体诗，恰与当时风行欧美的自由诗相符。许多诗人竞相仿效。欧美诗人竞相以其本国语言创作俳句，形式是大致按 5-7-5 的音节写成的三行诗。文字各有不同，基本方法相似。十九世纪末二十世纪初，受到法国俳句巨大成就的鼓舞[40]，英美诗坛摹仿俳句成风，对美国意象诗派产生了重大影响。

由此可知，克洛岱尔对俳句这种诗歌形式并不陌生。他谈道："就我所知，日本的古典诗歌和其文化、艺术一样历史悠久而灿烂，且有着不拘一格的语言形式，能自由地挥洒人类灵活的回音、淋漓尽致地表现天地宇宙之恒美。此外，它善用一种精妙而浑然天成的手法，引人参悟天地永恒的真理[41]。"

克洛岱尔真正形式意义上的首部日本俳句习作，是《圣热纳维埃夫》（*Sainte-Genivière*）组诗。在这组诗作中，克洛岱尔亲自用毛笔抄录法文诗句，日本画家为其配画，采用日本式排版、装帧和封面包装（参见附录三）。他在卷首语中解释道："没有任何一位作家会认为，自己的创作变成铅字印在纸上就算完成了。为了赋予它更完全、更确定的存在形态，我们需要借鉴某种对它最相宜的外来形式，以便烘托作品的身体和灵魂[42]。" 1922 年，他又在该作品的背面创作了 12 组小散文诗，名为《东京城墙下》（*La Muraille intérieure de Tokyo*），多为在东京城墙下散步思索所得。内中用到了一系列日本文化的符号和意象，最后一阕小诗表达了其作为初到日本的法国"文化朝圣者"的"围城"（anneau）之叹。

"我住在围城之外。

我已然明了，这不是外面，面前这堵墙囚住的，其实是我自己。

---

39 《日本俳句史》，第 134 页。

40 从 1920 年开始，始有法国诗人在《新法兰西》（*la Nouvelle France*）中刊登了他们的"俳句"，1924 年还举办了一次上千人报名的俳句诗赛。该派以俳句紧凑的结构、生动的意象和凝炼朴实的诗风为楷模，创作出许多酷似俳句的诗歌，如诗人弗莱契（1886-1950）的《远方神庙晚钟》。

41 Paul Claudel, "A propos de la publication de Sainte Geneviève", *Le Navire d'Argent*, 1er juillet 1925.

42 Nihon Shijin, "A propos de la publication de Sainte Geneviève", *Le Poète japonais, Hommage à Paul Claudel*, N°4, （1er mai 1923）, p.4.

我已经明了，从此处去往彼岸，四方皆可行，唯独不能走‘中道’[43]。”

这首小诗第一和第二句，表达了面对玄妙的日本文化的赞叹和难以尽其精义的懊丧。第三句则话锋一转，与《缎子鞋》中引用的葡萄牙谚语“天主以曲划直”相呼应，可视为作者对于自己行万里路，最终在日本这方艺术热土上进一步认识自己的本心、更加明白上帝的“道”的喜悦之情的自然展露。此时的克洛岱尔，作为赫赫有名的“诗人大使”，在外交职业生涯和文学造诣上都达到了人生的巅峰，与驻华时期那个内心充满痛苦和纠结的小领事已然不可同日而语。

一直沉迷于寻找诗歌中的“空间”的克洛岱尔在初步了解了日本诗歌后，感叹道：“（诗歌）需要一定的空间，或者说一定的空白来支撑它，亦可理解为造成某种‘印象’的空间布局。为什么（不仿效日本诗歌）在纸上营造某种疏离的文辞结构，制造一种半精神性的存在，通过它让人悟道背后的意义呢？这种构架是文本的核心，就如灯笼中的火烛。[44]”

二、从“虚”悟“空”：《百扇贴》的禅寂世界

1942 年，时年 60 岁的克洛岱尔在日记中写道：“自然非幻，乃是暗示[45]”（La nature n’est pas illusion, mais allusion）。这是时隔多年后，他在回顾《百扇贴》（*Cent phrases pour éventails*，日文罗马字为 Hyakusenchō，见附录四）这部美轮美奂的法语俳句巅峰之作时做出的感悟。

《百扇贴》是克洛岱尔在日本尝试诗、书、画一体的“综合艺术”的实践形式[46]。尹永达认为它是继法国诗人汉学家维克多·谢阁兰（Victor Segalen, 1878 -1919）的汉诗风格作品《碑》（*Stèles*）之后东方艺术向西方艺术渗透的又一典范作品[47]。这部诗集先后在日本出了三个版本，装帧、裱糊、排版完全是日本式的。诗集按东方格式装帧，极为精致。页面狭长未经切割，折叠而

43 *Po*. P.651. XII. 1922-07

44 *Pr*. p.4-5. Réflexions sur le vers français.

45 *J.II*.p.412.

46 他一生都孜孜于寻找具有最大“暗示力”效果的艺术表现形式——瓦格纳的音乐、中日传统减笔水墨画、作为象形文字的汉字及其书法都先后进入了他的视野。

47 尹永达：《法文诗歌中的视觉成分初探：从克洛岱尔的《百扇帖》说起》，天津外国语学院学报 2005 年 7 月刊。

成，类似线装古书，自右向左翻阅。整本集子镶入灰色木匣，木匣饰有象牙坠签，下嵌金屑[48]。《百扇帖》的装帧和排版创意来自日本绘有风景的折叠屏风，最初的版本完成于 1926 年 10 月 25 日，题为《四气之气》（*Souffle des quatre souffles*），只收录了 4 首诗[49]，歌咏四季风光。这四首诗是克洛岱尔与笃信佛教的画家富田溪仙[50]（Tomita Keissen, 1879-1936）一起合作完成的，克洛岱尔先用毛笔题写在扇面上，再交由富田溪仙配画。诗的规格比普通的俳句还要短小，一来是扇面面积小，二是他受到了日本绘画中“减笔体”的传统[51]的影响，有意识地发扬“空寂”（tranquilité）[52]的暗示力。

Cette nuit 此夜
dans mon lit 床前
je vois que ma main 吾见手端
trace une ombre
sur le mur 投影入墙
la lune s'est levée 月已升矣

之后 1926 年在东京出的版本，题为《雉桥诗集[53]》（*Poëme du Pont des*

48 这部诗集创作时间为 1926 年 6 月至 1927 年 1 月，前后在日本以手稿的形式出版了三个版本，寓诗书画于一体，共收录了 172 首仿俳句格式创作的短诗。1942 年伽利玛出版社推出了在法国发行的版本，之后还陆续有各种版本，这些在西方发行的版本出于所谓标准化的考虑，取消了原作中各种具有日本特色的美学装饰，在很大程度上背离了克洛岱尔的原意。因此，本文的分析以日本出版的三个原初版本为主。

49 即第 16,63,69 和 106 首。

50 日本汉字写作富田溪仙（1879-1936），毕业于日本美术院，为近代日本京都画坛的重要文人画画家。

51 即在绢本或纸本上涌较少的描线或笔触去描绘物象，源自南宋大画家马远的“一角”画风。

52 与“空寂”的禅理相对应，作品要尽量用最少的词句和笔触去表现自己的感情。如果把感情全部表现出来，那么暗示的余地就会化为乌有。

53 根据传记作家弗朗索瓦·勒菲弗尔（F.Lefèvre）的研究，诗集题目的选定颇费周章，手稿上的原题是“为百扇所题之句（phrases pour cent éventails）”，后来还有个一个日语题目“HYAKU SEN CHÔ（recueil ou cahier de cent éventails）”

Faisans ），在原有 4 首诗的基础上增加了 16 首[54]，富田溪仙为之精心绘制了 16 幅画。这个版本中，克洛岱尔改变了首版中填塞得过于饱满的画面风格，把诗和画分开，以凸显“空灵”的意境。

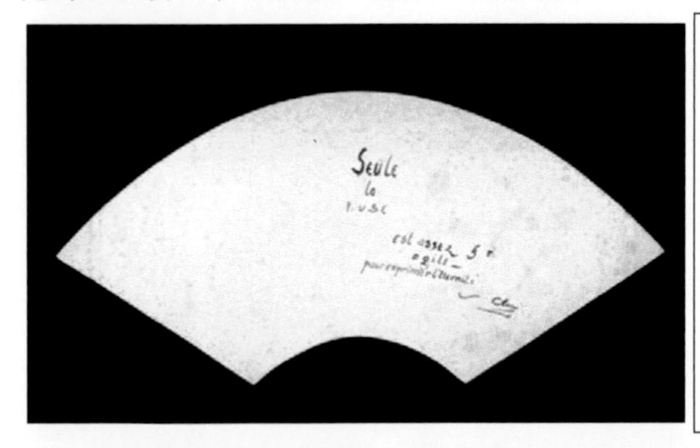

Seul la rose	蔷薇脆
est	唯
assez fragile	无以
pour exprimer	待长生
l'Eternité	

这是富田溪仙配的画，用于贴在折扇背面：

在这两幅作品中，克洛岱尔都仿效汉字书法，用法文题诗于一角，而且刻意挥洒错路，留出大量空白。结合诗文的意蕴，“闲寂”之趣悠然而现；两首诗描写的都是非常细微的事物和生活情境，尤其是后一首，氤氲着一种“无可奈何花落去”的怅惋和物哀感，“幽玄”之旨溢满扇端。富田溪仙并未按照诗句内容来构思画作，对于一个学佛习禅、隐居京都郊野茅庐的画家

54 即第 9,10,20,38,40,63,86,88,90,91,104,132,137,148,149 和 150 首。

来说，这也不无合情之处：禅宗强调“不着于相”，佛禅最喜欢借风景表现“孤绝岑寂”的意象，直指人心，明心见性。

第三个版本[55]于 1927 年出版于东京的小柴出版社（Koshiba）。此版不再配画，而由克洛岱尔的友人山之内 （Yamanouchi）和美荣（Yoshié）为其诗选择汉字标题，再请作家有岛武郎（Ikuma Arishima）[56]为其题写书法。克洛岱尔一直对汉字抱有特殊的兴趣，前文提及，他认为汉字书法本身具有强大的暗示力（pourvoir de suggestion），能很好地表现空灵之美。且看这个版本的作品：

si nous
faisons du bruit
le temps
va recommencer

默嘘！ 稍作异响 时将重来 时

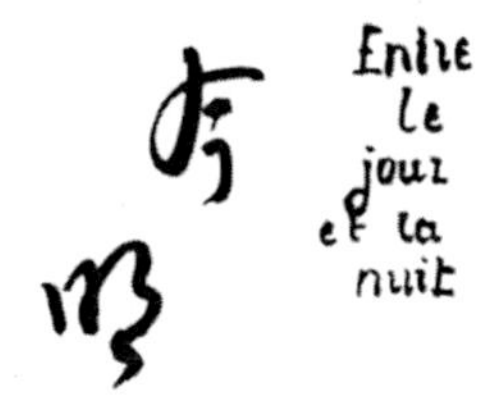

ce n'est pas encore
aujourd'hui
c'est hier

今日夜之间 并非今日 而是昨夕 明

这两首俳句抒发的都是对时间流逝的感受。大片的留白、流畅的书法、模棱两可而又暗藏玄机的时间概念，这些元素的组合使读者在瞬间穿越意识的外壳，破除具体意象和概念的干扰，达到了一种恍惚的无意识审美之境。可以说，克洛岱尔弃画而选择汉字书法，更加自然地表现了日本古典美学中的“寂心”之美。

铃木大拙认为，若说禅宗是悟化的生命哲学，那么俳句就是禅化的自然诗[57]。克洛岱尔的诗学体系历经象征主义学派、天主教神学及道家先贤的教

55 此版本采取日本传统的折页本形式，大小为 19×10 厘米，从右往左阅读。封面饰以洒金纹绸布，以象牙制成硬底，共印刷 200 份，题目为《百扇帖》。该版辑录了全部 172 首词，不再配画，由两位朋友——山之内和美容为每首诗选定一个用汉字表达的题目，再请书法家有鸟生马为之题写。

56 有岛武郎（1878-1923），日本近代著名作家，白桦派文学兴盛期的重要人物之一。

57 刘毅：《悟化的生命哲学：日本禅宗》，辽宁大学出版社 1994 年版，第 160 页。

导，虽然只字未提到“禅”，但已然机锋闪现，盎然禅意已经荡漾在字里行间。一眼望去，唯有“自然”而已，但这种闲寂幽玄的自然，悄然间已臻于诗禅的化境。

三、“虚”与“空”之用：留白

作为一个美学范畴，“留白”（blanc）是一个在中西方诗学中皆可通约的概念，它和非理性主义思想及神秘主义密切相关，既蕴涵着哲学美学层面的本体论思辨，又汇集了文艺美学层面的有关形式、结构等技法层面的肯綮和机窍。

在东方文化中，以中国为例，中国古典文论中的“留白”指用最简约凝练的言辞表达最丰富的意指，它显现为含蓄、克制和有限，却并非一无所有的“虚无”，而是生机无限、容纳万有、活泼泼的“不言而喻”、“象外之象”、“味外之旨”。此概念是道家哲学和禅宗思想合力的结果。以朴素为本、玄化为理的先秦道家对于有无、虚实和阴阳的探讨确立了其本体论基础，孕育了其审美范式；从魏晋至唐，玄学的兴起将“空”的玄思从哲学领域渗入文学创作，发展成为日常性的审美文化；及至中唐，禅宗创生，“心相”的审美视角嫁接庄子的“无极之境”，形成了成熟的意境理论；入宋以后，禅宗的兴旺将“留白”美学推向极致，全面地影响了所有艺术类别。其表现形式极为丰富：国画中的“留白”、书学中的“计白当黑”、诗词章法中的“无言无意”之境、戏剧表演艺术中的“拎虚成实”、音乐中也有“无声胜有声”，以及园林艺术中的“藏露掩映”都是“留白”美学的现实应用[58]。无论何种表现形式，其内涵都指向形式之外的不可知的宇宙本源，在道家为“道”，在佛家即为“空”。“留白”美学实践要求创作者以一种虚静的心境在自然和精神性之间建立联结，追求超越言语符号，达成一种与宇宙本体在形而上层面的深度交通（correspondance）。

这种思想体系的确立和审美特征的形成“留白”是“无象”中的“有象”，“无形”中的“有形”。李克和认为，中国古典美学中的“留白”的内涵模糊而无限，其审美效应是由“道”的性质决定的，而“留白”真正进入西方现代诗学理论体系，则迟至二战结束、“后现代”文学已然呼之欲出

58 黄芳：《释‘空白’：中国古典美学中的一个潜范畴》，曲阜师范大学 2008 年文艺学硕士论文，第 10 页。

的时期[59]。它是伴随的禅佛教热在西方兴起、作为一种新的反抗诗学、一波“疗愈”已然僵化的现代性的美学革新浪潮而出现的。

对于驻日阶段的诗学体系的重要转向，克洛岱尔自己在《即使回忆录》中如此表述：“除了这种基于圣多玛斯理论体系的理解，我后来有找到了另一种更加丰富的哲学法则——类比（analogie），圣德文主教开创了其具体的表现形式。且在我看来，相较于亚里士多德的三段论，它蕴含着更为丰富的逻辑推衍结构[60]。”有趣的是，从这“更为丰富的逻辑结构”出发，驻日期间的“诗人大使”却走到了理性主义的反面，发现并吸纳了禅佛教注重直觉和感官反馈、“不思量”的类比思维，在对禅佛教艺术对“无常”之“空”的呈现和体悟中，发现了灵动的自由主义精神，推动其天主教救赎思想产生了进一步的升华。

不过，总而言之，虽然这位“诗人大使”喜爱在诗画一途参禅问道，但这毕竟只是他业余时光的雅趣，狎玩尚可，若用以探究其救赎-解脱思想的深意，却总难免只见树木不见森林之感。克洛岱尔最重要的文学成就还是体现在戏剧当中，众多戏剧作品中，又尤以有“克氏百科全书”之谓的《缎子鞋》最为突出。下面就让我们进入这部恢弘的作品，领略克洛岱尔“天主-禅”式的神学美学境界。

---

59 综合黄芳的硕士论文《释‘空白’：中国古典美学中的一个潜范畴》（第 7 页）和桂哲的硕士论文《空白：艺术的灵魂》（山东大学 2009 年文艺学，第 18-22 页）中的考据，在西方文艺理论中的“空白”概念的出现，首见于上世纪六十年代波兰现象学家罗曼·英伽登。其后发展于七十年代德国接受美学家沃尔夫冈·伊瑟尔（《文本的召唤结构》、《潜在的读者》、《审美过程研究—阅读活动审美响应论》。八十年代后，在以法国新小说家罗伯-格里耶之“新自传”三部曲（《重现的镜子》、《昂热丽克或迷醉》、《科兰特的最后日子》）为代表的新小说作品中臻于成熟。

60 *MI*, p.156. cite dans *Animas et Animus*.

第六章　多元成圣之路：《缎子鞋》

第一节　《缎子鞋》的产生

《缎子鞋》（*Le Soulier de Satin*）成稿于 1924 年末，次年单独出版了第一幕[1]，后才有全本问世，先后共四个版本[2]。本文的研究依照的就是 1947 年最全面的七星出版社版本，所引用的原文主要参照余中先教授以此为蓝本翻译的中文译文[3]。

这部剧洋洋洒洒数十万词，分为四大卷，是克洛岱尔最重要的代表作，也是真正成就了国际声誉的巅峰之作。相较于克洛岱尔其它戏剧作品，《缎子鞋》表现出两个明显的“回归”特质：其一，回归西方历史传统；其二，再度综合融汇东亚宗教文化，回归《金头》和《第七日的休息》中的‘东方思考’。

---

1 1925, publication de la “Ire Journée” dans *le Roseau d'or*,№ 5, “Chroniques, I”. 此外，还精选了该幕的第四场单独出版（la scène IV de la “Ire Journée ” dans *Morceaux choisis*, Gallimard.）

2 分别是：1928-1929 间伽利玛出版社限量发售的 4 卷本（*Le Soulier de Satin,* action espagnole en quatre Journées, Éditions Gallimard, 4 volumes, Tirage limité. Frontispices de José-Maria Sert）；1929 年伽利玛出的一卷本（Éditions Gallimard , un volume）；1944 年导演巴罗的改编缩微评注版（Nouvelle édition pour la scène, abrégée, annotée et arrangée en collaboration avec Jean-Louis Barrault, Éditions Gallimard）；以及 1947 年七星出版社的全集（réédition de la version intégrale, Pléiades, 1947）

3 即[法]保尔・克洛岱尔：《缎子鞋》，余中先译，吉林出版集团有限责任公司 2012 年 3 月版。下文所有引文皆简称，《缎子鞋》。

在七星出版社的版本中，剧本末尾标注了两个重要日期：1919-05 巴黎、1924-12 东京，分别指明了该作的起始和完成区间。我们从开始创作前的几年和创作过程中的经历来还原这部剧产生的历史情境：离开中国后，克洛岱尔的戏剧创作最明显的变化就是重回欧洲天主教神秘剧传统。1909 年他调回欧洲，派驻捷克和德国这两个新教国家长达七年[4]，深入地研究了其文化传统和现状，为这部剧回归欧洲历史主题叙事做了很好的先期铺垫[5]。从 1916 年开始，他驻任里约热内卢，再度浸染浓厚的天主教氛围。他辗转于巴西、欧洲和东亚三个文化传统迥异的区域之间[6]，尤其是南美和日本的经历，为其创作这部以世界为舞台的百科全书式的杰作提供了独特的启示。1919 年在一封写给友人马戈蒂内（Margotine）的信中，克洛岱尔称打算创作一部小型西班牙剧，描述一个在南美和北非摩洛哥奋斗多年的英雄征服者（conquistador）的故事。这位近乎超人的征服者几乎铲平了安第斯山脉的所有敌对势力，在北非解救了千余被穆斯林奴役的天主教徒，自己却在爱情上屡遭不幸，最后在迟暮之年沦为阶下囚，甚至被自己的女儿出卖[7]。

具体而言，《缎子鞋》影射的历史背景是西班牙的黄金时代（siglo de oro）[8]，亦是天主教在政治、文化上走上全胜的光辉岁月。剧中提到罗德里格“并不比这片新大陆年轻多少”，指涉一段重要的历史：卡洛斯一世（Carlos I, 1500-1558）[9]

4 1909 年离开中国后，克洛岱尔调回欧洲任职，先后派驻布拉格（1909-1911）、法兰克福（1911-1913）和汉堡（1913-1916）。

5 事实上，从 1909 年起，他的戏剧母题就还是有意地回归欧洲历史传统，1910 年的仿中世纪神迹剧作品《给玛利亚报信》（*Annonce faite à Marie*），以及历史三部曲《雅典城墙下》、《硬面包》、《受辱的父亲》都是典型代表。

6 1916-1919，出任法国驻巴西里约热内卢的全权特使（ministre plénipotentiaire）；1920 年短暂地派驻丹麦哥本哈根，任全权特使；1921 年开始，又得到了驻日大使的任命，一干就是五年（1922-1927）。

7 *Th-I*, p.1467. 引自 lettre à Margotine （Audrey Parr）, le 21 mai 1919.

8 西班牙文学和艺术的黄金世纪，大致上可划定为 1492-1659. 通常以哥伦布等航海家开启地理大发现为起点，以经历‘三十年战争’之后西班牙和法国签订的《比利牛斯条约》（Traité des Pyrénées）为其终结。

9 即位前通称奥地利的查理（1500-1558），同时是西班牙国王卡洛斯一世（1516-1556 在位）、神圣罗马帝国皇帝查理五世（1519 -1556 在位）、罗马人民的国王卡尔五世（1519 -1530）、卡斯蒂利亚和莱昂国王卡洛斯一世（1516-1556）、阿拉贡国王卡洛斯一世（1516-1556）、西西里国王卡洛二世（1516 年-1556 年），那不勒斯国王卡洛四世（1516 年-1556 年）、低地国家至高无上的君主。哈布斯堡家族的腓力及其子菲利普二世（Philip II, 1527-1598）[10]两位雄心勃勃的君王接力缔造了一个早于英国的旧"日不落帝国"的西班牙，书写了一段支持天主教向全球扩张、输出意识形态的传奇历史画卷。

卡洛斯一世于1556年退位，帝国一分为二。他在日耳曼地区的由其弟继承[11]，而其子腓力二世（剧中的国王）则得到了哈布斯堡帝国里除了奥地利和德意志之外的所有领地：西班牙、尼德兰、西西里与那不勒斯、弗朗什孔泰、米兰及全部西属美洲和非洲殖民地，西班牙帝国至此发展达到历史巅峰。1578年，葡萄牙国王堂·萨巴斯蒂安（Don Sébastien）在葡摩战争（亦称"三王会战"（la Bataille d'Alcacer-Kibir））中败于摩洛哥王马利克，全军覆灭且身死异乡。因没有留下子嗣，葡萄牙王位落入了萨巴斯蒂安的叔父——西班牙国王菲利普二世手中，史称葡萄牙国王菲利普一世（Philip I, 1580 -1598）。两国合并，这位哈布斯堡家族的杰出君主废除了托尔德西里亚斯条约（Traité de Tordesillas）[12]，引发葡萄牙人的反抗浪潮，加上征战不休，国力损耗，表面稳健的帝国内部暗流涌动。剧中伟大的天主教帝王，已经看到新旧两个世界四伏的危机，他处理国政和殖民地事务已然力不从心、处处掣肘，面临无人

一世与卡斯蒂利亚的女王胡安娜（疯女胡安娜）之子，阿拉贡的费迪南德二世与卡斯蒂利亚的伊莎贝拉一世的外孙，神圣罗马帝国皇帝马克西米连一世和勃艮第公国女公爵玛丽的孙子，生于根特，在低地国家被抚养长大。拜这复杂的联姻关系所赐，他顺利继承了父母和祖父母的巨大疆土。他对外征战四方，开拓美洲，对内加强集权，奠定了强大的西班牙帝国的基石。从1529年起，其治下的西班牙正式成为罗马天主教保护者。见[英]艾伦·艾萨克斯主编：郭建中等译，《麦克米伦百科全书》，浙江人民出版社2002，第242页。

10 西班牙国王（1556-1598年在位）。出生于西班牙的法拉多利，系神圣罗马帝国皇帝和西班牙国王查理五世之子。十六岁起获封地，并参与政事。1556年继位为西班牙国王，继承了哈布斯堡帝国除家族起源地奥地利和德意志之外的其余所有部分：西班牙、尼德兰、西西里与那不勒斯、弗朗什孔泰、米兰及全部西属美洲和非洲殖民地。因母亲伊丽莎白为葡萄牙公主，1578年葡萄牙国王堂·萨巴斯蒂安（Don Sébastien）在葡摩战争（亦称'三王会战'（la Bataille d'Alcacer-Kibir））中兵败身死之后，他于1580年窃取了葡萄牙王位（在葡称菲利普一世 Philip I, 1580年-1598年）。腓力二世治下，西班牙的国力达到巅峰。但是为无休止的军事行动也使国家濒临破产，他死后西班牙迅速衰落。见陈瑞云主编：《大学历史词典》，黑龙江人民出版社1988，第789页。

11 即费迪南德一世，继承了神圣罗马帝国的皇帝称号，以及有名无实的德意志国王虚衔。

12 1494年签订的西葡平分世界的协定。

可用的危险境地。剧中的主人公在维护基督徒共同的家园的使命感召下，上演了一幕幕跌宕起伏的的精彩大戏，正是当时历史潮流的再现。

作为一部克洛岱尔式专属的“神学大全”，《缎子鞋》可以视为他大半生的总结。我们从中可以找到几乎以往所有作品、所有人生境遇的痕迹。这样一场让人眼花缭乱的大戏是研究者的宝库，其中对救赎主题的思考和表现进入了一个全新的层面：由苦涩的“牺牲”过渡到了喜乐的天主教“婚礼”圣事。

一、婚礼圣事的隐喻

剧本扉页上，克洛岱尔引用了圣奥古斯都的谚语“犹胜罪孽”（Etiam peccata），颇为突兀。根据傅里耶（Folliet.G）[13]的考据，作者断章取义地略去了原句的另一半：“她们的男人”（illorium virorum），犹言“虽然明知是罪孽，他们仍然向飞蛾扑火一般投身于爱的欢愉之中”。该剧对爱欲的批评及天主教婚姻主题呼之欲出。在天主教传统中，婚姻的目的是生养和繁衍后代，情爱和性的愉悦是被摒弃的，甚至被视为惩罚[14]。因此，基于世俗情欲之爱的婚姻就成了基督徒的修炼道场，甚至是此岸世界的炼狱。剧中的主人公们在神的面前盟誓结合，互相扶持，沐浴圣灵之光，同时又在日常生活中受到导向地狱的罪孽欲望和情爱的炙烤，人性饱受圣与魔两股力量的纠缠和撕扯，在归信和成圣的道路上蹒跚而行、历经九曲回肠，令人唏嘘。

《缎子鞋》以“鞋”这个意象作为标题，最早受启于克洛岱尔早年关注的《罗摩衍那》第二部中以鞋代肉身的情节[15]。其后作者在远东观察民间习俗，偶然了解到婚礼仪式绣花鞋隐含的有关男女关系及性爱的丰富寓意后，便决定将这个符号作为自己构思“婚礼圣事”剧的出发点。剧中的“缎子鞋”其

---

13 *etiam Peccata... （de doctr. christ. III,XXIII,33 ）*, Institut d'Etudes augustiniennes, Paris, France,1959. http://hdl.handle.net/2042/702

14 我必多多加增你怀胎的苦楚，你生产儿女必多受苦楚。你必恋慕你丈夫，你丈夫必管辖你。(《圣经·创世纪》4：16)

15 《罗摩衍那》以罗摩和妻子悉多的悲欢离合为故事主线。第二部中，十车王年迈，决定立罗摩为太子，继承王位。小后吉迦伊玩弄手段，胁迫十车王把罗摩流放，让自己的儿子婆罗多即王位。罗摩仁孝，领命而出走。贤妻悉多也一并相随。敦厚的弟弟罗什曼执意陪侍兄嫂。三人辞别父母，流落丛林十余载。波罗多得知实情后不愿继位，率军到找到罗摩，苦劝其登基。罗摩不肯，把自己的一双鞋交给婆罗多，作为替身。婆罗多捧双鞋回国，代罗摩摄政。

实当为中国传统婚俗文化中的绣花鞋，与作者设立的“婚礼圣事”主题相互印证。其一，中国汉族文化中传统的定情信物。在婚姻流程的一开始，鞋便是作为求爱的信号、婚姻占卜的工具、赠鞋收鞋还有象征婚约订立的含义；其二，在婚姻生活中，民间尚有以“鞋不沾地”喻指财产的保护与转移的说法；此外，鞋和脚还含有性与生殖的寓意。中国文学中有“足迹感孕”的神话,《周易·归妹》载：“归妹以娣，跛能履，征吉[16]。”“跛足能履”为上古婚俗中妻妹配合君子的婚媾喻象。

由鞋而起，进一步追溯其中的中国元素，可知该剧的故事框架，得自中国牛郎织女的传说[17]。作为汉族四大民间传说之一，牛郎织女故事起源于西周关于星辰的神话[18]。汉魏以后演化为“羽衣女”型故事，即天上仙女下凡与凡人结合，之后被迫留下子女而独自返回天庭的情节模式[19]。到了克洛岱尔笔下，“两个化为星辰的情人，每年在天上长途奔徙，只有一次相会的机会。但因为银河相隔，仍只能短暂地隔‘河’而望(s'affronter)，无法真正地相聚[20]”。分开两人的，是反映耶和华意志的、不可见的命运；两位有情人的爱是

16 周振甫注:《周易译注》，中华书局 1991 年 4 月版，第 193 页。

17 *Th-I*, p.1476.

18 见于古诗，如：“维天有汉，监亦有光、跂彼织女，终日七襄。虽则七襄，不成报章。睆彼牵牛，不以服箱。”见周振甫注,《诗经译注》，中华书局 2002 年 7 月版，第 329 页(《小雅·大东》)；“迢迢牵牛星，皎皎河汉女，纤纤擢素手，札札弄机杼。终日不成章，泣涕零如雨。河汉清且浅，相去复几许。盈盈一水间，脉脉不得语。”隋树声编著:《古诗十九首集释》，中华书局 1957 年 3 月版，第 15 页(《迢迢牵牛星》)。

19 定型的故事梗概为：天帝的孙女、王母娘娘的外孙女——织女，年年在织机旁劳作，织成云锦天衣。织布之余，常和其它仙女在银河洗澡。牛郎则是人间一个贫苦的孤儿，常受兄嫂虐待，兄嫂只分给他一头牛，让他自立门户。当时天地相距不远，银河与凡间相连。牛郎遵照老牛的嘱咐，去银河趁仙女洗澡时，偷走了织女的衣服，织女不能离去，于是做了牛郎妻。经数年，产儿女，男耕女织，生活美满。不料天帝知道此事，派天神来抓织女回去，织女被捉上天，牛郎遵牛嘱披牛皮，登天追赶，同时携带号哭的儿女。快追上织女时，王母娘娘拔下头上的金簪，当空划了一条波涛滚滚的大河。牛郎织女隔河相望，无办法过去相会，只有天天哭泣。最后终于感动了天帝，允许他们每年七月七日相会。见史仲文、胡晓林主编:《中华文化掌故辞典·文化掌故》，中国国际广播出版社 1998，第 257-258 页。

20 *Th-I*, p.1476. “Allocution pronounce par Paul Claudel au cours d'un gala organisé par Marie Bell au profit des cheminots”, à Paris, le 23 Mars 1944.

不被祝福的，而他们一生的苦行和奉献，只为在彼岸神的国度完成结合圣事（Sacrement du mariage）[21]。

上升到佛教元素与天主教义理汇通的层面，该部剧的“婚礼圣事”主题还有更深一层的含义：它暗指在人间传播基督福音的伟大工作与彼岸天主之国的结合、东方广大异教世界和天主教世界的结合、以及佛教解脱论和天主教救赎神学的结合。

二、情节简介

第一幕：故事发生在十六世纪末十七世纪初大航海时代的西班牙。一场海难事故中幸存的耶稣会神甫的独白引出两个主人公——出生于西班牙马纳科尔岛、在非洲大陆为帝国开疆拓土的年轻贵族罗德里格，以及年高权重的西属北非驻防地大法官德拉日的美丽少妻普萝艾丝，二人错位的悲剧爱情徐徐展开。老夫少妻生活的龃龉、久驻非洲的乡愁，以及长期独守空闺的孤独让普萝艾丝抑郁不已。她偶然救起海难中幸存的罗德里格和其中国仆人，犹若久旱逢雨，陷入热恋。利用一次和丈夫回国办事的时机，她传信给情人，相约在一个加泰罗尼亚小旅馆诀别，结束这段不可能的恋情。此时，大法官的堂兄、心怀叵测的纨绔子弟卡米耶前来表达爱慕之情，并邀其同回非洲摩加多尔裂土建国，遭拒后不欢而散。忠诚的骑士巴尔塔萨受托护送普萝艾丝外出，他知晓其私情，苦劝迷途知返而无果。心意已决的普萝艾丝向圣母祈罪，将一只缎子鞋作为信物交于圣像前，称自愿跛脚奔向恶的深渊，然后女扮男装，不顾守护天使的告诫，瞅空出逃了。然而罗德里格却未能如约前来，他在路上碰巧见到贵族青年刘易斯为爱而铤而走险、劫走被父母许配他人的爱人伊莎贝尔，误以为是异教徒攻击朝圣者而上去帮忙，自己不幸身负重伤，被仆人送往母亲的城堡救治。同时，支线情节展开：德拉日的侄女缪西卡为了追求自由的爱情，在一个意大利二流子士官的忽悠下，随其出逃去寻找她梦想中的“西西里总督”。阴差阳错之下，搜寻缪西卡的队伍找到了困守小酒馆的巴尔塔萨一行人，双方因误会而擦枪走火，巴尔塔萨送了命。

第二幕：得知消息的普萝艾丝不顾一切地来到卡米耶的城堡守望，但她没有勇气踏入情人的房间。大法官亦随后赶来，带来了王室指派普萝艾丝出任摩加多尔城守的任命状，令其监视心怀不轨的卡米耶，以示惩戒。普萝艾

21 婚礼，或婚配，是罗马天主教和东正教认可的七大圣事之一。

丝未能和罗德里格见面，就踏上了新的旅程。同时，在支线故事中，年少气盛、好幻想的那不勒斯总督在众人的簇拥之下巡视乡间，大谈天主教艺术。他在独自漫步时偶遇了在海难中幸存的缪西卡，二人相谈甚欢，一同在原始森林中度过了一夜。圣雅各化作星辰，在天上守护这两位有情人并赐下祝福。康复后的罗德里格来到摩加多尔，却又被普萝艾丝拒之门外。她已经为信仰的神圣使命，和叛教的卡米耶（改伊斯兰名奥其亚里）达成了协议——身体嫁给卡米耶，换取统治和赎救基督徒的权力，灵魂保持自由。心碎的情人黯然离去，肝肠寸断的普萝艾丝唯有遥望罗德里格的帆船，为其祈祷。月神和守护天使则在一旁默默地陪伴并抚慰她的心灵。

第三幕：十年光阴荏苒，缪西卡的丈夫、原那不勒斯总督已经主政布拉格，怀有身孕的她来到圣尼古拉教堂，为和平和孩子的未来虔诚祈祷。她的孩子将成为著名的“奥地利的胡安”，四位圣徒悄然从天而降，守护这对受神赐福的母子。在地球另一边，因法定丈夫德拉日拉日蒙难而孀居已久的普萝艾丝，为了履行王命、掌控要塞而被迫委身于卡米耶。她的真正灵魂伴侣罗德里格成为了执掌一方的西印度总督，且正在住持开凿巴拿马运河的宏大工程。然而他并不快乐，身边尽是蝇营狗苟之辈。甚至连情妇伊莎贝尔也心怀鬼胎，只想为其夫拉米尔谋取权利。痛苦的普萝艾丝在十年前曾在绝望中寄出一封求救信，它就像一个神秘传说，在新旧两个世界辗转了十年之久，最后被伊莎贝截获，并以此为要挟，迫使刚直不阿的罗德里格放弃了总督职衔。与此同时，饱受煎熬的普萝艾丝已然病入膏肓、油尽灯枯，守护天使现身，为其完成了最后的忏悔。读到这封迟到了十年的信，罗德里格百感交集，不惜违抗王命，亲率舰队赶到摩加多尔，天各一方的这对苦命鸳鸯终于重逢。造化弄人，深爱的两人如今代表着势成水火的两大宗教力量，进退维谷。身为要塞的主人，普萝艾丝无法放弃依附于她的穆斯林民众，唯有狠心要求跨越大西洋而来的心上人离开。同时，出于绝对的信任，她把自己和卡米耶生的女儿七剑托付给他，坦然离世。这是一次注定为了告别的再见，情人近在咫尺，罗德里格纵然肝肠寸断亦无法挽留，最后只能黯然离场。

第四幕：一晃又过了十年。罗德里格因擅离职守而获罪，被流放至菲律宾。之后再度被启用，率军和日本做战，不幸战败被俘，还失去了一条腿。罗德里格就这样被囚于名古屋数年，被日本军阀释放后算是彻底失去了一切，穷困潦倒。如今回到西属巴利阿里群岛（Îles Baléares），靠和日本友人大佛合作制售圣像版画谋生。养女七剑倒是继承了父母的宗教使命感，一腔热血地筹划解救北非穆斯林军队囚禁的基督徒。迟暮的罗德里格本来已经打算不问世事了，但却被西班牙国王派来的女骗子扮演的“英格兰女王玛丽”所蛊惑，为了保护基督教在新大陆的事业而做了子虚乌有的“西属英格兰总督”。西班牙无敌舰队出人意料地覆灭了，对这场闹剧一无所知的罗德里格出于信仰的热忱，提出向英格兰开放美洲，团结所有基督徒以共图大业的宏伟构想。这个提议彻底惹恼了国王和众臣，王室以卖国罪为由将他抓捕入狱，随即卖为奴隶。得知噩耗的七剑带着闺蜜屠家女跳海逃离了追兵，找到了即将带领舰队征讨奥斯曼土耳其的心上人胡安——缪西卡之子，并依照约定放炮报信。得知女儿平安的罗德里格放下了最后的牵挂，以约伯的心态坦然接受天主的试炼。他如开悟的老僧一般，蹲在修道院门口剥蚕豆，专著而平静，喜乐散淡。

第二节　三个人的赎救-解脱之路

一、罗德里格：悟空、随喜的约伯

罗德里格（Don Rodrigo）之名取自史诗《熙德》（*El Cid*），其原型为十世纪的西班牙传奇人物罗德里戈·鲁伊·地亚斯（Rodrigo Díaz de Vivar, 1043-1099）[22]。剧中，雄才大略的罗德里格为天主教事业外拓疆土、内平纠纷，是早期的“金头”、后期的“哥伦布”这些征服者角色（conquistadore）的集大成者。他被设定为出身于西班牙马纳科尔（Manacor）的贵族家庭，从小就跟着父亲来到美洲，耳濡目染都是科尔特斯（Hernán Cortés, 1485-1547）[23]、巴尔沃亚（Vasco Núñez de Balboa, 1475-1519）[24]这些征服者的故事。虽然年级

22 以英勇善战着称，在和入侵的西班牙摩尔人的战斗中屡立战功，受到国王阿方索六世的器重，将堂妹希梅娜嫁给他。婚后由于熙德开罪于国王，两次遭放逐。但由于他为人豪爽、待人宽厚且作战英勇，吸引了许多骑士投奔到他的麾下建功立业。他率领部众不断与摩尔人交战，几乎每战皆捷。1094 年他攻下巴伦西亚，成为一方之王，直至病逝。

23 曾率探险队入侵墨西哥，先后征服了阿纳华克地区的阿兹特克人，并建立新城维拉克鲁斯后，在墨西哥传扬天主教思想。

24 西班牙殖民探险者，第一个横穿美洲大陆到达太平洋东岸的欧洲人。曾任西班牙王国巴拿马、科伊瓦和南海（太平洋）陆地行政长官。

轻轻，却“独自穿越了安第斯山脉，从秘鲁穿透一片林海到达巴拉圭，谈笑间就粉碎了格林纳达的叛乱，拯救了这座被瘟疫毒害的城市[25]”。他恃才放旷、桀骜不驯，甚至藐视王室的权威。其出色的个人能力为西班牙国王所倚重，而其性情又让后者猜忌不已。只因美洲内乱，政府缺少得力的人才，才请他出任殖民地总督主持大局。英雄难过美人关，这样一位天纵奇才与一位有夫之妇陷入了一场注定是悲剧的非法恋情。他对爱情无比虔诚，在某种程度上正是《正午的分界》中一女二男的爱恨纠葛的回响。不同的是，这段不被祝福的爱情不再导向堕落和毁灭，而是升华为有信仰加持的神圣献祭，实现了“罪亦有用”的华丽转变。

剧幕拉开时，遭遇海难的耶稣会神甫在临终前一番情真意切的告解，犹如《红楼梦》开篇的点题诗“一把辛酸泪，满纸荒唐言”，预言了罗德里格命运悲剧的前因后果：

> “我主，他所向往的并非等候，而是征服和占有所渴望之物，仿佛世上没有属你之物，仿佛他所在之处并无你的存在。我主，要想摆脱你并非一件易事，他若是不能明明白白地投向你，就让他浑浑噩噩地去吧。他若不能一门心思地来，就让他带着众多混杂的思念，艰辛地去吧；（他）只有在拯救跟在他们身后效仿的大众才能最后拯救自己。**你已教会了他渴望，但他还未领悟何为被渴望**（即自己的使命之所在）填满这些情人心中的欲壑，泯灭他们种种难以预料的出格之念，让他们回复原初的纯澈和浑然一体，在这无可扭转的‘收纳’中再现天主所立的宇宙之道！[26]”

他是一位岳飞式的悲情将帅，才华横溢、刚正、坦直、忠信、重情而近迂，而机变、谋算不足。前半生，千里奔波只为见情人一面，因囿于家国大义和人伦道德，眼见心上人受尽磨难却不能救，只能道声珍重而黯然离去；后半生，为国王征战大半个地球，立下奇功，却因基督教普世救赎的信念与世俗王权利益相砥砺而被国王猜忌，最后仍逃不了兔死狗烹的宿命；作为身居高位的谦和君子，他没有识人之明，身边全是工于心计的小人，后来被情妇借普萝艾丝的求救信算计，情义两难之下选择了拯救爱人，直至身败名裂。

---

25 《缎子鞋》，第 32 页。

26 同上，第 8-9 页。

罗德里格命运多舛，两次死里逃生，而这两次拯救他的人都来自东方，一位是中国仆人“伊西多尔”（Isidore），一位是日本友人“大佛”（Daibutsu，大仏）。

（一）中国仆人伊西多尔

第一幕中，在去往约定的小旅店的路上，罗德里格身边跟着一位形影不离的中国仆人。根据加多弗尔的考证，其原型当为克洛岱尔驻任福州时的赵姓秘书[27]，不论在历史中，还是在剧中，他都是主人公刻骨铭心的恋情的见证。有趣的是，剧中他被强加了一个教名“伊西多尔”[28]，这既是向西班牙神学家圣伊西多尔（Isidorus Hispalensis,560-636）[29]致敬，亦暗示主仆搭档完美地表现了“西班牙传统”——勇士熙德和耕作者圣伊西多尔的联合[30]。这个奇特的中国人年幼失祜，为耶稣会士所救，辗转来到欧洲[31]。在教会长大后，以放贷收息为业，颇为侠义，终因收不回钱而落魄，但是依然我行我素。较为特别的是，虽然生活在天主教文化的土壤上，他却始终拒绝入教，相信生死自有定数，但凡谈及形而上的最高存在都用模棱两可的“上天”（le Ciel suprême）[32]来代替上帝。在日常对话中，他常常用佛道色彩明显的辞令来劝戒罗德里格，与后者的基督精神形成鲜明对比。克洛岱尔在《龙的图腾下》提到，中国人偷奸耍滑且极为功利、迷信鬼魅却缺乏深刻而公义的信仰，剧中的中国仆人正是这种刻板印象的具体呈现。与其说他是仆人，不如说他是罗德里格的合作伙伴：他投靠后者主要是为了借助其势力收回借出的外债，并一起去马德里发大财，然后衣锦还乡。两人约定相互帮助，但在信仰问题上互不干涉。为了避免罗德里格夜里偷偷为自己施洗，他在扎营前都要刻意

27 具体生平不详，这位秘书负责克洛岱尔的文书和翻译事宜，和他关系密切，后来出家为僧。

28 该教名源出希腊语 □σίδωρος，指“古埃及生育女神伊西丝（Isis）的礼物”

29 或称塞维尔的伊西多（Saint Isidore de Séville），中世纪天主教拉丁教父 、百科全书式学者，着有《词源》（Etymologies）20 卷。

30 罗德里格的原型就是史诗《熙德》的主人公，后者是剧中这位罗德里格的主保圣人（见《缎子鞋》第 213 页）。此外，作者在剧中亦借学者奥古斯都之口提到：西班牙的传统 可简化为两个名字——勇士熙德和耕作者圣伊西多尔，即战争与农业。对外打击基督徒，对内耕作豌豆田。《缎子鞋》，第 213 页和 149 页。

31 同上，第 44 页。

32 同上。

避开水体。按照伊西多尔的逻辑，现实的活人远比看不见的天主更为实在：“我为什么要无缘无故出卖我的权利，变成一个基督徒，带着本来可应该给你的荣耀进入天堂？你说的精神改宗难道真的那么惬意吗？谁愿意没事把肾脏挪个位置？我的灵魂就是这样，不喜欢其它非善意的目光，也不会轻信[33]。”而且天主教在他看来也不见得比佛道高明：“只要我还没有受洗，子弹就打不疼我[34]一个接受教理的中国人给上天带来的荣耀，胜过九十九个虔诚的西班牙人。所以，只有我乐意了，他才能获得如此的殊荣。我绝不会为一首歌轻易出让我的灵魂。说实在的，说我是他的仆人，不如说他是我的仆人[35]。”若罗德里格耍花招，主仆身份就要倒转过来，以示惩戒。不过，二人虽然信仰不同，却非常遵守约定。罗德里格要去救情人，伊西多尔虽有怨言却也不离不弃：“我宁愿在别人手下，为何我非要乖乖待在你的手下呢？我们彼此束缚，再也无法挣脱”；罗德里格讽刺他“灵魂被钱袋俘虏了”，后者却理直气壮地表示：“属于我的一切，就是我自己”，物质收获得到保障才能建立足够的安全感。一个坚持自己文化立场、市侩、憨直而又略带点儿狡黠的中国人形象跃然纸上。

罗德里格带着伊西多尔偷偷离开国王派来护送他回京的骑士团，彻夜赶往普萝艾丝下榻的旅馆。理由是，自己唯一迫切的任务是去“拯救处于危险中的这颗灵魂”，而非出任所谓的美洲总督。注重人伦和三纲的中国人对他爱美人不爱江山的行径颇为不屑：“向他人之妻的解放者致敬！”他的女性观反映了中国男性话语中“红颜祸水、狐媚害人”的偏见：“你爱的那女人是什么？她的外表，这如彩笔描画的嘴，这更美得像玻璃球一样的眼睛，这线条匀称的四肢，似乎挺美。但在内心中，是抑郁的恶魔，是蛆虫，是烈火，是附在你身上的吸血鬼！男人身上的汁液被她榨尽沥干，只剩下一个蟋蟀卵大小摊在地上崩溃了的外形，多么可怕！[36]”伊西多尔所谓的“蟋蟀卵大小摊在地上崩溃了的外形”影射聊斋故事中女鬼吸取男性精魄的桥段，“一百年后，这女人的百来斤肉会变成什么呢？一把骨头，几撮灰尘和腐土！我担

33 《缎子鞋》，第 34-35 页。

34 同上，第 66 页。这里指涉 1898 年上海法租界因征地筑路迁坟引发的公董局与宁波同乡会之间的流血冲突事件，即“四明公所事件”，作者曾亲身经历。

35 同上，第 64 页。

36 同上，第 35 页。

保，这女鬼前生前世一定让你立契画押许诺今日来相配！你若愿意，我就去鼓励那风韵丧失的妇人，以肉体的折磨与挑唆来还清她前生的无头冤债。”罗德里格认为灵魂轮回转世的说法过于荒诞，伊西多尔马上就怒气冲冲地宣称，自己研读了城堡中的全部神学书籍，“可以从头至尾背诵了”，轮回之说甚至得到了雷翁修士（Frère Léon，此处指戴遂良）[37]的赞许。这种汉语索隐神学式的幽默解读，让罗德里格哑口无言。事实上，剧本里中国仆人视普萝艾丝为“鬼魅”的桥段，借用了佛教中肉身为皮囊的比喻和经义中有关轮回转世、业力报应的理论。借伊西多尔之口，克洛岱尔将中国式的生命观设定为一种缺乏“爱”之内蕴的斗争哲学，与温情脉脉的天主教信仰形成高下之别。这一方面是固然是为了烘托基督精神中的人性化的一面，同时亦是为其驻华期间有如飞蛾扑火的非法恋情蒙上了一层浪漫主义的面纱。再次，文中对“女色”为冤孽、债务的描述，亦对应着多玛斯主义中反对享受性爱愉悦的戒令，表现出作者长久以来的悔罪心结，同时亦蕴含着将男女之爱升华为“圣爱”的期盼。之所以特意假托中国人之口进行表述，则是为了凸显天主教真题的普世价值，这其中浓郁的异国风情，亦极好地彰显了罗德里格这个角色的内在张力。

伊西多尔虽然质疑上帝，却相信宿命和业力报应。他感叹自己遇人不淑，“可怜的伊西多尔，你怎么摊上了这样的主人啊！”这位主人打算抛弃一切，单枪匹马抢走重兵护卫的情妇，疯狂的冲动和毫无策略可言、以身涉险的骑士荣誉感都让中国仆人难以理解。“拯救一个灵魂，难道只有带着它一起灭亡这一条路吗？[…]唯有牺牲才能拯救吗？”面对这样直入本质的质问，罗德里格回答，只有这样才能回到真正的快乐——那作为牺牲之母的快乐（mère du sacrifice）。伊西多尔继续追问快乐的根源，罗德里格只得承认就是“情人带给自己的美好视界”（la vision de celle qu’elle me donne）：“她整个人就是一颗明亮的星！一种巨大而疯狂的快乐袭上我的心头！这种心心相印的感觉简直让人活不下去了。我们身上都有一颗让自己害怕的炽热的灵魂，在这已然不堪忍受的监牢中（指人世间），所幸还有两双能执手相看、直至终了的眼睛，所幸还有一颗渴求获得满足的心，支撑着我活下去！像我这样的凡俗之

37 克洛岱尔有关中国宗教的理论知识都来自戴遂良，这里意在点明其有关中国佛教的论述有权威出处，亦向基督教读者表明这种研究并未悖离信仰，且能在汉语索隐神学的框架内进行诠释。

人，她的容颜、她的存在褪去了一切世俗的丑陋与苦难，让（我）沉浸在喜乐的幸福之中！[38]”这段情真意切的表白，正是作者驻华青葱岁月里那段刻骨铭心的绝望之爱和狂热的出世隐修情结的再现，闻之让人唏嘘动容。然而洞查人情世故的伊西多尔兜头泼了一瓢冷水：“不过是感官肉欲的一次盛宴罢了（festin pour tous les sens）！”色即是空，空即是色。然而罗德里格陷入美妙的回忆中无法自拔：“我不会污蔑天主造出来的肉欲。它们不是凶恶的从犯，而是我们的奴仆，它们周游世界，直至最终寻到美，在它面前我们将欢愉地消失而去[39]。”面对主人的盲目自信和欢愉至死的执迷，伊西多尔只能徒叹奈何，喃喃责怪将他卷入这段因缘的非洲海岸的风暴和可怕的热病。罗德里格突发奇想，询问仆人他和普萝艾丝的相遇是否是某种“因缘”。伊西多尔对此无法解答：“那就必须弄清我们前世（vie antétieure）发生的一切。现在我什么都看不到[40]”，言罢，他又装神弄鬼，准备打坐入定，效仿庄周入梦化蝶（préparation du papillon Isidore），参悟的结论就是三人前世曾有一段孽缘未了，而罗德里格接受了这种解释，只不过把这种缘分解读为在上帝之内“奇怪地相聚”（fussions étrangement ensemble）并缔结命运之约。由此，这段本为孽缘的男女之爱被赋予了超越生死的神圣意义：“她早已克制着这属于我、我正要去向她讨还的快乐。她早已抬起那摧毁死神的面容注视着我！什么是死亡，难道不是一种必须吗？没有了我，她将如何能存在？我所爱的，绝非她身上能够自身毁灭的、摆脱我而消逝的、停止爱我的东西（指肉身），而是她自身的因由，是那在我亲吻下产生出生命而非死亡的东西！我向她要的，绝非她身上那纷乱、混杂、犹豫之物，绝非凝滞、中性、易腐之物，而是赤裸裸的存在，纯洁的生命，这是和我在欲望之下同样强烈的那种爱，它就像一堆熊熊的烈火，就像我脸上绽开的笑颜！[41]”这段被伊西多尔斥为难懂的“中国话”[42]的大气磅礴表述将爱从器物层面上升到灵肉合一的高度，将激情氛围推向了高潮。

---

38 《缎子鞋》，第 38 页。

39 同上，第 39 页。

40 同上。

41 同上，第 41 页。

42 法文中，parler chinois 喻指难以理解的言辞，此处由中国仆人说出，具有特别的喜剧效果。

然而，这单方面的情感宣泄并不能掩盖内心潜藏的隐忧。罗德里格掏出普萝艾丝写给他的信，“责备”（reproches）、“出发去非洲”的字眼又为这次私会平添了些许不确定因素。冷静下来后，两人都明白，这次见面或许就是为了诀别。“我不应再存在了。我应该明白，她将永不爱我。我渴望这毁人的话语！我贪婪的企盼着她在我身上建立的虚无（néant）！因为，唯有在绝对的空无之中（Vide absolut）我才能与她相逢！而唯有不带任何动机和功利的这种信任，唯有这永恒的誓言，才能超越一直通向世界底层的深渊。”激越到顶峰的“应许”之爱，突然从天空跌落深谷，退变为苍白凄楚的绝望之爱，这种巨大落差和张力让伊西多尔也感受到了断肠的悲痛。不过，这不该开始的爱情，其存在的确是虚无，但其结果仍然可以在超验的绝对空无之中开花结果，此岸的分离正是彼岸团聚的前提。面对此情此景，老怀大慰的伊西多尔搬出佛教中菩萨的例子来宽慰主人。菩萨者，心怀坚定的信念度化众生，明知人世艰难亦义无反顾，地狱不空誓不成佛。所以，为了这份无功利的相聚于来世/彼岸的信任，这看似**非理性的**的扑火之举（指相见然后分别）就有了正当性和必要性。“要说世上最非思量（gratuit）之物[43]，有什么比得上大慈大悲的圣母观音菩萨（Notre-Dame de la Pitié）玉净瓶中珍贵的甘露。它一旦接触空气，就会化成烈火。”但是这一烧，便会化解前世业力，结下新的善缘。他从佛教的角度出发，支持主人浴火解脱，走向新生活。

随后，罗德里格误以为有“摩尔人匪徒”抢劫朝圣队伍的圣雅各布银像，贸然前去帮忙，与前来解救情人的堂·刘易斯火并而不幸身受重伤。灵活的伊西多尔倒是毫发未损，不过他被主人这种为信念勇于牺牲的骑士精神所感动，在关键时候表现出惊人的勇敢和担当，诚如他后来对巴尔塔萨所言：“我遵天意（Providence）安排在他（指罗德里格）身边，伺机拯救他。”他迅速把主人送到了其母亲的城堡抢救，自己去实现其未了的心愿。罗德里格谨守贵族风范，方正、勇武、冲动有余而机变不足，他不采纳中国人的阴损谋略，如今局面亦是咎由自取。不过伊西多尔没了掣肘，亦无身份顾忌，索性放开了手脚。白天，他偶遇搜寻被拐贵族少女缪西卡的军队，便谎称小旅店里的

43 此处的 gratuit 不单单是指非理性的，更倾向于“无根据的、无理由的”的含义。在汉传佛教中，观音净瓶中的甘露，用于为众生清洗肉身与累世的业力。本来是纯粹清水，倒在人头上却如墨汁或如烈火，喻指化解非思量、非理据的因果业力。最不可思议的变化形式，揭示的却是最具有因果逻辑的真相。

巴尔塔萨一行正是匪帮，诱骗两拨人马火并。然后，他趁夜来到小旅馆附近，抓住独自出来跳舞自娱的黑女仆，一番威逼利诱，令其屈服，并趁乱带着普萝艾丝逃出来，自己和仆从则准备好马匹在仙人掌丛林附近接应。

百密一疏，缺乏经验的伊西多尔还是被久经沙场的巴尔塔萨逮住了，并在严刑逼供下交待了一切。不过，他发现了巴尔塔萨对缪西卡的隐秘情愫，于是用如簧的巧舌，渲染缪西卡一旦被抓回去的悲惨命运。巴尔塔萨明知是陷阱，也不得不往里跳，因为他希望假扮绑匪，通过与追兵鏖战而为缪西卡逃离争取时间。结局各得其所：混乱之中，普萝艾丝化装成士兵逃到了约定地点，赶到了罗德里格母亲之处；义薄云天的巴尔塔萨在两难之下，为了缪西卡和普萝艾丝的自由而牺牲自己，死前他看到了两位女主人的船驶向远方，含笑饮弹而亡；并未遭到巴尔塔萨报复的伊西多尔诚惶诚恐，他被逼着大声歌唱："尔闻吾歌，但云逍遥。鸟之将死，其言也善。医治爱情，可有良药[44]"之后不知所踪，也喻示着作者驻华期间的爱情危机在悲伤中戛然而止，空留一辈子的怀念。能够因势导利，使出一石二鸟、瞒天过海、渔翁得利这样狠毒无情的连环计策者，也只有中国人了。基督徒囿于自己的道德观是不屑于为之的，这从另一个侧面也反映了克洛岱尔对中国爱恨交加的矛盾心结。

（二）日本画家大佛

《第七日的休息》和《缎子鞋》两部作品相隔逾二十年。其间，克洛岱尔卸任离开中国后回到欧洲任职，创作亦回归西方历史文化叙事，其戏剧也开始从早期的充满神秘主义元素的象征剧向不脱离历史文化现实的寓意剧（théâtre typique）转变。因为一战的原因，整个 1910 年代其创作都乏善可陈，一直到 1921 年再度回到远东，他再度从日本、中国的戏剧和诗学中萃取艺术精华，融合自己极为个性化的戏剧创作中，在救赎-解脱主题的表现上，由"天主-道"式的出世的索隐神学探讨，升华到了"基督-禅"式的在苦难世间寻找解脱的哲学演绎。

《缎子鞋》最突破常规的地方在于：第四幕的罗德里格已经是迟暮英雄，挚爱的情人普萝艾丝的生命也在十年前——第三幕的收尾时——戛然而止。该剧有天使和圣徒下凡，在凡人不可见的时空中护佑活人，却没有人鬼再续前缘的桥段。两位主人公已经天人永隔，此岸世界的婚礼圣事已经告一段落，

---

44 《缎子鞋》，第 67-68 页，诗句为笔者重译。

似乎应该落幕了，作者却有意多写一幕，旨在借罗德里格之躯，表达自己融汇日本禅佛教解脱理念后的感悟：人的得救固然要仰望彼岸，但是化解当下的焦虑、安心喜乐亦极为重要。

罗德里格后期生命中遇到日本画家大佛。和伴其度过青葱岁月中国仆人伊西多尔一样，这位以佛为号的日本人也是有原型人物的：他就是活跃在上个世纪二三十年代、笃信佛教的富田溪仙（Tomita Keisen ,1879-1936）[45]，二人私交甚笃，锦瑟和弦，一个写诗一个配画，合创了东西合璧、开法国禅意文学先河的俳画集《百扇贴》，在日法文化交流史上留下一段佳话。在戏剧中，如果说罗德里格早期生命历程中极为重要的陪伴者和拯救者——中国人伊西多尔是被代表基督宗教文明的耶稣会士强行拉入西方文化场域，那么当他遭遇后期的危机，眼看生命中最华美的繁花落尽、自己从众星捧月的总督之位跌落深谷之后，日本的禅佛教艺术和解脱思想就成为其主动亲近和学习的对象。大佛这个高度符号化的人物便是这位迟暮英雄的灵魂伙伴和心灵导师。早已远离朝堂罗德里格进入新的人生阶段，变成了一个虔心创作、在文艺之美中寻找解脱的艺术家，和克洛岱尔驻日期间作为“诗人大使”的艺术实践和避世理想也是相得益彰。大佛出场的内容并不多，二人的交谈也局限于讨论圣像画，但是却字字珠玑，禅机暗藏。后来大佛突然不辞而别，罗德里格后来与女儿七剑的交谈中处处可见大佛的影子。相较于性格机灵古怪、对其既有依赖亦有防范的狡黠中国仆人，大佛则显得更为平和、睿智，他对罗德里格的影响是深入灵魂的。最后他在一无所有中悟透生命无常，幸福在于安住当下的道理，在天主的名义在苦难和煎熬中复归平静，就是拜大佛所赐。

在作者有意打乱时空的叙述中，十六世纪巴拿马地峡附近的巨龟岛（îles aux tortues）[46]已经出现了早期日本渔民[47]，他们带来了日本文化的星火。此时的罗德里格任美洲总督已逾十年，他是一个天生的开拓者和天主教的福音

45 平假名作とみたけいせん，本名鎮五郎（しげごろう），字隆鎮，生于日本福冈（Fukuota），日本明治和昭和时期重要的画家。早年师从四条画派（Shijo）和狩野画派的名师，笃信佛教，对佛画、禅画、平安时代的南画（*nanga*,即文人画）都颇有造诣，后融汇西方表现主义，开创花鸟画（kacho-ga）的新画风。1915 年在日本美术院（*Saiko Nihon Bijutsuin*）举办画展，次年成为会员,1935 年入选日本皇家美术学院。他和克洛岱尔是挚友。

46 即从南美大陆延入太平洋约 1000 公里的加拉帕戈斯群岛（Galapagos Islands）之别称。

47 《缎子鞋》，第 187 页。

使者，经略美洲的巨大成功反而让他开始厌倦这片已经全面基督教化的热土。诚如他敲打桀骜不驯的阿尔马格罗所云："一百年后才将是铧犁的时代，而现在，我们应该用利剑来耕种。你该让我的雄狮像一头长角的畜生一样长久地啃食嫩草吗？[48]"罗耀拉爵士已经打开了向日本传教的大门，罗德里格也渴望摆脱美洲，去开拓新的处女地。事实上，耶稣会进入日本传教之时，正值日本战国时代末期。丰臣秀吉基本上完成了统一大业，正打算野心勃勃地征服朝鲜和中国。而到了克洛岱尔驻任时期，日本已经历经了明治维新、甲午战争、日俄战争等一系列重大的历史事件，以全盘西化的姿态崛起为一个现代强国、西方列强眼中唯一能挑战世界秩序的"黄祸"（péril jaune）。伴随着日本的崛起，其西传的艺术（尤以版画为甚），亦在十九世纪末的欧洲促成了"新艺术"（Art Nouveau）文化运动，释宗演和铃木大拙将日本禅传入西方，并有意无意地与新兴的精神分析科学靠拢，更是在文艺和思想界诱发了影响深远的非理性主义思潮。克洛岱尔将两个时期的日本嫁接在一起，塑造了这样一个欣欣向荣的、能疗愈天主教文化固有顽疾的禅意盎然的神秘国度。

恰好这时，普萝艾丝十年前从摩加多尔发出的求救信辗转送到了巴拿马，悲愤交加的罗德里格借机抛下美洲，私自率领舰队扑向北非。这种冲动的性格为其后期的人生悲剧种下了恶果：原本就颇受国王猜忌的罗德里格因此事被褫夺了美洲总督的职位，并被国王派去征服菲律宾。打下菲律宾后，他突发奇想，再度脱离军队，率亲卫攻打日本。依照其养女七剑的追忆，这位开凿巴拿马地峡、发现日本和中国的神奇老爸"带着十二个勇士一起攻下了由三千持有弓箭的武士守卫的大岛（Oshima）城[49]。在那里他失去了一条腿，后来在名古屋城楼的最高层，**他学习了佛教，研究了哲学**[50]。"

这段话描述的惊人事件和罗德里格自己的叙述互为旁证。他在船上的画室中对大佛说："日本人，我太爱你了！为了进入你们的国家，丢一条腿也值得！我似乎仍看到自己身居名古屋城堡最高层的那间囚室中！好像我通过那总活节的接缝，横向地支撑起整个日本国，透过七十孔，我仿佛统御

48 《缎子鞋》，第 161 页。

49 おおしま，原文中用的是 ville de Oshima，克洛岱尔指的是本洲岛上的名古屋城，其攻打的堡垒就是著名的名古屋城堡。

50 同上，第 249 页。

了整个日本国！我的大佛老弟，我就是在那儿认识了你！我们一起展开了多少幅神圣的图画！多少长长的画卷在我手指间缓缓地滑过，真是一条形象与性格的长河！[51]”罗德里格丢掉一条腿的原因，是因为他来到名古屋附近海域时，按欧洲风俗鸣炮致敬，却不想意外卷入了决定日本近代史走向的关原合战[52]（sendigahara）。他稀里糊涂地参与了耶稣会与日本天主教徒联合反抗幕府的战事，结果被得胜的德川一方俘虏。所幸其身份高贵，幕府高层并未为难他，而是把他关在名古屋城堡中，意图感化。就这样，罗德里格以奇妙地方式楔入了日本近代历史，克洛岱尔的日本情结又来了一次大爆发。

罗德里格对日本的喜爱，首先表现为对精致茶道的欣赏。在他眼中，这似乎是一种极为文雅的贵族生活范式，“你们待在大海中与世隔绝的领地里，在封闭的小花园中，捧着小茶碗小口地呷着清茶，真是太幸福了... 我迫不及待地要将自己引入到你们的仪式中去[53]。”饮茶之风在远东地区的兴起，还得归功于佛门比丘众打座修行时以茶汤提神的做法。茶禅一味，从中国传入日本茶道，其繁复的仪轨并非为感官享受而设，恰恰相反，乃是禅门用以营造简素枯淡的迷幻氛围、启发品茶者观诸佛教三法印[54]、领悟空无之美。这位西班牙来的叶公显然不明所以，大佛忍不住讥笑他：“不管怎样，要想象我们一样，你还得花点时间好好学习修心静气的功夫[55]。”

51 《缎子鞋》，第 236-237 页。

52 （関ヶ原），日本战国时代末期或安土桃山时代发生于美浓国关原地区的一场战役，交战双方为德川家康领下的东军以及石田三成等组成的西军。最终在西军将领小早川秀秋叛变的情况下，这场战争在一天内即分出了胜负，德川家康取得了统治权，三年后成立德川幕府。而大坂城内重要人物丰臣秀赖、淀殿等人及朝廷并未对这场战争作出太大的干预。广义而言，其战事蔓延至日本全境，双方均动员了超过十万兵力投入战斗，多数大名各自表述自己的立场，从出兵到撤退维持了三个多月的时间，可谓自应仁之乱以来全日本的最大规模的内战。狭义而言，是指在关原的战斗，发生于东西两军之间——统治关东地方江户德川家大名东军主将德川家康与另一方为丰臣秀赖的家臣西军灵魂人物石田三成。由于其战争的胜负影响了谁可以拥有天下（此处指日本全国），所以此战也被誉为“决定天下的战争”（天下分け目の戦い），也是日本史上最重要的战役之一。

53 同上，第 236 页。

54 诸行无常、诸法无我、寂静涅槃。

55 同上，第 236 页。

虽然对于茶道是外行，罗德里格论起画来却是头头是道。根据高石内藤（Takaishi Naito）的研究[56]，到了日本后，远东古典绘画（尤以中国画和日本画为主）、和汉字书法艺术深深地吸引了克洛岱尔，对留白法则的哲学化思考和神学诠释使得他的诗学本体论也发生了重大的变化。剧中罗德里格也在日本版画艺术中找到了生计和人生寄托。他刻意驾着一艘破旧的帆船，在意大利的墨西拿海峡（Détroit de Messine）[57]招摇过市，只见“桅杆之间，拉着数条绳索，上面挂着一排排重彩粗描的大幅画像”。海边的渔夫们形容，这满船的“旗”像帆布和干网一样层层叠叠，比打了三天鱼回来的渔船还要满；用七剑的话来形容，父亲把天上的圣人都请了下来，打造了一只圣像大军，以弥补年老身残之憾。的确，罗德里格是把创作圣像画当成了一项值得付出生命的事业来做，他用最流行的日本版画样式，传播自己融合宗教的理念。且看他自己描述一副三博士朝圣画的创意：

> “最上面，是两条仿碧玉花纹的大石柱，带有大块蛋黄色的罗马人像饰柱头。圣母靠坐在石柱旁，穿一身深蓝。整个胸脯上没有一丝颜色，只看到一只画得很细巧的孩童的小胖手。脚下一排台阶，一直通向画的底端。上面画着两位博士，再画一个日本贵族，身着朝服、头戴冠冕（kanmuri）[58]，躯干和四肢缠上十二层丝绸，背上有一大堆绸布裹里面。再画一个欧洲傻大个儿，像正义女神那样大义凛然，乌黑一团，戴一顶尖顶帽子，硕大无朋的鼻子，木头腿肚，脖子上长着金羊毛。再往下，左边，画一个黑人国王的背影，头戴一顶阿比西尼亚的狮鬃王冠，脖子上套着装有爪形钩脚的项圈，一只肘臂撑在什么东西上，另一条伸长的胳膊攥着一杆标枪。底部要画一头骆驼的半个身子，只露出一个驼峰。鞍辔、坐垫、头上的红色羽饰一应俱全，下巴上挂着铃铛。石柱后面的高处，是从北京城望出去那种崇山峻岭，蜿蜒曲折的城墙和塔楼如项圈一般嵌在漫漫山岭上。仿佛后面藏着蒙古武士一般[59]。”

56 Takaishi Naito（高石内藤）, *Claudel et les beaux arts*, Université Paris Sorbonne IV, thèse doctorale 1987. Présentation.p.2-4.

57 剧本中提到，晚年的罗德里格生活在奥地利的胡安率舰队征讨土耳其出发的港口。

58 かんむり，汉字作“冠”

59 《缎子鞋》，第 234-235 页。

这里面，各种本土化的神学索隐元素一应俱全：罗马雕饰、日本士子、欧洲骑士、非洲土王、阿拉伯坐骑、中国风景，耶稣诞生就在这样一个万方来朝的臆想盛况中上演。毫无疑问，虽然违反正统教义，这样新奇的作品非常受欢迎。“在岛上的墙上，看到的全是这个，阿尔及利亚的苦役监狱也是如此。赎救会神甫成包成包地把它们送到可怜的囚犯们手中。”艺术创意固然重要，他有大佛这个得力助手也是重要原因。罗德里格口述，大佛在木板上做版。用墨水和颜料一印，产量极高。而且，他们还接受高端定制，主顾提出设想，他改造一下后交由大佛制作。两人形影不离，“就像厨师离不开火上的油锅”。

但是，当大佛要教他画东方水墨画时，罗德里格却婉言谢绝：“我永远也学不会的。我没有耐心！我无法把自己的意志在纯净无瑕的白纸上，或其它什么空白之物上表现出来。在那上面，阴影（指水墨）渐成，染着五彩颜色。这光与影的奥秘背后的喜乐，只可言辞意会，无法用人力去表现。就如同这大片漂着莲花的水，如同你们孤悬海外的三四座岛屿[60]。”这里有两层意思：其一，从神学观点来看，秉承圣奥古斯都的思想，全知全能的上帝以及他创造的世界是人的认知所无法企及的，企图造像表现完美的神是亵渎。上帝之灵为人所分有，他显现为“道”，人能凭正信和祈祷与其连接。真相可言语而无法诉诸于形象；其二，从艺术表现层面而言，克洛岱尔实际上提出了“东方式的留白和含蓄比西方式的饱满和张扬更有表现力”的诗学命题，暗中也抨击了主张以冷静科学的态度精确描摹现实的现实主义派。

对于这种论点，大佛一笑置之，专心地挥毫作画，“仿佛信心满满地用象形意符把自己的意志都描画了出来”。他接下来和罗德里格的对话，变成了充满张力的“公案”。其如此引述禅佛教的观点：“经上有云：真理只有通过沉默才能传播。”指涉了禅宗的宗旨“言语断道，不立文字”，真理可诉诸于象，却不可说，开口便是错。云：“若要驯服自然，就要守静。如水润土，寂寂无声。你不愿去听，自然什么都听不到[61]。”这里其实说明的是认知态度的问题，“守静”的根本出发点是面对自然万物放低姿态，抛弃“我执”，以虚怀若谷的空杯心态面对外部世界。罗德里格接过话头，表示自己在被囚于名古屋时一直在虔心学习佛学和道家的义理，他不反对万物无常变

60 《缎子鞋》，第 237 页。

61 同上，第 237 页。

幻的提法，称“囚住人的，并非高墙与铁栅栏，而是高山、大海、田野、鲜花与森林，周遭的一切，都不断地在纸上变化无穷”。他曾静下心来，突破现象（突破知见障），听到了两句话语。其一就是“为什么”，即万事万物的目的性是什么。“这个像从思想深处猛然冒出的水泡一样的、与象形文字的纽结一联再联的关于自身的秘密是什么？伴着风，伴着海，伴着黎明与傍晚，伴着人类居住的大地的一切细枝末节，有某个东西在问：为什么？”一连串的提问，抛开了终极造物主的观念，最后得出的结论是，这一切无理据、非意志的存在都是自然因果循环的结果，本质为“**无常**”；其二，画（喻指物质世界）没有“人”的存在，即“无我”，“无相”，只有摒弃了我执，才能从画中看到这世界的本质。“蝉躁林愈静”，打破固有的认知便发现，这物质世界其实是不以人的意志为转移的、没有实体的“空”。

诚如大佛所言，禅画的本意，就是教授“沉默的一课”。根据罗德里格的理解，这娑婆世界固然是一座灵魂的监狱，本质为“无常”和“空”，但仍然呈现为圆融无碍的完满和和谐，诚如临济宗画僧雪舟等杨（Sesshuu Touyou, 1420-1506）[62]在京都的墙壁上画下的饱含禅机的圆。不过，无论如何，罗德里格并未放弃天主教的世界观，他指责大佛借画表达的哲学过于消极，这些精美的画只是在“装饰这座无望的监牢”，而他自己的使命则是要“建造某种穿透一切牢房之物”，即要超越因无常而物哀的东方世界，他要把充满生机的、喻指永恒之推力的“适应（你们）心脏运动之物绘入画中，像水冲木轮之类！”让人们的眼睛“在灵魂中找到这种永不枯竭的引擎——运动与渴望——的形状，获得一种能冲破一切高墙的伟力”[63]，最终回到天主的国度。

不过，在和剧中其他顽固保守的天主教徒交流时，他又把禅佛教这种在当下寻找心灵解脱的观念引入了其救赎叙事。

正所谓佛法不离世间觉，克洛岱尔借罗德里格之口，在不取消超验的彼岸天堂的前提下，把救赎议题搬到了当下的日常性中，提出了用艺术在纸上构建“人间天堂”。“人间天堂，它是一切的开端。由此而言，内中没有乱七八糟的混合体，而是一个精心构造的各类事物的样板，每都在他的一小块

62 雪舟等杨（Sesshuu Touyou）俗姓小田，名等杨，法号雪舟，日本汉画、山水画集大成者，被尊称为日本“画圣”。

63 《缎子鞋》，第 247-248 页。

儿天地里受到适当的教育。真是一片智慧的花园！那是一个古典派诗人的乐园[64]。”如此理想主义而又颇为离经叛道的创见，在正统天主教徒看来是无法理解的。之后上船的莱亚尔就认为无法和罗德里格严肃地讨论任何神学问题，因为混杂了太多东方异教的思想。

受到时代氛围的影响，罗德里格的养女七剑充满了狂热的宗教热忱，一心想要继承母亲未尽的事业，攻打北非穆斯林的堡垒营救被俘的基督徒。罗德里格苦劝其适可而止，云：“你对我说要解救俘虏，但是把他们从一间牢房转移到另一间牢房就是解放吗？这只是换个禁室。往日的西班牙比起阿尔及利亚也好不到哪儿去。[65]”他早已看破了十字军东征、宗教战争这些把戏的实质，其实是世俗的争权夺利。在生存资源有限的情况下，解救问题的方案是以他的方式“扩大陆地”，推动基督精神的扩张和跨宗教的融合，甚至摆脱宗教派别概念本身，以达到真正的“解放”。“总有一堵墙阻碍我们”，罗德里格的劝导颇有禅机：“苍天！并没有什么高墙！对于人而言，除了上天，并无其它墙壁与栅栏！人在地上行走，从地上来到地下去的所有一切都属于他，不容许任何‘碎屑’散遗在外”。从天主教的角度理解，人分有了圣灵，也就以全息的方式拥有了宇宙。但此中关于自由的隐喻，更接近一则禅宗公案所述。某弟子问禅师如何得解脱，禅师问：何人缚汝？弟子答：无人缚我。云：既无束缚，何来解脱？隐喻之外，罗德里格提出，要达到这种状态，必须实现了内在的完满和充实，才能达成外在的和谐。而这种圆融无碍的“和合”理想，则又包装了一层天主教的外壳：“我要的是一个完整的苹果！它一直在那里，哪里有秩序，哪里就是天堂[66]。”苹果，喻指身心灵统一的智慧之果，它是“从前生长在天堂中的那个苹果”。也就是说，自由和解脱，并不一定要设定在彼岸。这种对天堂这个终极解脱概念的巅峰，既有“吾心安处是家乡[67]”的沧桑和豁达，亦是一种破除了执念、摆脱了罪的苦涩的更高层次的喜悦。

随着剧情发展，西班牙的无敌舰队在与英国争夺海上霸权的战争中全军

---

64 同上，第 248 页。

65 同上，第 290 页。

66 同上，第 291 页。

67 苏轼《定风波》（南海归，赠王定国侍儿寓娘）。见王思宇编著：《苏轼词赏析集》，巴蜀书社 1996 年 8 月版， 第 228 页。

覆灭。强敌环伺的西班牙天主教大帝国面临着分崩离析的危险。罗德里格是唯一能够挽狂澜于既倒的将才，可惜国王始终没有放下猜忌，既想倚重其才华，又恼其桀骜不驯，视信仰高于王权。他和一帮重臣封锁战败消息，假意敕封其为子虚乌有的西属英格兰总督，以刺探其忠心。胸怀广大的罗德里格不会审时度势，提出不费一兵一卒，单枪匹马即可收服这个岛国的策略：向英格兰开放美洲，甚至欢迎所有基督徒都来新世界，换取哈布斯堡家族整个欧洲旧世界的权力。这种不合时宜的普世主义和无政府主义主张自然无法被接受，恼怒的国王将其贬为奴隶，被士兵几次转卖。

落得如此下场，罗德里格却不以为意，甚至心里感慨自己终于获得了自由。押送他的士兵倒是怒气冲冲："他怎么能如此傲气而又平心静气地蔑视我们，嘲笑我们，甚至还对我们发出邀请，仿佛是他在施恩，允许我们加入他的仆人的行列，并对他给我们带来的这一快乐感到由衷的满足[68]。"其内心的富足和完满是这些蝇营狗苟的俗人无法理解的。众士兵恶狠狠地羞辱他，而且他很可能将永远失去自由，这时的罗德里格居然微笑着仰望星空，称："我从未见过如此壮观的景象！仿佛天空第一次呈现在我眼前。对我来说这是个美丽的夜晚，我将庆幸自己与自由紧密结合在一起大海和繁星！我感到海就在我的脚下，我眼望星星，永远没个够！我们永远没法摆脱它们，死亡是不可能的[69]。"仿若《百喻经》所载，有登山采药者，索降至峭壁半空，发现上有豺狼咬绳，下有猛虎窥视，他发现身边野花，采来一闻：好香啊！又如西格夫里·萨松（Siegfried Sassoon）诗中所云："心有猛虎，细嗅蔷薇！[70]"这种安享当下之快乐，在美中沉醉、解脱的处事之法，禅意盎然。

在这个场景中，克洛岱尔的教中好友戴遂良也以告解神父的身份出现了。他解开了罗德里格最后两个心结：情人普萝艾丝和女儿七剑。神父曾为普萝艾丝和卡米耶的证婚人，他告诉罗德里格，死者已矣，放下旧日的恩怨，天堂再见自有交待；女儿七剑打算继续母亲拯救基督徒俘虏的事业，她与位高权重的"奥地利的胡安"相爱，已经安全地投奔到其怀中。一切缘分既了，

68 《缎子鞋》，第 312，315 页。

69 同上。

70 *In me the tiger sniffs the rose.* 摘自其诗《于我，过去、现在和未来》（In me, past, present, future meet），余光中译。见 https://www.douban.com/note/88912260/

罗德里格彻底放下了。他毫不犹豫地恳求上船收破烂的年老修女，“愿在修道院门口剥蚕豆。愿为她擦拭蒙满天国灰尘的凉鞋”，就这样无欲无求地度过余生。佛经有云：“如人在荆棘林，不动即刺不伤，妄心不起，恒处寂灭之乐。一动妄心才动，即被诸有刺伤。[71]”

二、普萝艾丝：以死全义的玛利亚

作为一个法国贵族，普萝艾丝本名为梅尔维依（Merveille），意指“奇迹”或“尤物”，既指其相貌端庄、天生尤物，亦暗示其得神眷顾、命格奇绝，注定不平凡。然而普萝艾丝早年并不顺利，她很早就失去了母亲，爱幻想的父亲带她从家乡——已纳入西班牙帝国旗下的法国弗朗什·孔代（Franche-Comté）地区[72]来到马德里寻求机遇，人生地不熟，亲人一心只想把她嫁入豪门发点小财，却因入不敷出而不断侵吞嫁妆[73]。极端困窘之时，大法官德拉日娶了她，并结识了夫家家族里心怀叵测的暗恋者——自己的小叔子、来自尼德兰的小叔子卡米耶，随即又遇见了真正的灵魂爱人——受封于阿维拉（Avila）的贵族骑士罗德里格。她的命运从此便和三个男人纠缠在了一起，三股互相交错的力量撕扯着她、淹没了她。从救赎神学的角度来看，其中尤以佩拉日和罗德里格两个角色与她的互动最是意味深长。

（一）佩拉日：高傲而自私的“主”与“父”、悲哀的爱无能者

佩拉日（Pelage）其名指“兽类的披毛”，暗示在其堂堂相貌之下，藏匿着茹血的兽性和冷酷的性情。作为普萝艾丝法理上的丈夫，他虽不乏真情，却受到各种现实因素的阻抗，是一个高傲的“主人”和可悲的爱无能者。他从未在妻子面前坦露心迹，毕竟年事已高，他的感情更多地表现为“玩物”式的眷恋和占有欲，与他的虚荣、孤独以及隐秘的欲望纠葛在一起。他自以为给予了普萝艾丝丰盈的物质生活就能收获爱情，而作为被豢养者的“物”

71 大正藏 No.0310，唐菩提流支译，《大宝积经》（Mahā ratna kū），第十八卷。见 http://www.shixiu.net/dujing/fojing/baoji-niepan/1749.html

72 十一世纪为日耳曼（后来的神圣罗马帝国）帝国的一部分，1384 年在法王“大胆腓力二世”控制下。十五世纪时转给马克西米连一世，他再让给转赠给西班牙哈布斯堡王室。1678 年西班牙把它割让给路易十四。今为法国东部的大区，东邻瑞士。

73 《缎子鞋》，第 84 页。

若是抗拒主人，就是抗拒‘天堂’，不知好歹。“我难道不比她更知晓什么能使她幸福？她为什么要逃遁？难道我没有把她安置在天堂吗？[74]”与家中其余的金丝雀相比，普萝艾丝是最为弥足珍贵的那一只——她是这位大法官“供奉”在家中的活生生的“圣母”，是对他自己“野蛮、粗暴、血腥[75]”的生活现实的舒缓和补赎：“我从小就受我主之母（指玛利亚）的保护，我把灵魂和家庭的钥匙都交付给她。是她教导我，‘在万物之中寻找安宁’。她（指普萝艾丝）仿佛生来就是为了圣母，她愿像花儿那样为她展瓣吐蕊[76]。”这种感情是复杂的，普萝艾丝既是仰仗于他的娇妻，同时又是他崇拜对象的化身。究其缘由，佩拉日年岁已高，四处奔波，没有时间和精力与之耳厮鬓摩，他的高傲也阻碍了两人平等的交流。这就决定了佩拉日无法像真正夫妻一样地与其亲昵，只是一味地要求普萝艾丝像圣母一样守节。普萝艾丝向巴尔塔萨抱怨丈夫没有付出真爱，即便自己曾满腔热情：“当佩拉日被介绍给我时，我一下子就爱上了他，爱他超过一切，爱他一辈子，这完全就是夫妻间法定的义务。假如他爱我，哪怕说得再轻，我的耳朵也足以灵敏地能理解他。多少次我从他的目光中以为抓住了这句话，然而一旦我的眼神想进得更深，他的目光就变了[77]。”他的存在，是空洞和疏远的，物质生活的丰盈无法弥补精神贫乏的遗憾，普萝艾丝的哀伤很快就变成了自我伤害：“我知道我对她一无所用，我从来都不信他会称赞我的行为，我甚至都不能为他生一个儿子。平时，我们见面那么少！和他在一块儿我竟然那么惶恐不安！然而长期以来，我从未想象过我可以脱离他的影子。”傲慢的爱变成了一种束缚和禁锢，造成的空虚和寂寞创痛越来越强烈，佩拉日亲手把妻子“推”向了别人，即使罗德里格没有出现，普萝艾丝的“出走”也迟早会发生。虽然最后是后者一力承担背叛的罪孽，他自己的作为其实也是一种成全，固然难辞其咎。

佩拉日派巴尔塔萨送走普萝艾丝就是一个关键的触发点，其时他已经失宠，国王派他独自去北非驻守，“没有军队，没有金钱，没有任何安全保障地生活在异教徒之中[78]”，纵然不舍，他还是要安排妻子以后的生活。在巴

74 《缎子鞋》，第 84-85 页。
75 同上，第 84 页。
76 同上。
77 同上，第 85 页。
78 《缎子鞋》，巴尔塔萨之语，第 22 页。

尔塔萨身死、罗德里格亦意外重伤后，他在奥诺利亚（罗德里格母亲）的城堡里见到了妻子。面对已然形同陌路的娇妻，满心悲愤的大法官从义理上谴责这对小情人："难道这罪恶的爱情能拯救他（指罗德里格）吗？由天主连接在一起的东西，人是不能将它们分开的。造就婚姻的并非爱情，而是男女双方的首肯。既然两人都同意能为对方献出自己，那么直至我生命最后一刻，无论我愿不愿意，都不能把她给我的再还给她了[79]。"沉默须臾，佩拉日摘下了冷冰冰的面具，流露出些许感伤和温情："你（指奥诺利亚）自然会说，是我不应该娶她的，我已经那么苍老，而她却还年轻。我爱他。每当我见到她，我就像沐浴在灿烂的阳光下，我的整个灵魂一下子就从迷雾中走出向她迎去，仿佛来到一座不容置疑的宫殿[80]。"但是，如今的身份和地位已经不允许放任妻子不顾，沉吟片刻，佩拉日又恢复了大法官的高傲："她爱不爱我又有什么关系？我心中所想到的、我的高位显职不允许我对她说，愿天主的智慧所创的世界替我说了吧。"想到自己前途未卜，彻底失去了爱情的佩拉日变得冷酷起来，他无情地打碎了普萝艾丝希望在情人死前与其结合的美丽愿望："（凭借婚姻）从天主那儿我已经接受了对你个人行使的委托权。且你（普萝艾丝）一旦托付给天主的东西，将不能再给另一个人[81]"。随即，他逼迫普萝艾丝作出选择：要么被关在花园中眼看着罗德里格死去，要么代替佩拉日去非洲的摩加多尔——那座"基督徒的炼狱[82]"、国王命令一直守到死的城堡。因为统治者这城堡的是野心勃勃的卡米耶，佩拉日要她奉献自己，控制这个"一心想凌辱（自己）的叛徒"，制约其权力，为王效力，甚至都没有给她思考及和话别的时间，让她更换衣服就骑上备好的战马出发了。

佩拉日的专断、自私和不负责任暴露无遗。相较之下，普萝艾丝表现出了惊人的坚韧、果敢，以令所有男士羞愧的牺牲精神。领悟到离开才是对罗德里格最有利的结果，坚强起来的普萝艾丝开始认真看待丈夫强加给他"使命"："女人是什么？软弱的造物？生命失去了趣味并不是因为一个女人。

79 同上，第 84-85 页。

80 同上。

81 同上，第 91 页。这里影射了当时西班牙盛行的宗教法庭的残酷刑罚，背叛婚姻给情人带来的打击将极为惨痛，普萝艾丝无法承担这个后果。

82 同上，第 102 页。

我若是个男子，一个女人断然不能让我放弃非洲！整个生命都少不了它！[83]”王命和帝国的福祉固然重要，但是她真正看重的是拯救非洲受难的基督徒，以及在征服异教的过程中完成炼狱式的**自赎**考验，因为“**一无希望才是美，认识事物才是永恒的使命**！[84]”这位弱女子的勇气和担当，连国王都有些于心不忍，“原谅我不得不让普萝艾丝经受这般考验[85]”。佩拉日却表示理应如此，甚至用命运的借口来搪塞，掩盖自己借以使其离开罗德里格的谋划：“活该！她找到了她的命运，她的命运找到了她；谁一旦认识了她就不易和她分离，命运之神的翅膀插入了我们秘密的祝愿中[86]。”

概而言之，佩拉日在剧中实际上和普萝艾丝那个爱幻想的父亲是同一类人，他在婚姻延续了另一个严苛而卑劣的“父”的角色，但是这个角色没有能力束缚住坚韧、独立的普萝艾丝，很快就被突破和超越，完成了剧情使命后就湮灭了。佩拉日亲手将普萝艾丝送入卡米耶的怀抱后，在一场与摩洛哥人的征战中，败而被俘，随即不知所终。就如同一个泥塑的偶像，倏然破碎，化为尘埃消失了。

（二）有缘无份的灵魂爱人——罗德里格

这对不被祝福的情人更多的是在各自的梦幻中以灵魂出窍的方式见面。为了凸显二人是天主所造的灵魂伴侣，作者煞费苦心地从普萝艾丝的视角出发，营造了数场充满梦幻的交流场景。

第二幕第十四场，空无一物的复式梦幻能剧场景。作者借月神之口将普萝艾丝拒绝罗德里格之爱后内心的煎熬和痛苦抒发得淋漓尽致：“我决不能再停止对他的爱恋，他也决对无法停下对我的牵挂。但是总有一种和天主有关的力量禁止他真正触碰我的肉体，这是因为他太爱它了。”因为感情过于炽烈，反而顾虑重重，无法平静地享受爱的愉悦，这是一种怎样的痛苦！因为害怕结束而不敢开始，这样的爱显然过于沉重了，使得凡俗之心无法承受，只有留在彼岸神的国才能展开。“如果我把肉体给了他，他还会坚持什么？似乎我在他的眼中看到，他的渴求终将迎来一个了结。”爱是残忍的，罗德里格既无法得到这种不属于尘世的爱，也无法完全抛弃它，因

83 《缎子鞋》，第 90 页。

84 同上。

85 同上，第 104 页。

86 同上。

为普萝艾丝不忍心让他彻底死心。两人都心有灵犀地选择了彼此忍受长距离、长时间的煎熬，在这种没有止境的虐心行为中获得某种期许和慰藉。这一切，真的就只是一个美丽的错误，只是因为没能早点遇见他。“我为何要拒绝他心中的渴望？既然他期待我的不快乐，为何他会缺少我完全可以给予他的致死之物？难道他宽容了我？为什么我宽容了他心中最深的隐私？为什么我拒绝给他这一击？”分离的决绝和高义，难掩再度倚门回首的怅惘，亦无法彻底斩断铁面背后那一缕气若游丝的愧疚和憧憬。“从他的眼中我看出，他正期待着这一击，我从他荡无希望的眼底已经读得一清二楚。我知道他只能在十字架上娶我，只有在死亡中，在黑夜中，在人间的一切意念之外，我们的灵魂才能互相结合！假如我不能成为他的天堂，至少我能成为他的十字架！要让他的灵魂和肉体分为四份，我完全抵得上这两条互相交叉的木头！”肉体隔绝愈远，精神与灵魂的结合反而就愈紧密。“他的灵魂中没有一寸底盘，他的肉体中没有一丝纤维我不感到与我紧密相连，他的肉体以及铸成肉体的灵魂中没有任何我不能在痛苦的沉眠中永远携带的东西，就像亚当熟睡时被带走了的世上第一个女人。那时，我将把割裂撕碎的他交给天主，让天主以天雷的巨响充实他，那时，我将得到一个丈夫，我将把一个天神抱在怀中！罗德里格，现在你可明白了男人和女人不能在别处，只能在天堂中相爱吗？[87]”

违背法理的世俗情欲之“小”爱，和圣洁的信仰的“大”爱之间的矛盾和纠葛，在历经了《正午的分界》的绝望和毁灭、《给玛利亚报信》中的自苦和牺牲之后，在这部剧中终于找到了某种协调——在大爱之光照耀下的“小”爱的隐忍、放下和升华。最后，为了完成天主教使命的召唤，普萝艾丝选择了亲手扼杀了爱情，饱受磨难而死，为在彼岸世界与罗德里格实现灵魂相遇的圣事而牺牲了此生世俗的幸福。

对于普萝艾丝而言，与情人在此岸世界厮守已经不可能，她唯有期盼和他的灵魂在神的国里结合。为了换取这个终极自由，她把现实中的所有角落都变成了囚禁肉身的炼狱。虽然如此，坚定的信心仍然让她的心灵变得高远：“哪儿我不在，监狱就在哪儿[88]”。她把鞋放在圣母的手中，请求抓住自己走向罪孽的脚；她坦然告诉巴尔塔萨自己的真正谋划，甚至告诉他增派士兵看

87 《缎子鞋》，第 131-133 页。

88 同上，第 52 页。

守自己。这种种带着镣铐而歌的矛盾行为，正是内在富足的表现。普萝艾丝她小心翼翼，用自己的牺牲来回报天主的使命召唤，并竭力成全罗德里格，让他怀着痛苦，在美洲实现一个英雄应有的荣耀。而自己只能隔着大洋遥望，独自背负这无法告白的更剧烈的创痛，祈求情人的理解和宽恕。

在她与缪西卡的交谈中一语中的："男人生来看得最轻的无过于幸福"，人来到世间就是奔着受苦的目的而来。上帝是宇宙的"道"（voix，声音），在这尘世中，女人就是男人的"道"，但是她带来的不是创造，而是痛苦，是"刺透他心脏的一柄利剑[89]。"只有在痛苦的"道"中，才能悟透在神的国度灵魂之爱的美。

剧中特意为普萝艾丝配备了一个神秘的守护天使，亦真亦幻，在关键时刻出场推动剧情发展，有力地烘托了女主角之"灵魂之爱"的感染力。

第一幕第十二场，普萝艾丝打扮成士兵，趁乱从小旅店逃了出来，慌不择路地一头扎进布满荆棘与藤蔓的小树林。守护天使就悄然而至，站在高处默默地看着她。《神学大全》载：天使是有质料和形式的精神性造物，因其实体高于人的理智，故而人无法在其自身存在的高度去认识它，而只能根据我们自己的样式去认识它们（认识上帝也是同理）[90]。所以，这位降临人间的天使幻化为一位身穿十六世纪西班牙骑士服、衣带皱领一丝不苟、腰跨利剑的美女，普萝艾丝看不见她，只闻其声。天使的内心亦有着纠结和斗争，她非常想成全普萝艾丝的爱情，但是上帝的律法又让她不得不阻止女主人公在罪孽之爱中越陷越深。我们完全可以将其视为一种寓意，即普萝艾丝精神世界中站在道德制高点的**超我**的外现：

"谁说天使不会哭泣？难道我不也是个像她这样的造物？难道天主的造物间没有任何相联的纽带？他们（指人类）所谓的痛苦，难道只在另一个世界（un monde à part，指天国之外的人间），那里别无所有？莫非它（痛苦）避开了我们的视线？它是否是人间圣灵达成心愿所必须之物？"天使的思忖道出了一个相对主义的道理：无魔就无佛，快乐和痛苦是并生的，这已然偏离了"上帝是完全的善"的固有教条。她甚至对人所拥有的这份鲜活的痛苦表现出了某种羡慕。"我们这些爱和正义的使者，对于（不避痛苦的人

89 《缎子鞋》，第 54 页。

90 [意]多玛斯·阿奎那著：段德智译，《神学大全》，第一集第四卷《论天使》，第 7 页 316b-317a。

类情感）竟是如此陌生？倘若我们不能理解它，当一个守护天使又有什么用？[91]”

到了第三幕第八场，天使来到普萝艾丝梦中传达死亡的信息。背景从美洲转向日本列岛，她全身披挂奈良时代样式的猩红武士甲，在幽冥的雾色中登场。这一次，天使半露真容，和她的灵魂进行了一次诚恳的交谈。爱情被形象地比喻为“把握在天使手里的钓鱼线”，一头勾连着普萝艾丝的五脏六腑。天使时不时地拽动钓线，以把她拉回“正常的水流”。若没有天使拽着，她可能就“飞到大海彼岸，扑进他的怀里，成为一个在抽泣声中绽开笑脸的妻子。”其间，对于死亡和死后进入天国前之状态的描述，充满了佛教神秘主义色彩。

> 普萝艾丝：我真的就要死了？
>
> 守护天使：没人知道你是否已死？不然，你何以能如此超然，几近破除了空间和重量的域限。你距离（阴阳）界是如此之近，按照我的脾性，我真不知道应该让你呆在哪一边？
>
> 普萝艾丝：我在哪里？你又在哪里？
>
> 守护天使：我们在一起，然而又彼此相隔。我远离你，然而又陪伴着你。为了让你进入这既在时间、空间、运动之中，同时又在其外的幻境，我需要一种你的耳朵尚无法承受的音乐[92]。

虽然两人爱得死去活来，但是由于种种阴差阳错，真正面对面互相倾诉衷肠只有一次：即罗德里格收到十年前普萝艾丝寄出的求救信，率领大军跨国大西洋来到北非。然而等待他们的，却只有肝肠寸断的生死诀别。

这场为了告别而进行的见面发生在第三幕最后一场。其时，二人都已步入中年，身边都有了别人陪伴，早已磨灭了当年的少年义气。普萝艾丝和摩加多尔港总督卡米耶所生的女儿七剑已经成年，她自己罹患绝症，大限将至。十年来控制穆斯林力量、拯救基督徒战俘的事业已然无以为继，她准备好了亲手炸毁邪恶的堡垒和异教徒。想不到罗德里格却不顾一切地赶来救她了，为了不让爱人继续铸成大错，她唯有冷酷地拒绝：“除了死亡，没有其他解救我（délivrer）的办法。亲爱的罗德里格，我已经无力履行我的肉体曾向你

91 《缎子鞋》，第 212 页。

92 同上，第 58 页。

作出的允诺。你愿让我把一个奸妇投到你的怀中吗？我只能是一个在你心中行将死去的女人，而绝不是你渴望获得的这颗永恒的星星[93]。"

对于男女之爱的性质，普萝艾丝的叙述又回到了"一无希望才是美，认识事物才是永恒的使命"的论点，认为两人的这段爱情是一个美丽的误会，相忘于江湖、带着伤痛在爱的煎熬中认识上帝是最好的结果。爱情的本质并非占有，维系爱情靠的并非承诺，而是在相互信任的前提下充分享受爱恋带来的快乐。这种快乐与肉体无关，乃是一种更为深沉的灵魂层面的喜乐，类似于佛教所云消除嗔恨和分别心之后那种**随喜却不染着**的快乐。普萝艾丝的诗意解读乍一看简直就是"放下才能迎来自在解脱"之禅机的翻版："并非人占有快乐，而是快乐占有你。人不能向它提条件。当你自身发出光芒，显得井井有条，当你变得能够被人包容，到那时它就包容你了。"至于何时才能参悟这种快乐，普萝艾丝云："当你向这位亲爱的快乐让位，当你自己退到一旁向它让位之时！当你真正为了它本身而要求它，而不再只是迷茫徒劳地为求快乐而徒增烦恼之时！[94]"不带任何功利和欲望，只是怀着一颗向道之心希求找到纯粹的快乐，这说起来容易，要做到又是何其难。普萝艾丝再出惊人之语，以助其打破"爱=互相厮守的承诺"的男权主义的爱情执念："假如我现在未能和无限之物结合在一起，你就会很快厌弃我了！假若我不再散发着这让你难以理解的神秘气息（si je cessais d'être gratuite），你很快就会停止爱我！谁若诚而有信，就不需要什么许诺。"没有什么比"爱情"更能诠释此岸世界灯红酒绿的繁华现象背后的虚妄本质了，它是一股和形而上的最高存在相抵触的力量，仰望神的子民自然要将其摒弃，换得在彼岸世界的团聚。所以，她呼唤罗德里格看破这具肉身皮囊，感悟爱侣的本质："为什么不相信这快乐的话语，而追求别的什么东西？我之所以存在，就是为了让你听明白这句快乐的话。快乐即我，而非今生今世的许诺！是我，罗德里格，我就是你的快乐！（je suis ta joie）！"罗德里格表示自己并没有感受到这隐秘的快乐，却只有苦涩和失望。最后普萝艾丝深情而悲怆的慨叹又回到了天主教神学的窠臼，"哪里有更多的快乐，哪里就有更多的真理"，它最终仍然要靠圣灵的真理来填充和滋养，但是其途径却是一种近似佛家之"放下/自在"的返观内

93 《缎子鞋》，第 213-221 页。

94 同上，第 220-223 页。此页中后面 3 段引述普萝艾丝的话都出自这几页。

心的途径。话已说尽，明知事已不可为，怅然涕下的罗德里格仍然不舍，普萝艾丝看着他："好吧，只要你说一句话，我就留下来。不需要什么强力。一句话，就那么难开口吗？只要一句话，我就留在你身边。"然而，最后他只能低声哭泣，眼看着爱人全身蒙上黑纱，缓缓离开。一叶小舟，送走了曾经魂牵梦绕的爱人，挥挥手，此生已无法再见。

三、缪西卡：大音稀声、自然无累的理想人格

缪西卡（Musique）是个爱称，意为"音乐"，她在剧中的真名是"德利斯"（Délice）[95]——意为快乐。人如其名，缪西卡永远是一副喜乐无忧的状态。之所以被称之为"缪西卡"，和她喜爱歌唱，总是随身携带一把从不弹奏的琴有关。在天主教正统神学中，上帝临在的方式是声音（voix），换句话说，上帝就是"道"。缪西卡这个角色的象征意义非常明显——她就是喜乐全能的圣灵在人间的女性化身，是最高的善、美和幸福的见证。具体而言，其人物形象——逃难途中依然不忘弦歌雅乐的乐观少女，灵感得自日本戏剧中弹奏"三弦"独唱的艺人，这个器物并非只是装饰，而是她臻于富有禅理"无声之乐"境界的表征。

她是《缎子鞋》中众多女性角色里唯一一个自始至终好运相伴的人物，这其实投射了对克洛岱尔对音乐之艺术功能的理解和对"圣灵"的美学呈现方式相结合的思考。

在写给苏亚雷斯（Suarès）的书信中，他忆及求学时代，"在唯物主义的桎梏下，只有音乐，尤其是瓦格纳、贝多芬的音乐是可怜的我（超越现实）唯一的希望之光[96]。"在天主教信仰之外，音乐是最具有穿透力和最有救赎力量的神圣艺术。

这是一个凭空楔入西班牙主流历史的人物。和剧中其它女性一样，缪西卡原本也是屈从于男性权威，完全没有人生自由的可怜姑娘。母亲是个寡居已久的破落贵族，"住宅中不剩一个铜钱，仅存一片面包"，自己在重病中垂死挣扎，膝下六个女儿，年近二十的缪西卡排行老大。她在困窘中求助于自己的表弟——普萝艾丝的丈夫、大法官德拉日，而他的解决方法居然是仓促地把六个姑娘都嫁出去。"召集情郎的命令已经发出，她们只需选择就行

95 《缎子鞋》，第 66 页。

96 Paul Claudel et André Suarès, *Correspondance*（1904-1938）, Gallimard, 1951. p.28

了。要不然，我来替她们选择修道院[97]。”在他眼中，她们甚至就和集市上待售的牝马差不多，美丽的缪西卡就被许配给了一个粗野的放牛人[98]。如此残酷寡恩，让佩拉日的护卫官巴尔塔萨都于心不忍：“我忘不了（缪西卡）那把永不离身却又永不弹奏的吉他，她那双清澈见底，充满信赖、渴望、神奇的眼睛，她的笑容，还有她那咬着鲜亮嘴唇的如同新鲜杏仁一般洁白的牙齿！”面对这样一位我见犹怜、活泼开朗的女孩，巴尔塔萨却因自己穷困潦倒，且囿于门第之别，不敢娶她，迫使孤立无援的缪西卡最后为了逃婚而出走。

天性浪漫的缪西卡坚信，快乐的灵魂一定会遇到另一个同样快乐的灵魂，一定有一个这样的那不勒斯王[99]在某处等待着她。“我已经和他在一起了，而他却一无所知。我愿化入他的感情中，像美味而闪光的晶盐一样改变他们，洗刷他们！我愿变得像水那样，像太阳那样对他既稀罕又普通。我但愿一下子就占据他的心，一瞬间又离他而去，我愿他无法找到我，既找不到眼睛也找不到手，只有心中一点灵犀和开放的听觉。鸟儿的鸣啾足以平息我们心中复仇与妒忌之火，也许它就是出自肉体中的灵魂之声，是我灵魂的不可言喻的弦线拨响了这除他之外谁也呼吸不到的旋律？他只需闭上嘴巴静听我的歌声！”（我就是‘声’，可以无处不在）当他工作时，那流水潺潺的虔诚之泉就是我！在正午耀眼的光芒中，那港口安静的营营之声就是我，那散布各地的结满了果实、丝毫不怕强盗与征税人的成千上万个村镇就是我[100]。”这种近乎偏执的自信其实源自一个隐晦的神秘信息——**这一切已经都曾在另一世界发生过，亦将再次上演**。这并非只是缪西卡的单纯的少女梦，而是一个**精心包装过的轮回姻缘故事**，和罗摩与悉多的传奇颇有类似之处。缪西卡所爱的对象，是一个极为显赫的高度符码化的天主教伟大护教者——总督、那不勒斯国王、未来的天才元帅奥地利的胡安（Don Juan de Austria 1547-1578）

97 《缎子鞋》，第 10-11 页。

98 同上，第 50 页。

99 影射神圣罗马帝国皇帝查理五世（1519-1556），兼领西西里国王（称卡洛一世，1516-1556）、那不勒斯国王（称卡洛四世，1516-1556），低地国家至高无上的君主等称号。而此时的缪西卡，影射芭芭拉·布隆伯格（Barbara Blomberg,1527-1597）德国平民女性，神圣罗马帝国皇帝查理五世的情妇，为其诞下私生子——日后的“奥地利的唐·胡安”（John of Austria），腓力二世（Philip II of Spain）在位期间最伟大的军事统帅。

100 同上，第 52-53 页。

的父亲，一个连名字都没有出现的“理想爱人”。在这种爱情关系中，缪西卡扮演属灵的元素，总督则是天主教人间正统权威的代表，他们的结合仿佛是精神寓于器的“圣化”仪式。在天主教中，只有耶稣基督才能施行救赎，而克洛岱尔的戏剧中，女性带着天命来唤醒和拯救男性，已经背离了多玛斯主义的传统。缪西卡身上带着圣灵降临的记号——“鸽子形的斑记[101]”就是明证。这位权威的总督找到她的过程也处处透着东方故事中“缘分天注定”的诡异。

流氓士官诱骗缪西卡上船，突然就发生了海难。“天上没有一丝风，船底突然碰上了什么，**就如到了该到的地方**[102]。”终年在大海上讨生活的水手，居然不懂水性，这或许有点牵强。但是“到了该到的地方”解释了这一切不合理：看起来狡诈的士官诱拐了缪西卡，但是万物皆有其时（《传道书》），前缘早已注定，他和各色人等反倒是帮助柔弱的缪西卡来到这注定之地的工具。如缪西卡第一眼看到总督时所问：“你难道不是派臣仆来寻找我了？那个士官不就是你的人？既然我已经来了，我就只有在这儿等着你[103]。”而总督也同样被冥冥之中的神秘力量引导着来和缪西卡相会，其中情节并无天主教神迹剧中常见的天使桥段，而代之以模糊的“似曾相识”（déjà vu）、“灵魂记忆”（réminiscence）这样神秘主义的元素。总督喃喃自语：“我怎么忽然就想出这个好主意离开了大家！我不知道在这诱人的小路尽头我会发现什么[104]。”两人在原始森林中相遇，素未平生却又彼此相知，所有神秘的记忆都回来了。

缪西卡：“为什么你觉得我一眼认出了你反倒是一件咄咄怪事？”

总督：“这一切都是真的。我怎么就忘了呢！正因为忘却了它，我才发觉我从来没有停止过知道它。”

缪西卡：“你脑子里想的一切我都感觉得到，是的，我和它们一起飘动着”

总督：你在西班牙的一块石头下哼着小曲儿，我就在巴勒莫的

101《缎子鞋》，第 113 页。
102 同上，第 112 页。
103 同上。
104 同上。

花园深处听见你了。对，我聆听的正是你，而不是别的什么人，不是这小溪流水，不是这静谧时人们听到的鸟鸣！

缪西卡：这给了你巨大喜悦的音乐会，那是我开的头。在你心底，这唯一的如此纯粹、如此诱人的音符就是我。告诉我，你将永远全神贯注地聆听着它。别在你我中间搭上什么东西，别阻碍我的生存[105]。

两人灵魂相契，犹如三生石上已经注定。但是，在总督看来，这种朦胧而激越的回忆的底色是"辛酸"的，里面掺杂了前生后世过多的苦涩经历和沉重的使命召唤，尤其是缪西卡对超越生死、轮回的爱情的执着，以及那种不食人间烟火的纯粹和虔诚，着实让人唏嘘。这一切呼唤出来的嘈杂之声渐渐消退，之留下一片纯澈的音乐，一种"既不是风，也不是海，也不是这淙淙流水声"的微弱的灵魂之乐。这种音乐就是缪西卡灵魂的气息，是天主圣灵的显现，但是克洛岱尔摆脱了传统圣迹剧的俗套，用道家的诗化意象来描述这"音乐"。

缪西卡：我的歌是我制造出来的。

总督：这不是一首歌，这是一阵风暴，它带着天，它带着海，它带着森林，它带着整个大地！[106]

诚所谓"大方无隅，大器晚成。大音希声，大象无形[107]"，总督从这万物分有的"道"（voix）的美妙声响中感悟到了天主最崇高的大美，而这种宏大的美让人无法抗拒。总督感叹："神圣的音乐在我心中。并不是我在唱，而是我的耳朵，它们在一瞬间全都张开了！[108]"如此，苦乐杂陈的爱情顺利成章地开花结果了，最后作者仍不忘借他之口把天主拉进来作为见证。"这神圣的快乐，这巨大的忧郁，掺和进了这不可言喻的幸福。当天主将我们结为一体时，它将为我们留存着别的奥秘[109]。"不过，克洛岱尔仍然巧妙地留了一个悬念：天主之圣爱并非这对爱侣之喜乐心境的全部内涵，里面仍有神之外的神秘元素，而它又指向了遥远的东方。

105《缎子鞋》，第 112-113，116-117 页。

106 同上，第 114 页。

107 [魏]王弼注、楼宇列校释：《老子道德经注》，中华书局 2008 年 12 月，第 113 页（第 41 章）。

108《缎子鞋》，第 115 页。

109 同上，第 116 页。

郎才女貌，情意绵长，两位神仙眷属的幸福生活一笔带过。故事又跳回欧洲历史，只不过作者刻意打乱了历史年代。白山战役[110]后波西米亚地区笼罩在“复归天主教运动”（récatholisation）的血雨腥风中，昔日的总督加冕成为波西米亚和匈牙利国王——费迪南二世（Ferdinand II, 1578-1637），缪西卡也孕育着爱情的结晶，腹中怀上了将来叱咤欧洲的“奥地利的胡安”（Don Juan de Austria 1547-1578）[111]。她来到圣尼古拉教堂（Église Saint-Nicolas de la Mala Strana de Prague）为和平和天主教事业的未来祈祷，教堂供奉的四位圣徒——圣尼古拉（Saint Nicolas, 270-346）、圣博尼法斯（Saint Boniface, 680-755）、雅典的圣德尼（Saint Denys d'Athène, ?-95）[112]和圣阿德利比顿（Saint Adlibitum）的灵魂依次来到殿中，在日本能剧“梦幻能”的神秘玄幻的氛围中和缪西卡进行的异次元交流。

缪西卡身披斗篷，庄严而虔诚。她跪倒在大殿中央小声祈求，四位莅临祭坛的圣徒聆听她的祷告并进行回应。她的凡胎肉眼看不到诸圣，只能感受到阴影变化，听到似有似无的呢喃声。在她心中，建立天主教的统一大帝国是消除所有动乱和苦难的终极法宝，“金头”的理想、上帝的应许之国成为现实便是基督徒最大的荣耀：

> 缪西卡：必须要有这四周的动荡骚乱，这满目疮痍的布拉格周围的世界！让崩溃的欧洲全都慑于我丈夫的意志和他有力的刀剑。我的国王来了，他在那儿迫使纷乱的一切停息下来。这些人（指新教徒）必须接受他们所说的专制暴政，但是我比他们更早了解了它，我知道它并不坏，正是在这暴政的保护中我身上的新生命获得了根源。当人们行路没有一步不遭遇障碍和堑壕时，当人们使用话语只能用来争吵时，为什么就不能想象，透过这混沌世界，有一片专为我们准备的看不见的海洋？[113]

---

110 1620年11月8日，天主教联盟军队在布拉格北部的白山大败捷克新教派巴拉丁选候的军队，信奉新教的捷克故王腓特烈五世流亡尼德兰，波西米亚地区并入西班牙，重归崇信天主教的哈布斯堡家族手中，亦拉开了三十年战争的序幕。

111 西班牙帝国全盛时期的将军。1571年领导西班牙无敌舰队取得勒班陀海战胜利。1578年1月在布拉奔击溃革命军，几乎全歼了尼德兰军队。同年10月，因染病死于尼德兰让布卢郊外。

112 中世纪早期法兰克君主及随后法国王室精心营建出来的“圣德尼崇拜”的对象。

113《缎子鞋》，第140-141页。

这“混沌世界”和“看不见的海洋”俨然就是汉传佛教中净土理念的翻版，眼下的动乱是暂时的，也是合理而有益的。世界必先“破”而后“治”，目前的杀戮和罪恶是将来获得救赎的先决条件，她为此恳求上帝原谅天主教军队当下的行为。接下来，她将这个“看不见的海洋净土”理想人间化了：上帝之爱——即“音乐”从未远离造物，只是人未能识别而已，得救和沉沦虽然是两个极端，但是差别只在信念和知识。诚如《楞伽经》所云：佛凡一体，染迷净悟，佛与众生的差别只在一念之间。

> 缪西卡：在边境之上我们将建立这个魔幻的共和国，那儿的灵魂乘坐在一滴眼泪就足以压垮的小船上互相拜服。音乐并不是我们创造的，它就在那里，我们只需要深深地陷入其中直到没过耳朵。我们不必与事物对立，我们只需笨拙地卷入到它们幸福的运动之中！[114]

然而这个人间化的理想之国的实现方式却是道家式的。它将是一个在天主教、新教以及伊斯兰教主要政治体相互对峙的局面下，靠平衡战略实现的小国寡民的混合共和国。克洛岱尔尤其喜欢《道德经》中善于处下、汇聚万有的“水”的意象，这个诗意之地就是一个跨界的、居于水上的灵魂栖居地。而统摄这个魔幻共和国的精神，就是无为、处顺、守拙。

对于缪西卡臆想的乌托邦，祭坛之上的圣德尼并不认可。他从多玛斯主义的立场出发，认为作为造物的人无法认识全能的上帝，凡以神之名所造的国都是虚妄。“只有天上才有命令，只有天上才有音乐，人间的音乐则妨碍我们听到它，大地上没有一件东西为人的幸福而造[115]。”他认为，人世就是苦难，是最终领悟救恩之伟大的必要经历。“人类的绝大部分正致力于什么呢？难道不是证实他们与周围的一切不可调和吗？他们的苦恼和荣誉皆出于此。唯有忍受厌烦他们才能摆脱折磨[116]。”这位来自东方的圣徒仍然重复着人生是苦难的古老论调，然而最后却来了个大逆转，将现实的基督教世界的救赎希望放在了东方，可谓神来之笔。“**整个人类真正的新纪元，在遥远的东方！**”然而作为守护雅典、守护法兰西众王的圣徒，他抱着“我不入地狱，谁入地狱”的使命感，没有独自避乱东方，而是在圣保罗的召唤下，导引欧

114 同上，第 141-142 页。

115 同上，第 143 页。

116 同上，第 144 页。

洲去向正确的方向。“为了摆脱这大团的烂泥，为了找到正确的航向，需要我站在船尖上。要引导人们冲破黑夜，劈波斩浪，还有什么航标灯比得上提在我手里的那颗被砍断的头颅？[117]”西方文明的救赎希望，寓于东方古老的神哲学中。克洛岱尔借缪西卡和圣徒之口，将这种对东方传统哲学的浪漫想象展露无遗。

117《缎子鞋》，第 144-145 页。

结　论

在西方的文学传统中，东方的佛教意味着什么？它在克洛岱尔的戏剧创作中又扮演了什么角色？

“东方”（Orient）这个词源出拉丁语 *oriens* 指“日出之处”。作为一个被西方建构的概念，其内涵和外延极为复杂，在不同的历史时期，“东方”所指的范畴颇有出入[1]。当源自近东的基督宗教成为欧洲主流意识形态后，东方被赋予了一层形而上的神圣意蕴。诚如济慈（John Keats, 1795-1821）所叹：“美即是真，真即是美[2]”，一语道出两千年来“东方”对于西方的精神家园意义：东方是美之所在，寻找到美即能找到真理！亚伯拉罕的神在东方，伊甸园在东方，流着奶和蜜的应许之地也在东方，丝绸之路也起自东方。“向东去”的呼声响彻漫长的西方文明史，东方在某种程度上就是“原初之美”（beauté originelle）之所在。除了美与真，东方还与“自由”挂上了钩，按照罗马天主教的救赎神学教义，施救者唯耶稣基督一人而已，神的造物——人只能在此岸世界被动地等待救赎，只能在赎罪的永恒焦虑中蹉跎岁月。

1　洪荒年代，辉煌的古希腊、马其顿地区，以及古埃及都是地处西欧腹地原住民心目中耀眼的“东方”世界。古罗马时代，大写的“东方”（Oriens/ Orient ancien）包含了埃及、叙利亚走廊、安纳托利亚、美索不达米亚和波斯地区，及巴尔干地区的希腊。

2　典出《希腊古瓮颂》（*Ode on a Grecian Urn*）第五段“Beauty is truth, truth beauty",见[英]济慈著：屠岸译，《济慈诗选（英汉对照）》（*Selected Poems of John Keats*），外语教学与研究出版社 2011 年 11 月版，第 10 页。

而在各种传统的东方思想中，主体是可以通过努力实现解脱的，在无所不在的父神的淫威下颤抖的基督徒，面对东方异教中圆融无碍的那份洒脱和逍遥，内心的震撼无以名状，去东方寻找“解脱”因此而定格为西方知识精英内心最隐秘、也是最美好的梦想。

十七世纪殖民主义席卷全球后，印度文化圈和汉字文化圈也被纳入了新的世界秩序。面对因工业革命而走向繁荣的西方，东方的形象被打落云端、跌入深渊，被深深地撕裂成两个不同层面的存在——物质文明极端落后的野蛮的东方，和精神文明依然丰盈、可以疗愈西方工业文明危机的东方。

随着大批北印度梵语文献被发现并译介到欧洲，西方又发现一种能完美诠释“原初之美”和“灵魂自由的理想”的东方智慧——佛教。在这一波被定义为“印度复兴”或“东方复兴”的文化革新浪潮中，伴随着西方佛教学术的发展，各个佛教支派的一整套有关终极解脱的理念，为步入后浪漫主义时代之颓废主义陷坑、沉浸在工业文明扼杀诗性生活的“世纪末”情结中的近现代西方文学，指明了一条走向现代性的康庄大道。启发受到自我解脱理念熏陶的新一代作家们，以主体性为思考的核心，注重发掘感觉上的当下性和现实性，体验转瞬即逝的刹那被感官捕捉到的感受，在这种美学的沉醉中提炼独特的具有“内在性”的普世价值。在十九世纪下半期以来的法国文学中，从唯美主义到象征主义，再到之后的意识流、未来主义，到处都能感受到其背后佛教文化元素的魅影。

克洛岱尔的文学生涯，既未脱离完全法国文坛的脉搏，却又长期游离在外，他作为一个既在又不在的见证人，恰好经历了法国文学向现代主义转型的重要时期：他亲眼见到象征主义运动进入最炽烈的顶峰，其后轰然裂变成多元化的支流，各种非理性主义文艺潮流风起云蔚、互相交汇碰撞，而法国文坛亦精英迭出、众星璀璨。克洛岱尔自己也凭借杰出的文学成就而成为其中的佼佼者，并被文学史家尊为引入和推动文学现代性来临的关键人物。

克洛岱尔毕生都在寻找一种能解放灵魂的“内在性力量”，1886 年皈依天主教后，他从阿奎那神学体系中接受了三大理念：万物相互依存、万物的存续和配置体现了神的意志、万物的发展变化呈现为一个连续体，并由此而形成了“整体综合艺术”（synthèse d’art de la totalité）的艺术理想。这种艺术理想在戏剧艺术中得到了完美体现，但是其最终的成熟绽放，却是东方世界圆融无碍的佛教解脱思想浇灌的结果。晚年的克洛岱尔慨叹自己用了五十五年的光阴，亲身体察（faire voisiner）了全球所有文化体系的精神境域（horizon），几乎穷究了人类感官世界的所有细微侧面（versant de la sensibilité），只为探索和最高的终极力量进行连接的“垂直道路”（direction verticale）[3]。这条形而上的神秘道路的尽头是上帝，但是这一路的风景却异常多元化，作为思想“助产术”（maïeutique）的新多玛斯主义只是其中一抹亮色，真正的主角当为来自东方的各类既相区别、又有着千丝万缕联系的拯救论（sotériologie）传统。其中能把这些智识资源串联在一起的，就是拥有多个分支的信仰之树——佛教。在克洛岱尔看来，这是一簇扎根于印度文化圈和汉字文化圈的奇葩，它是基督宗教在亚洲最大的竞争对手，其神学系统中固然不乏一些无神论倾向、虚无主义理念、偶像崇拜迷信，但逻辑严密的佛教思想体系和深受其美学侵染的东西方文学艺术则表现出让人迷醉的“美丽的谬误”（l'erreur a du charme）[4]。

以时间为序，克洛岱尔的佛教观呈现出一个多元杂糅，但具有明显阶段性跃进特征和地域文化特色的融通的整体。来华之前，他从叔本华和拉奥尔那里接受了“人生为苦、寂灭涅槃”和“世界为幻”的印度佛教理念，并将其糅进了克氏耶稣“新传”——《金头》的幻灭悲剧之中；驻华十四年以及之后继续研究中国佛道思想及艺术的阶段，克洛岱尔立足于从戴遂良的佛道著述中获得的宗教学知识，结合自己多年的亲身体验，得出“佛道互通、都出自基督的真理”、“大乘佛教的救度之‘道’值得敬佩”，以及“中国佛教需要基督福音的拯救”这样充满索隐神学色彩的认知。其对中国佛教解脱观念的思考和误读，在《第七日的休息》中展现得淋漓尽致；到了驻日阶段，自幼就沉迷于日本美学的“诗人大使”在东瀛佛教文化的熏陶下，迸发出了巨大的创作能量。一方面，他如饥似渴地从众多西方日本学家和佛教学者的著述中吸取精神食粮，一方面广泛结交日本知识精英和佛学积累深厚的艺术家，其中与富田溪仙（Tomita keisen）合著俳画诗集《百扇贴》更是传为佳话。二人以诗画参禅机，锦瑟和弦、如切如磋，克洛岱尔在充满物哀、幽玄、清寂之美的美学境界中看到了一条通往犹太-基督教文明之“现代性”的终南捷径，这种空无、散淡的审美沉醉在某种程度上疗愈了他的存在主义焦虑，让他达到了身心脱落、无所挂碍的释然和放逸。享有克氏百科全书之美誉的鸿

3 O.C., t. XXI, p.486, “J'aime la Bible.”

4 Bernard Hue, *Litteratures et arts de l'Orient dans l'œuvre de Claudel*, p.375.

篇巨制——《缎子鞋》，其中众多人物的解脱-救赎之路中，既有男女主人公在如幻似梦的人生际遇中看破功名利禄和爱欲纠葛的虚妄本质，发现“一无希望才是真正的美”，并最终了悟天主大爱和真正的自由的“天主禅”之途；也有缪西卡坚守信念，虽历经艰难险阻亦百折不挠，最终苦尽甘来，在天主的怀抱中收获人间至福的“苦行+朝彻”之道。

一饮一啄，皆为前缘。作为十九世纪末二十世纪初法国天主教文学复兴运动的代表人物之一，克洛岱尔和佛教的相遇，看似偶然，实有玄机。当我们把浪漫主义思潮式微之后的法国文学放在佛耶对话——东西方非理性主义思想划时代的相遇这个大背景下来考量，任何一位跨文化写作者都无法完全避开这种影响。在以解放人性、主张自我解脱为核心价值之一的西方文学现代性诞生前夜的阵痛中，所有在工业文明的盲目扩张中感受到危机的知识精英都在摸索一种切实有效的文化“疗愈”手段。梵蒂冈第一次大公会议之后，即便是保守的天主教阵营也开始积极地从异教文化中吸收新鲜的血液。克洛岱尔在其漫长的文学生涯中，历经印度、中国和日本三个文化区域，将三种具有鲜明民族和地域文化特征的佛教解脱思想进行改造，融入了自己的“赎救-解脱”诗学体系，以基于基督宗教罪感文化的“赎”为起点，以佛教式的内在化“解脱”为奋斗目标，其最终的效果还是回归天主的救恩计划之中。

这种强调自主性、颂扬内在力量——“暗示力”的诗学理想，成就了克洛岱尔，也成为了二十世纪法国文学敞开怀抱拥抱现代主义的强有力的催化剂。管窥见豹、滴水见日，一言以蔽之：我们以其为典型个案，以戏剧作品为依据，通过这一系列跨宗教、跨文化、跨文学类型的知识重演与文本细读，发现以印度佛教、汉文化圈的道禅思想为代表的东方非理性主义资源与天主教意识形态的融合，正是构筑法国文学现代性之重要底层因素。

参考文献

一、克洛岱尔的作品

（一）法文本

1. *Œuvres complètes*, Gallimard, 29 volumes, 1950-1986.
2. *Œuvre poétique*, Pléiade, Gallimard, 1967.
3. *Théâtre*, t. I. , Pléiade, Gallimard, 1967.
4. *Journal*, t. I, Pléiade, Gallimard, 1968.
5. *Journal*, t. II, Pléiade, Gallimard, 1969.
6. Mémoires improvisés, Gallimard, 1969.
7. *Théâtre*, t. II., Pléiade, Gallimard, 1971.
8. *Œuvres en Prose*, Pléiade, Gallimard, 1973.
9. *Suppléments aux œuvres complètes*, tomes I-IV, Lausanne, L'Âge d'Homme, 1991.
10. *Livre sur la Chine*, Éditions L'Âge d'Homme, Lausanne, 1995.Réalisé par Andrée Hirschi sous la direction de Jacques Houriez.

（二）汉译本

1. 《艺术之路》，罗新璋译，北京燕山出版社，2006 年 11 月版。
2. 《认识东方》，徐之免译，上海人民出版社，2007 年 10 月版。

3. 《正午的分界：克洛岱尔剧作选》，余中先译，吉林出版集团有限责任公司，2010 年 4 月版。
4. 《缎子鞋》，余中先译，吉林出版集团有限责任公司，2011 年 3 月版。

二、书信通讯

1. Paul Claudel et André Gide, *Correspondance* （1899-1926）, Gallimard, 1949. Réédit. 2000.
2. Paul Claudel et André Suarès, *Correspondance* （1904-1938）, Gallimard, 1951.
3. Paul Claudel, Francis Jammes, Gabriel Frizeau, *Correspondance* （1897-1938）, Gallimard, 1952.
4. Paul Claudel et Stéphane Mallarmé（1891-1897）, *Cahiers Paul Claudel 1*, Gallimard, 1959.
5. Paul Claudel et Lugné-Poe （1910-1928）, *Cahiers Paul Claudel 5*, Gallimard, 1964.
6. Paul Claudel et Père Becqué （1945-1955）, *Les Lettres romanes*, t. XXVII, n 1, février 1973.
7. Paul Claudel et Jean-Louis Barrault（1939-1954）, *Cahiers Paul Claudel* 10, Gallimard, 1974.
8. Paul Claudel et Jacques Rivière（1907-1924）, *Cahiers Paul Claudel 12*, Gallimard, 1984.
9. Paul Claudel et Gaston Gallimard, *Correspondance*（1911-1954）, Gallimard, 1995.
10. Paul Claudel, *Correspondance consulaire de Chine*, Presses Universitaires de Franche-Comté, 2005.
11. Paul Claudel et Romain Rolland, *Claudel-Rolland. Une amitié perdue et retrouvée*, Gallimard, Les Cahiers de la *nrf*, 2005.

三、研究克洛岱尔的著述和论文

（一）法文和英文本（以编者或作者姓名字母为序）

1. Alexandre , Didier, *Lectures de Claudel. Tête d'Or*. Rennes : Presses Universitaires de Rennes, 2005.
2. Angélo, Paolo de, *lyrique japonaise de Paul Claudel,* Université Paris Sorbonne IV, thèse doctorale 1992.
3. Antoine, Gérald, *Paul Claudel oul'Enfer du Génie*, Paris : Robert Laffont, 1988.
4. Ayako, Nishino, *Paul Claudel, le nô et la synthèse des arts,* Paris : Classiques Garnier, 2013.
5. Autrand,Michel, *Le Soulier de satin, étude dramaturgique*, Paris : Champion, 1987.
6. Bona, Dominique, *Camille et Paul, la passion de Claudel*, Paris : Éditions Grasset&Fasquelle, 2006.
7. *Bulletin de la Société Paul Claudel*, Paris : Classiques Garnier.
8. Brunel, Pierre, *Le Soulier de Satin devant la critique : dilemme et controverses*, Paris : Minard, 1964.
9. *Cahier Paul Claudel*, Paris : Gallimard.
10. *Cahier canadien Claudel*, Ottawa : Éditions de l'Université d'Ottawa.
11. Daniel, Yvan, *Paul Claudel et l'Empire du Milieu*, Paris : Les Indes savantes 2003.
12. Dethurens, Pascal, *Claudel et l'avènement de la modernité: Création littéraire et culture européenne dans l'œuvre théâtrale de Claudel*, Annales litteraires de l'Université de Franche-Comté, Paris : Les Belles lettres, 1996.
13. Dubor, Françoise, *Tête d'Or de Claudel*, Paris : Atlande, 2005.
14. Duchesne, Jean, *Histoire chrétienne de la littérature: l'esprit des lettres de l'Antiquité à nos jours* , Éditions Flammarion, 1996.
15. Flood, Christopher, *Pensée politique et imagination historique dans l'œuvre de Paul Claudel*, Paris : Les Belles Lettres, 1991.

16. Gadoffre, Gilbert, *Claudel et l'uinvers chinois*, Paris : Gallimard, 1968.

17. Guénon, R., *La Crise du monde moderne*, Paris : Gallimard, 1946.

18. Horry, Ruth N, "Claudel's 'Tête d'or' ", *The French Review*, Vol. 35, No. 3 （Jan., 1962）, p. 279-286.

19. Heede, Van Den, "La présence de Job et Qohélet dans «Tête d'Or» de Paul Claudel", *Revue théologique de Louvain*, 31e année, fasc. 3, 2000. p. 362-393.

20. Huang, Bei, *Segalen et Claudel : dialogue à travers la peinture extrême-orientale*, Rennes : Presses Universitaire de Rennes, 2007.

21. Houriez, Jacques, *Éditions critique du Repos du Septième Jour*, Annales littéraires de l'Université de Besançon, Paris : Les Belles Lettres, 1987.

22. *La Bible et le sacré dans "Le Soulier de satin" de Paul Claudel*, Paris : Lettres modernes Minard, 1987

23. Hue, Bernard, *Litteratures et arts de l'Orient dans l'œuvre de Claudel*, Paris : C. Klincksieck, 1978.

24. *Rêve et réalité dans Le Soulier de satin*, Rennes : Presses Universitaires de Rennes, 2005.

25. Ji, Zhen, "La modernité de Paul Claudel et la Chine", *Paul Claudel Papers*, Volume 6, issue 1, 2009

26. Lachaud, François, "Bouddhisme et Japonisme des Goucourt à Claudel", Paris : *Académie des inscriptions et belles-lettres*, CRAI 2008 : 699-709 [revised and updated version of item n 14] （2009）. p.1

27. "Le poète et les Buddhas : Claudel et la tradition religieuse aistique", *Claudel et le Japon: cinquantenaire de la mort de Claudel*, actes du Colloque International et de la Table Ronde, Tokyo : Maison d'édition shichigatsu-do, 2006.

28. Leclerq, Odile, *La présence de la Chine du Tao dans l'œuvre de Paul Claudel*, Université de Provence, thèse doctorale 1971.

29. Lécroart, Pascal, *Claudel contre, tout contre Wagner*, http:// cnrw-paris.org/ Resources/ Claudel-Wagner_P%20Lecroart.pdf

30. Lesort, Paul-André, *Paul Claudel par lui-même,* Paris: Éditions Du Seuil, 1967.

31. Lioure,Michel, *L'esthetique Dramatique De Paul Claudel*, Paris : Armand Colin, 1971.

32. *Tête d'Or de Paul Claudel*, éd. critique, Annales littéraires de l'Université de Besançon n 291, Paris : Les Belles Lettres, 1984.

33. *L'Oiseau noir :Revue d'études claudéliennes*, Cercle d'études claudéliennes de l'Université Sophia I-VI （上智大学クローデル研究会）, 1977. 7-1990. 4

34. Millet-Gérard, Dominique, *Tête d'or. Le chant de l'origine*. Paris : Presses de l'Université de Paris-Sorbonne, 2011.

35. Millet-Gérard, Dominique, *Formes baroques dans Le Soulier de satin*, Paris : Champion, 1997.

36. Millet-Gérard, Dominique, *Claudel Thomiste ?* Paris: Champion, 1999.

37. Millet-Gérard, Dominique, et Diaz, José-Luis, *Voir Tête d'Or*, Colloques de la Sorbonne, Paris : Presses de l'Université de Paris-Sorbonne, 2006.

38. Nichols, Aidan, *The Poet as Believer: A Theological Study of Paul Claudel*, London: Routledge, 2011.

39. Naito,Takaishi, *Claudel et les beaux arts*, Université Paris Sorbonne IV, thèse doctorale 1987.

40. Pérez, Claude-Pierre, *Saint-John Perse et Claudel : filiation ou cousinage ?* http:// fondationsaintjohnperse.fr/SOUFFLE/Souffle_5_6_Perez.pdf

41. Phalèse, Hubert de, *Les Mots de Tête d'or*. Paris: Nizet, 2005.

42. Roberto,Eugène, *Visions de Claudel*, Marseille: Éditions Lecomte 1958 ; un vol, in 8°, VIII-282 pp.

43. Sous la direction de Pierre Brunel et Yvan Daniel, *Paul Claudel en Chine*, Rennes : Presses Universitaires de Rennes, 2013.

44. Turk, Bostjan Marko, Paul Claudel et l'actualité de l'être:L'inspiration thomiste dans l'œuvre claudélienne, Paris : TÉQUI, 2011.

45. Yu, zhongxian, *La Chine dans le théâtre de Paul Claudel,* Université Paris

Sorbonne IV, thèse doctorale 1992.

46. Wasserman, Michel, *D'or et de neige: Paul Claudel et le Japon*, Paris : Gallimard, 2008.

47. Weber-Caflish,Antoinette, Éditions critique du *Soulier de satin*, 3 vol., Les Belles lettres, 1985-1987

48. Wu, Yaqin, *Les quatres éléments dans l'œuvre de Paul Claudel,* Université Paris Sorbonne IV, thèse doctorale 1992.

49. Zhou, Hao, *De la Marche à la Fuite : Lire Claudel en partant de l'Orient*, Université Paris Sorbonne IV, thèse doctorale 2013.

（二）中文部分

1. 杜青钢、王静主编:《克洛岱尔与中国》论文集，武汉大学出版社 2010 年 12 月版。

2. 黄伟:《高乐待与中国》，福建师范大学 2010 年博士论文。

3. 杨姗:《汉字隐喻性对二十世纪法国诗人的文化影响：以保尔·克洛岱尔和维克多·谢阁兰为例的分析》，中国海洋大学法语语言文学专业 2012 年硕士论文。

4. 魏笑甜:《克洛岱尔戏剧与圣经原型》，山西师范大学 2014 年硕士论文。

5. 韩诗雨:《二十世纪初两位法国作家笔下的中国形象：以克洛岱尔的〈认识东方〉和谢阁兰的〈勒内莱斯〉为例》，云南大学外国语学院 2015 年硕士论文。

6. 周春蕊:《保尔·克洛岱尔眼中的中国形象：以认识东方为例》，华中师范大学 2015 年硕士论文。

四、相关宗教及文学研究著作

（一）英文法文本（以编者或作者姓名字母为序）

1. Botz-Bornstein,Thorsten, *Les rêves dans le Bouddhisme et dans l'esthétique occidentale: Questions de style, de jeu et d'espace*. Previously published in French on the Leo Scheer website. Published in English in Asian Philosophy 17:1, 2007, pp. 65–81 as'*Dreams in Buddhism and Western Aesthetics: Some*

Thoughts on Play, Style, and Space'.

2. *Cathéchisme de l'église catholique*, Vatican : Mame/Plon, 1992.(Mame-Librairie éditrice vaticane, pour l'exploitation en France de la traduction française)
3. Davids, Rhys, *Buddhism: Its History and Literature*, Cosimo Classics, 2005.
4. Etiemble, René, *l'Europe chinoise*, Paris : Gallimard 1988-1989.
5. Edkins, Joseph, *Chinese Buddhism: a Volume of Sketches, Historical, Descriptive, and Critical*, London :1880.
6. Gruchy, John Walter de, *Orienting Arthur Waley: Japonism, Orientalism and the Creation of Japanese Literature in English*, University of Hawai'i Press, 2003.
7. Guinet, Edgar, *Du Génie des religions*, Paris : Charpentier, 1842.
8. Hokenson,Jan Walsh, *Japan, France, and East-West Aesthetics: French literature 1967-2000*, New Jersey: Fairleigh Dickinson University Press, 2004.
9. Lenoir, Frédéric, *Le bouddhisme en France (Documents)* . Paris: Fayard, 1999.
10. Lubac, Henri de, *Rencontre du Bouddhisme et de l'Occident,* Paris : Les Éditions du Cerf, 2000
11. Kim, Hyeon-Suk, *L'esthétique du vide dans l'art*, thèse doctorale à l'Université de Paris VIII 2007, sous la direction de M. BLOESS Georges.
12. Rainville-Delamare,Hugue, *La perception de l'esthétique et de la pensée du Zen dans les textes d'art en France*, Thèse doctorale à l'Université Paris III-Saint-Denis, 2003.
13. Robichez, J., *Le symolisme au théâtre*, Paris : L'Arche, 1957.
14. Salisbury, E. E., "*M. Burnouf on the History of Buddhism in India", Journal of the American Oriental Society*, Vol. 1, No. 3 (1847) , pp. 275-298.
15. Schopenhauer, Arthur, *Le Monde comme volonté et comme représentation*, traduit en 1886 par J.A.Cantacuzène, puis par Burdeau en 1888. La dernière

traduction est de R.Roos PUF, 1966.

16. Schwab, Raymond, *La Renaissance orientale*, Paris : Éditions Payot, 1950.
17. Sous la direction de Jean Duchesne, *Histoire chrétienne de la littérature: l'esprit des lettres de l'Antiquité à nos jours*, Paris: Éditions Flammarion, 1996.
18. Sous la direction de Jacqueline de Jomaron, *Le théâtre en France, du Moyen Âge à nos jours*, Paris : Armand Colin Édition, 1992
19. Turpin-Hutter, Caroline Lespets Anne, *Une poésie entre silence et musicalité*, http://120.52.72.41/perso.univ-lyon2.fr/c3pr90ntcsf0/~mollon/florilege/telechargement/3-silence-musicalite.pdf
20. Wieger, Léon, *Le Bouddhisme chinois*, Baoding : Ho-kien-fou,1910.
21. Weisberg, Gabreil P., *Japonisme: Japanese Influence of French Art 1854-1910*, Cleveland: Tuttle Pub ,1977.

（二）中文部分

基督宗教：

1. [德]奥脱：《天主教信理神学》（上下册），王维贤译，光启出版社 1967 年版。
2. [美]奥尔森：《基督教神学思想史》，吴瑞诚译，北京大学出版社 2003 年 9 月版。
3. [意]多玛斯·阿奎那：《神学大全》（七卷本），段德智译，商务印书馆 2013 年 10 月版。
4. [美]米歇尔·艾伦·吉莱斯皮：《现代性的神学起源》，张卜天译，湖南科学技术出版社 2012 年版。
5. [美]艾利克森：《基督教神学导论》，陈知纲译，上海人民出版社 2012 年 5 月版。
6. [美]詹姆斯·泰伯：《耶稣的真实王朝》，薛绚译，江苏人民出版社 2008 年 10 月版。
7. 赵敦华：《基督教哲学 1500 年》，人民出版社 2004 年 3 月版。

8. 周伟驰：《现代多玛斯·阿奎那研究》，https://www.douban.com/note/157501701/

佛教研究：

1. [荷]许理和：《佛教征服中国：佛教在中国中古早期的转播与适应》，李四龙译，江苏人民出版社 2005 年 8 月版。
2. [美]霍姆斯·维慈：《中国佛教的复兴》，王雷泉、包胜勇、林倩等译，上海古籍出版社 2006 年 12 月版。
3. [美]太史文：《幽灵的节日：中国中世纪的信仰与生活》，侯旭东译，浙江人民出版社 1999 年 9 月版。
4. [日]柳田圣山：《禅与中国》，毛丹青译，生活.读书.新知三联书店 1988 年 11 月版。
5. [法]让-弗朗索瓦·何维勒、马修·理查德：《僧侣与哲学家》，赖声川译，华东师范大学出版社 2014 年 9 月版。
6. [俄]舍尔巴茨基：《佛教逻辑》，宋立道、舒小炜译，商务印书馆 1997 年版。
7. [法]狄雍著：《欧美佛学研究小史，佛教哲学：一个历史的分析》（世界佛教名著译丛第 71 册），霍韬晦、陈旒鸿译，台湾华宇出版社 1985 年版。
8. [法]弗里德里克·勒努瓦：《佛教在西方的接受》，陆象淦译，《第欧根尼》2002 年 02 期。
9. [美]威廉·佩里斯：《西洋佛教学者传》（蓝吉富主编《世界佛学名著译丛》第 84 册），梅迪文译，台北华宇出版社 1986 年 12 月初版。
10. 李四龙：《西方佛教学术史》，北京大学出版社 2009 年 11 月第 1 版。
11. 王智成、赖品超主编：《文明对话与佛耶相遇》，社会科学文献出版社 2012 年 11 月版。
12. 张节末：《禅宗美学》，北京大学出版社 2006 年 7 月版。
13. 麻天祥：《中国禅宗思想发展史》（修订版），武汉大学出版社 2007 年 4 月版。
14. 文史哲编辑部编：《道玄佛：历史、思想与信仰》，商务印书馆 2012 年 4 月版。

15. 梁晓虹:《日本禅》,浙江人民出版社 1997 年 12 月版。
16. 张晶:《禅与唐宋诗学》,人民文学出版社 2003 年 6 月版。
17. 孙娜:《中日禅宗美学意境比较》,吉林大学 2006 年硕士论文。
18. 姚卫群:《印度宗教哲学概论》,北京大学出版社 2006 年 9 月版。
19. [唐]慧能,丁福保校注,《坛经》,上海古籍出版社 2016 年 10 月版。
20. 鸠摩罗什译,田茂志注,《金刚经》,中州古籍出版社 2007 年 4 月第 2 版。
21. 柴惠庭:《早期佛教与叔本华人生哲学异同论》,《上海社会科学院学术季刊》1991 年第 10 期。
22. 钱文忠:《近现代佛教复兴运动浅谈》,收入《天竺与佛陀》,青岛出版社 2014 年 4 月第 1 版,第 100 页。
23. 高小斯:《禅话,西方哲学的禅化》,人民出版社 2008 年 11 月版。
24. 柳东林:《哲思黜退,禅意盎然:现代西方文学的禅化述要》,中国社会科学出版社发行部 2011 年 12 月
25. 宋立道:《佛教民族主义在南亚、东南亚的发展》,《佛学研究》1996 年第 5 期。

文学文化研究:

1. [英]丹尼斯·哈伊:《意大利文艺复兴的历史背景》,李玉成译,生活·读书·新知三联书店 1988 年 04 月版。
2. [瑞士]雅各布布·布克哈特:《意大利文艺复兴时期的文化》,何新译,商务印书馆 1997 年版。
3. [意]欧金尼奥·加林:《中世纪与文艺复兴》,李玉成、李进译,商务印书馆 2012 年版。
4. [法]迪迪埃·雷蒙:《叔本华》,宋旸、刘成富译,上海人民出版社 2009 年 2 月版。
5. [英]贯纳韦:《叔本华传》,龙江译,译林出版社 2010 年 5 月版。
6. [美]萨义德:《东方学》,王宇根译,生活.读书.新知三联书店 2007 版。
7. [德]叔本华:《叔本华论说文集》,范进等译,商务印书馆 1999 年 1 月版。
8. [法]艾田蒲:《中国之欧洲》(上下册),许钧,钱林森译,广西师范大学

出版社 2008 年版。

9. [法]伊夫·瓦岱:《文学与现代性》, 田庆生译, 北京大学出版社 2001 年 1 月版。

10. [法]马塞尔·雷蒙:《从波德莱尔到超现实主义》, 邓丽丹译, 河南大学出版社 2008 年 4 月版。

11. [法]皮埃尔·布吕奈尔等着:《十九世纪法国文学史》, 郑克鲁等译, 上海人民出版社 1997 年版。

12. [法]皮埃尔·布吕奈尔等着:《二十世纪法国文学史》, 郑克鲁等译, 四川人民出版社 1991 年 12 月版。

13. [美]石江山:《虚无诗学: 亚洲思想在美国诗歌中的嬗变》, 姚本标译, 中国社会科学出版社 2013 年 4 月版

14. [德]艾尔波菲特:《德国哲学对老子的接受: 通往"重演"的知识》, 朱锦良译,《世界哲学》2010 年 6 月刊。

15. 刘士林:《青山道场: 庄禅与中国诗学精神》, 东方出版社 2005 年 3 月版。

16. 周振甫注:《周易译注》, 中华书局 1991 年 4 月版。

17. [汉]司马迁:《史记》, 中华书局 1958 年老卷版。

18. 北京大学荀子注释组:《荀子新诸》, 中华书局 1979 年 2 月版。

19. 陈鼓应注释:《庄子今注今译》(上中下三册), 中华书局 2009 年北京 2 月版。

20. [魏]王弼注:《老子道德经注》, 楼宇列校释, 中华书局 2011 年 1 月版。

21. 段德智:《西方死亡哲学》, 北京大学出版社 2006 年 10 月版。

22. 许明龙:《欧洲十八世纪中国热》, 外语教学与研究出版社 2007 年 1 月版。

23. 鲜于浩, 田永秀:《近代中法关系史稿》, 西南交通大学出版社 2003 年 12 第 1 版。

24. 杨元华:《中法关系史》, 上海人民出版社 2006 年 1 月版。

25. 尹永达:《法文诗歌中的视觉成分初探——从克洛岱尔的《百扇帖》说

起》,《天津外国语学院学报》2005年7月刊。

26. 郑克鲁:《法国诗歌史》,上海外语教育出版社1996年11月版。

27. 葛雷,梁栋:《现代法国诗歌美学描述》,北京大学出版社1997年4月第1版。

28. 潘力:《关于'日本主义'的思考》,《美术观察》2008年8月刊。

29. 许光华:《法国汉学史》,学苑出版社2009年5月版。

30. 余虹:《中国文论和西方诗学》,三联书店1999年8月版。

31. 赵新林:《中西诗学象论溯源》,中国社会科学出版社2005年7月版。

32. 赵毅衡:《远游的诗神:中国古典诗歌对美国新诗运动的影响》,四川人民出版社1985年7月版。

33. 罗湉:《18世纪法国戏剧中的中国形象研究》,北京大学出版社2014年10月第1版。

34. 宫宝荣:《法国戏剧百年:1880-1980》,生活.读书.新知三联书店2001年12月版。

35. 唐月梅:《日本戏剧史》,昆仑出版社2008年1月版。

36. 叶渭渠:《日本戏剧》,上海三联书店2006年1月版。

37. 叶渭渠:《日本文学思潮史》,经济日报出版社1997年3月版。

38. 李泽厚:《美学三书》,安徽文艺出版社1999年1月版。

附录一：保尔·克洛岱尔戏剧作品目（共 28 部）

I. 最早期的戏剧作品 Premiers essais dramatiques

《沉睡者》L'Endormie（1887）

《过早的死亡》残篇 Une Mort prématurée （Fragment,1888）

II.《树》集 L'arbre

《金头》Tête d'Or（1889,1894）

《城市》La Ville（1898, 1894-1895）

《少年奥维兰》La Jeune Fille Violaine（1892,1899）

《交换》L'Échange（1893-1894）

《第七日的休息》Le Repos du septième Jour（1895-1896）

III.《顾封丹三部曲》La trilogie des Coûfontaine

《人质》L'Otage（1909-1910）

《硬面包》Le Pain dur（1913 -1915）

《受辱的父亲》Le Père humilié（1915-1916）

IV.清唱剧及芭蕾剧 Oratorios et Ballets

《男人和他的欲望》L'Homme et son désir （1917-18, 1921）

《女人和她的影子》La Femme et son ombre （1922, 1923）

《在雅典城墙下》Sous le rempart d'Athènes （1927, 1927）

《智慧/盛宴之喻》La Sagesse ou la Parabole du festin （1934-35, 1945）

《死者之舞》La Danse des morts （1938-1940）

V. 克洛岱尔译的埃斯库罗斯《奥瑞斯提亚三部曲》Claudel traducteur（L'Orestie）

《阿迦门农》l'Agamemnon （1892-1895）

《奠酒人》Les Choéphores（1914）

《福灵》Les Euménides（1916）

VI. 未结集和非分类的作品

《正午的分界》Partage de Midi（1905）

《给玛利亚报信》L'Annonce faite à Marie（1911）

《普洛透斯神》Protée（1913）

《熊和月亮》L'Ours et la Lune（1917）

《缎子鞋》Le Soulier de satin（1918-1925）

《哥伦布之书》Le Livre de Christophe Colomb（1927-1928）

《火刑架上的贞德》Jeanne d'Arc au bûcher（1934-35, 1938）

《托比和萨拉的故事》L'Histoire de Tobie et de Sara（1938）

《寻找自己影子的月亮》La Lune à la recherche d'elle-même（1947）

《司卡潘的狂喜》(改编自莫里哀的《司卡潘的诡计》) Le Ravissement de Scapin （Arrangement d'après « Les Fourberies de Scapin » de Molière, 1949）

附录二：保尔·克洛岱尔文学生涯简述

一、童年

保尔·克洛岱尔于 1868 年 8 月 6 日出生在法国皮卡第大区（Picardie）埃纳省（Aisne）一个名为费尔河畔维勒讷沃（Villeneuve-sur-Fère）的小村的富裕家庭中。父亲路易-普罗斯贝尔·克洛岱尔（Louis-Prosper Claudel）是税务登记官（receveur de l'Enregistrement[1]），母亲路易-阿塔纳斯·塞尔沃（Louis-Athénaïs Cerveaux）出身于当地望族[2]，小克洛岱尔是家中第四个孩子[3]。费尔河畔维勒讷沃地处山区，较为闭塞，天主教氛围浓厚，克洛岱尔的母亲笃信上帝，舅公还是一位知识渊博的本堂神父（Abbé Cerveau）。酷爱阅读的克洛岱尔从小就受到基督宗教文化的熏陶，《圣经》及其它相关宗教、哲学典籍，以及传教士笔下遥远而神秘的东方世界就成了其早期文学想象的来源。

二、求学

克洛岱尔的求学生活开始于 1873 年。由于父亲工作频繁调动，1871-1881 十年间，克洛岱尔跟着父亲走马灯似地搬家和转学[4]。父亲的严厉和母亲的冷

---

1 Dominique BONA, *Camille et Paul, la passion de Claudel*, Éditions Grasset & Fasquelle 2006, p.27.

2 克洛岱尔家族从十七世纪初开始在法国洛林大区（Lorraine）的汝日省（Vosge,即第 88 省）的拉布雷斯（La Bresse）地区生活，到了小克洛岱尔的父亲这一辈，才因为工作原因调任维尔纳韦村。他的妻子娘家是当地大族，岳丈是当地有名的外科医生。Gérald Antoine, *Paul Claudel oul'Enfer du Génie*, Robert Laffont 1988.p.16.

3 大哥亨利·克洛岱尔（Henri Claudel）夭折，其下有大姐卡米耶·克洛岱尔（Camille Claudel）——才华横溢的雕塑大师，二姐路易丝·克洛岱尔（Louise Claudel）后来在音乐领域也颇有建树。

4 1873 年，5 岁的克洛岱尔入读巴尔勒杜克（Bar-le-Duc）的天主教教理修女会小学（école des Sœurs de la Doctrine Chrétienne），1875 年升入巴尔勒杜克中学；1876

漠使得他在大部分时间里都和喜欢他的大姐卡米耶（Camille Claudel）特别亲近，热爱造型艺术的姐姐是小克洛岱尔的文学实践最理想的读者和对话者。从1881年起，巴黎成为了克洛岱尔的生活重心所在，他在修辞学和哲学这两门课程中取得了极优异的成绩，分别于1884年和1885年取得了文学业士（bachelier ès lettre）和哲学业士（bachelier ès philosophie）这两个中学业士学位。虽然其文学和法语语文这两科成绩优异，但克洛岱尔放弃了巴黎高等师范大学（Ecole Normale Supérieure）的入学考试[5]，而是考取了巴黎政治学院（Institut d'Etudes Politiques de Paris），主修行政管理，同时攻读法律学，并于1889年毕业时取得法律学士学位。克洛岱尔在这四年的学习中打下了坚实的政治和经济学基础，也阅读了大量“东方学”的著述。此间，1886年发生了两件意义重大的事件：其一，发现了其毕生的文学偶像——兰波（Arthur Rimbaud）的诗作《灵光集》（*Illumination*），大为倾倒，随后发表第一组诗歌《人的弥撒》（*pour la messe des hommes*）。次年，他经常参加埃德蒙·龚古尔（Edmond de Goncourd）家举办的沙龙和斯特凡纳·马拉美（Stéphane Mallarmé）的“星期二沙龙”，这意味着他融入了时下最流行的象征主义精英文人圈[6]；其二，在巴黎圣母院参加午夜弥撒时受到感召，转变为上帝的信徒[7]。此后，他毕生的文学创作都旨在颂扬神的荣耀，矢志不移。1888年他完

年-1879年，居家随着父亲迁往塞纳河畔诺让镇（Nogent-sur-Seine），克洛岱尔在家庭教师柯兰（M.Colin）指导下学习；同年父亲调任布莱斯河畔瓦西镇（Wassy-sur-Blaise）公务员，他转入该镇中学就读；1881年秋，为了让创造更好的教育条件，父亲带全家定居巴黎，克洛岱尔考入著名的路易大帝高中（Lycée Louis-le-Grand）.见 *Paul Claudel par lui-même,*p.146-148.

5 路易-克洛岱尔先生对此非常失望，但小克洛岱尔解释说他不愿当执教。时值第三共和国大肆开拓海外殖民地，他非常想去看看外面的世界，尤其是去看看姐姐魂牵梦绕的日本。

6 事实上，马拉美在1876年发表《牧神的午后》一炮成名，已然当时已成为巴黎文艺青年的偶像的导师，其“星期二聚会”中几乎能找到后来二十世纪法国甚至在全欧洲文学和艺术界最耀眼的人物：王尔德、维尔哈伦、奥格尔格、魏尔兰、兰波、德彪西、罗丹夫妇、Henri de Régnier, Pierre Louÿs, Paul Valéry, Marcel Schwob

7 十九世纪下半叶的法国，共和思想已经深入人心，克洛岱尔接受的是近代科学主义的教育，其皈依具有一定的偶然性。1886年12月5日平安夜他去巴黎圣母院望弥撒，因为长久以来，圣母院的大弥撒是巴黎的一大文化盛典，其重要性不亚于春晚对于除夕的意义。当时他只是抱着看热闹的心态四处溜达，并无特别的宗教热情。他回忆道“百无聊赖中，我回到大堂继续参加晚祷仪式。我站在人群当

成首部戏剧《沉睡者》（*l'Endormi*），次年创作了《金头》（*Tête d'Or*）的第一版，1890 又连珠炮似地写就了《城市》（*La Ville*）的初版。

三、驻华 14 年鎏金岁月

克洛岱尔的校园生活伴随着第三共和国在亚洲和非洲开拓殖民地的隆隆炮声落下了帷幕。和当时大多数雄心壮志的年轻人一样，他也渴望去海外，尤其是去东方实现自己的理想。作为一个基督徒，法国政府强硬的反教权主义政策和全社会流行的惟科学主义风气让他感到窒息；压抑沉闷、争吵不断的家庭氛围也让他无比郁闷[8]，“逃离”成了他这一时期最大的渴望。随即，1889 年克洛岱尔在外交官选拔考试中斩获第一名，成功晋身外交职场[9]。次年数次申请任职远东地区未果，1893-1895 年间短期派驻驻美国纽约和波士顿领事馆。在等待外派和首度驻美洲的时间里，他完成了戏剧《少女奥维兰》（*La Jeune fille Violaine*, 1892-1893）第 1 版、《交换》（*l'Échange*, 1893-1894）第 1 版和《金头》（1894）的第 2 版。之后于 1895 年开始派驻中国，揭开了长达 14 年的驻华外交生活的序幕。这段时期根据，以两次回法休假为界，划分为三个阶段：1895.7-1900.10、1900.11-1905.3、1906.5-1909.8。

第一阶段，1895 年 7 月，克洛岱尔初抵上海，任候补领事（consul suppléant），负责搜集有关中国商业贸易活动的信息[10]；1896 年 3 月调任福州领事馆副总管

中，依靠在祭坛右侧第二根立柱上。突然间，我感受到了召唤，然后我就信神了。主宰我一生的最重要的事就这样发生了。”见 Paul-André Lesort, *Paul Claudel par lui-même,* Éditions Du Seuil 1967. p.26.

8 克洛岱尔家族的人都性情火爆，刚烈，父亲严厉，母亲冷漠，家庭环境缺乏温情。加上三个孩子都个性极强，无休止的争吵完全使得小克洛岱尔感到厌烦，甚至绝望。他认为家里什么都有，唯独没有快乐，他从小就形成了“生活就是一场悲剧”的消极念头，这个童年的阴影伴随了他一生。见 Dominique BONA, *Camille et Paul, la passion de Claudel*, p.29.

9 对于自己为什么会选择政治职业，克洛岱尔 1925 年在意大利佛罗伦撒做的一次题为“书的哲学（philosophie du livre）”的演说中坦言当年自认肩负着“作家和经济学家的双重神圣使命（ma double vocation d'économiste et d'écrivain）。其本科毕业论文就是《论英国的茶税》（*l'impôt sur le thé en Angleterre*），受到经济事务部的重视，克洛岱尔对国际经济政治热点问题的把握能力可见一斑。见 Gilbert Gadoffre, *Claudel et l'uinvers chinois,* Gallimard 1968., p.1-2.

10 此间他发挥了自己在经济分析领域的特长，搜集数据完成了一篇题为《1894 年间的中国商贸活动》（*Le commerce chinois pendant l'année 1894*）的报告，得到外交部的另眼相待。他很快就被指派赴福州参加中法合作重建福州船政的谈判。

（gérant du vice-consul de Foutchéou），参与中法合作重建福州船政（Arsenal de Fou-Tchéou）的谈判；1897 年 3 月起又调任汉口领事馆副总管，参与京汉铁路筹建工作的谈判；京汉铁路合作方案以合同形式签订后，克洛岱尔于 1898 年陪同法国的专家团队赴江西考察[11]，然后就回到上海，一直到 10 月申请到了派驻福州的任命书[12]，1899 年初开始常驻福州。这段时间创作的作品有：戏剧有《第七日的休息》（*Le repos du septième jour*,1896）、《城市》（1897）第 2 版、《少年奥维兰》（1898-1900）第 2 版；诗歌方面，有初来上海时创作的《流亡诗》（*Vers d'exil*），及散文诗《认识东方》（*Connaissance de l'Est*）的部分文章。

1899 年 10 月乘船经锡兰（今斯里兰卡）回法，度过了一年时间[13]，于 1900 年 11 月回到福州任上，开始了第二阶段的驻华生活。福州领事馆在他到任时由副领事级机构升格为领事馆，克洛岱尔靠自己的努力赢得了一段相对平静和安宁的生活[14]，福州秀美的风光、不期而遇的爱情[15]让他迸发出了更大

11 考察任务结束后，鉴于在福州和汉口的出色工作，法国外交部给予了克洛岱尔二级领事（consul de 2e classe）的荣誉职衔。

12 1896 年参与事关重建福州船政的谈判时，克洛岱尔就对这座城市情有独钟，其在《认识东方》中《问候》（*salutation*）篇称赞其为“如迦南般美好的土地”。事实上，福州后来确为其旅华外交生活中驻留时间最长、对其文学创作意义最为重要的地方。

13 回法期间发生了一件大事：1900 年 9 月，克洛岱尔利用回法国休假的机会，先后秘密投奔位于法国索莱斯姆（Solesme）和里居热（Ligugé）两地的修道院，打算放弃外交职业，成为神职人员，遭到教会拒绝，最后在法国外交部的压力下，不得不回到中国。

14 黄伟博士载：“高乐待停止了漂泊。有了一所可以自由支配的宽敞房屋及齐全的物质生活设施，一位勤勉贴心的中国文书，几个忠厚老实的当地佣人，一份不菲的薪酬（1901 年年薪达到 3 万法郎）。”见黄伟，《高乐待与中国：晚晴一位法国外交官的在华行迹》，福建师范大学 2010 年博士论文，第 112 页。此外，克洛岱尔自己如此描述自己略显单调却相对轻松的日常工作：“我的工作室撰写和抄录茶叶或者货币等有关经济方面的报告，同时还充当卑微的会计兼出纳，安克雷奇塔（罗星塔）方面的（福州）船政事务也是我的操心范围…在我的绿色大轿上颠簸很长世间到位于城市另一端的衙门去拜访总督大人或满大人将军，还有天主教教会那没完没了的购买和诉讼问题的争执和诡辩扯皮。” *Pr.* p.1021, *choses de Chine.*

15 1900 年，在回中国的海轮上，克洛岱尔遇到了有夫之妇——波兰女子罗萨丽·齐博尔-里勒斯卡（Rosalie Scibor-Rylska），与之坠入爱河。他邀请这对夫妇在其福州的官邸住了四年，同时也与罗萨丽维系了四年的非法恋情。最后，为了保护克洛岱尔的声誉，罗萨丽选择了不辞而别。这次爱情危机造成的创伤在克洛岱尔后来大部分作品中都有所体现。

的创作激情：戏剧方面，他完成了基于自己真实爱情经历写就的《正午的分界》（*Partage de Midi*,1905.9-10）；诗歌方面，创作了诗集《五大颂歌》（*les Cinq Grands Odes*,1900-1901）的第一曲和《认识东方》的大部分篇章[16]；文艺评论方面，他完成了早期文学生涯中最重要的诗学理论著作《诗艺》（*l'Art Poétique*,1903-1905）的主体部分、评论文集《以耳代目》（*l'Œil écoute*）的部分文章，以及一些零散的基督教神学集注和解经的文章；值得一提的是，他从 1904 年 8 月开始写日记，一直坚持到去世，风格简约但文采飞扬的日常记录既是其文学创作的组成部分，亦是学界重要的研究素材。

第三阶段，1905 年回法述职、完婚、休假，1906 年携新婚燕尔的妻子来华，在赴汉口（5 月）和北京（6 月）完成短暂的工作任务后，克洛岱尔于 7 月正式就任法国驻天津领事馆全权领事[17]。这段时间他身挑家庭和工作的负担，巨大的压力使他分身乏术[18]，但这段时间仍然完成了诗集《五大颂歌》的剩余部分、数篇神学评论文章和一部短剧《人质》（*L'Otage*,1909-1910）。

四、身在泰西，心系东方

1909 年 5 月，参加完慈禧太后和光绪皇帝的葬礼后，克洛岱尔于 8 月离开了中国，其驻华外交使命和风雨飘摇的大清王朝一起划上了句号。同年 12 月，他就任法国驻捷克首都布拉格领事，1911 年 2 月升为总领事。此后又走马灯似地担任法国驻欧洲和南美洲的外交官和特使[19]。这段时间里，虽然远离

16 《认识东方》收录了 61 篇散文诗，有一半以上描写的是福州风物，且完成于驻留福州期间。

17 与在福州、汉口等地主管经济活动和进行政治合作谈判的工作不用，克洛岱尔这时时法国政府派驻天津的领事官，同时充当行政人员、文职官员、租界公董会（Conseil Municipal）主席和仲裁员等多种角色。见黄伟，《高乐待与中国：晚晴一位法国外交官的在华行迹》，福建师范大学 2010 年博士论文，第 91 页。

18 克洛岱尔自云："我在这里过的日子简直就像在打仗。我再也不能过着在福州那样像在俗教士一般的生活了，每天早上我只有一刻钟或半个小时来写诗。" Gérald Antoine, *Paul Claudel oul'Enfer du Génie*, p.144.

19 驻德国法兰克福总领事（1911.10-1913.10）、驻德国汉堡总领事（1913.10-1914.8）、法国在意大利铁路建设项目负责人（1915.10-1916.7）、法国驻巴西商务代办（chargé d'affaire,1916.11）和二级全权公使（ministreplénipotentiaire de 2e classe,1917.1-1918.11）、法国驻美国华盛顿一级全权公使（1919.7）、法国驻丹曼哥本哈根公使团长（Légation de France,1919.9）、特派员（Commissairefrançais）和驻丹麦大使（1921.1）

亚洲，克洛岱尔对远东的关注丝毫没有减少[20]。他搜罗了当时能找到的东方学出版物，结合自己的研究，完成了一篇从整体上介绍中国政治、经济、哲学、宗教和艺术的报告：《龙的图腾下》（*Sous le signe du dragon*,1911）。在文学领域，主要有：诗集《三声部合唱》（*la Cantate à trois voix*,1911-1912）和《圣热内福尔》（*Sainte Geneviève,*1916-1918）；戏剧方面有《给圣母玛利亚报信》（*Annonce faite à Sainte-Marie*,1910-1911）、一些短剧如《硬面包》（*Le Pain dur*,1913-1914）、《受辱的父亲》（*Le Père humiliés*,1915-1916）[21]、《普洛透斯》第 1 版（*Protée*,1913）、《熊和月亮》（*L'Ours et la Lune*,1917）、《人和欲望》（*L'Homme et son Désir*,1917）、《彼岸的弥撒》（*La Messelà-bas*）,其最宏大的史诗剧代表作《缎子鞋》（*Le Soulier de Satin*）也于 1919 开始酝酿了[22]。

五、驻日“诗人大使”的辉煌时代

1921 年新年伊始，克洛岱尔盼来了最梦寐以求的任务——法国驻日本全权大使[23]。这位“诗人大使”在日六年，除了外交和经济事务外，还肩负着特别的文化使命——建立日法会馆（Maison franco-japonaise），推动日法两国在学术和文化领域和合作。这段时间可谓其外交生涯的鼎盛期，克洛岱尔的周围汇聚了一大批当时最顶级的法国日本学家和汉学家，他自己也和这个国家知识界和艺术界的精英保持密切的联系，甚至一起创作。值得一提的是，与禅宗密切相关的艺术形式——能剧、俳句（画）、书法都进入了克洛岱尔文学创作的视野。其日本任期也可分为两个阶段：1921.11-1925.1，1926.1-1927.2.

驻日第一阶段的文学创作成就斐然。戏剧方面，克洛岱尔创作了首部能

---

20 在华十四年，他对道家思想的痴迷已经在外交界传为美谈，而对中国佛教则多加贬斥。受到十九世纪下半页西方佛教学术研究氛围的影响，他视“印度佛教”为正宗，汉传佛教仅为正统佛教的堕落形式。囿于天主教立场，克洛岱尔对佛教教理和迷信痛加驳斥，意在彰显基督宗教的合理性，但其文学创作中却屡见源自佛家的名相和象征。离开中国，克洛岱尔对中国文化，尤其是道家和佛教仍然保持了持续的关注。

21 后结集以《顾封丹三部曲》（《人质》、《硬面包》、《受辱的父亲》）出版。

22 1919 年开始撰写《缎子鞋》第 4 天（4e journée）的草稿

23 1922 年 8 月克洛岱尔在日本的日光大学（Université de Nikko）的发表演说，称日本是其“朝圣之地（pèlerin de bien des routes）”. Michel Wasserman, *D'or et de neige: Paul Claudel et le Japon*, Gallimard 2008, p.17.

剧《女人和影子》(*Femme et son ombre*,1922 年首版、1923 年第二版）并在帝国剧院（Théâtre Impérial）上演、1924 完成《缎子鞋》(1924)；文艺理论方面，完成了几篇重要的评论文章：《管窥日本之魂》(*Un coup d'œil sur l'âme japonaise*,1922)、《比喻的盛宴》(*La Parabole du Festin*,1924)、《关于法国韵文的反思和提议》(*Réflections et propositions sur le vers français*,1925)、《书的哲学》(*La Philosophie du livre*,1925)，以及两部对话体的"日本论集"（《诗人和香炉》(*Le Poète et le Vase d'encens*,1923)、《卢瓦河和谢尔河畔的谈话》(*Conversations dans le Loir-et-Cher*,1925)）；诗歌方面：著名的东西合璧的仿俳句诗集《百扇帖》(*Cent phrases pour éventail*,1925)。

1925 年初回法休假，次年返回东京，开始第二阶段的工作和创作。此间，戏剧有《普洛透斯》第 2 版；文艺理论批评《西方象形文字》(*Idéogrammes occidentaux*,1926)、《理查德-瓦格纳，一位法国诗人之梦》(*Richard Wagner, le rêve d'un poète français*,1926）及两部"日本论集"（《儒勒，或系双领结的男士》(*Jules ou l'Homme aux deux cravates*,1926)、《诗人和三弦琴》(*Le Poète et le Shamisen*,1926)）.

六、外交落幕和东方记忆

1927 年 4 月赴美上任，从此离开了远东。最后 1933 年 3 月至 1935 年 9 月，克洛岱尔完成了最后的外交使命——法国驻比利时大使之后，正式退休，结束了外交生活。与此同时，在驻日这段文学创作和文艺理论建构的巅峰时期结束后，之后的写作就日趋平淡。但是对远东文学和宗教的关注和研究仍然在继续，这段时间有短剧《哥伦布之书》(*Le livre de Christophe Colomb*,1927）和文论作品《宗教和诗歌》(*Religion et Poésie*,1927)。

从 1929 年开始，回到西方文化环境中的克洛岱尔开始逐渐把主要精力放在了基督宗教典籍的释经事业上了。退休之后，他回到位于布朗格(Brangues）的庄园，专心于圣诗创作和神学研究，并不断修改早期的作品，间或也发表短剧和文章，直至 1955 年离开人世。此间中国和日本古典诗维系着他对远东的热情，值得一提的便是根据《玉书》中收录的唐宋诗词改写的《改编中国诗集》(*Petits poëmes d'après le chinois*）和《其它改编中国诗集》(*Autres poëmes d'après le chinois*)，及仿日本民谣诗集《嘟嘟逸》(*Dodoitzu*)，从中可窥见其对远东道禅美学的理解和接受。

附录三：克洛岱尔的日本诗“形式主义”尝试：《圣热纳维埃夫》（Sainte-Geniviève）

附录四:《百扇贴》172 首法俳题目全译

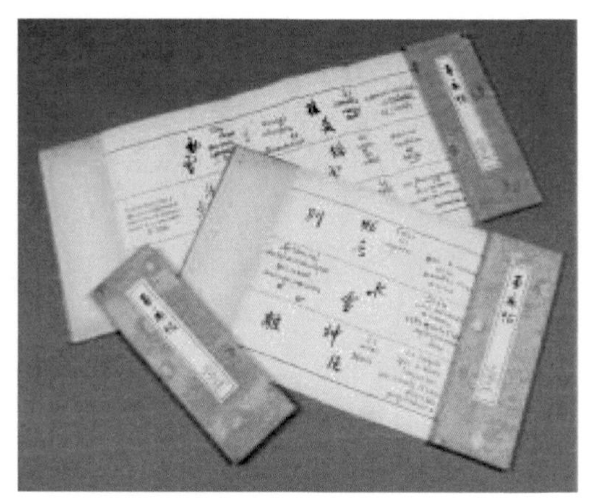

1. *“ Tu m'appelles la rose ”你唤我为玫瑰*
2. *" Au cœur de la pivoine blanche "在白灯笼的心中*
3. *" Glycines "紫藤*
4. *" Glycine, cèdre "紫藤，雪松*
5. *" Jizô sur son piédestal "神坛上的地藏菩萨*
6. *" Une pauvre prière "凄苦的祈求*
7. *" Comme un tisserand "像纺织工人一般*
8. *" O tzuki sama "月蛙*
9. *" Tas de pierres "石堆*
10. *" La nuit "夜*
11. *" La journée a été brulante "炽热的白日*

12. *" Approche ton oreille "靠近你的耳朵*
13. *" Dit Dieu "神曰*
14. *" La pivoine "灯笼*
15. *" Cette nuit il a plu "夜雨*
16. *" Cette nuit dans mon lit "床前夜色*
17. *" Cette ombre "影*
18. *" Je suis venu "我来了*
19. *" Rougeur "红*
20. *" Seule la rose "独支玫瑰*
21. *" Un certain rose "玫瑰一朵*
22. *" Une odeur "气味*
23. *" Nous fermons les yeux "我们闭眼*
24. *" Voyageur ! "游子*
25. *" La rose n'est que la forme "玫瑰徒具形式*
26. *" Nous rouvrons les yeux "我们重新睁开眼*
27. *" Éventail de la parole "言之扇*
28. *" La rose "玫瑰*
29. *" Une rose d'un rouge si fort "玫瑰如此红*
30. *" Une pivoine aussi blanche "灯笼如此白*
31. *" La neige "雪*
32. *" Au travers de la cascade "穿过瀑布*
33. *" Au son de la flûte "笛声*
34. *" Moins la rougeur "少红*
35. *" Le marcheur solitaire "独行者*
36. *" Comment vous parler de l'automne "如何同尔语秋*
37. *" L'œil sous la ligne "线下独眸*
38. *" Derrière la ligne "线后*
39. *" Avant que le premier éclair "初曦前*
40. *" L'encens comme ce vers "水墨如诗*
41. *" De l'encens il ne reste "香灰易散*
42. *" Dans la forêt "林中*

43. *" Ah ! le monde est si beau "啊！世界真美*
44. *" Jizô, mettez- lui deux cailloux "地藏菩萨，给他两块石头*
45. *" Nuit au sein de la nuit "夜中之夜*
46. *" La petite maman "小妈妈*
47. *" Pas mes épines "别动我的刺*
48. *" Accroupi près du bocal "广口瓶边的蹲者*
49. *" Quand je suis à genoux "当我跪着时*
50. *" Les deux mains derrière la tête "双手枕头*
51. *" Je salue Monsieur mon Enfant "儿子大人，你好*
52. *" Le camélia rouge "红色山茶花*
53. *" Un rayon de soleil "阳光一束*
54. *" Le camélia panaché "杂色山茶花*
55. *" Trébuchant sur mes sandales de bois "着木屐踉跄而行*
56. *" Dans la lune morte "枯月上*
57. *" Plus d'inspiration "更多灵感*
58. *" Des deux doigts "双指*
59. *" Le vieux poëte "老诗人*
60. *" En haut de la montagne "山巅上*
61. *" Au point du jour "天明时分*
62. *" Il apparaît un dieu "神出*
63. *" Dans le brouillard "雾中*
64. *" La prêtresse du Soleil "日光之尼*
65. *" Pour adorer le Soleil "爱日*
66. *" Les premiers dieux "初神*
67. *" D'un côté du lac "湖畔*
68. *" Je salue en Monsieur mon Enfant "向儿子大人问好*
69. *" De la grande plaine des roseaux "芦苇原*
70. *" Vite une larme "眼泪快速滑落*
71. *" L'empereur ermite "皇帝隐者*
72. *" Entre ce qui commence "在开始和未开始之间*
73. *" Paravent "屏风*

74. *" Toute la nature "自然*
75. *" Kwannon "观世音*
76. *" Je conserverai cette belle journée "此美好的一天永铭在心*
77. *" Éventail "折扇*
78. *" Fin d'août "八月末*
79. *" Celui qui ne regarde pas l'azalée "无关杜鹃*
80. *" Le coucou "咕咕*
81. *" À l'un des bouts "某一端*
82. *" Voile d'un petit bateau "漂来一扁小舟*
83. *" Éventail ce ruban "扇斤*
84. *" Je tiens l'année "握住流年*
85. *" Éventail dans la main du poëte "诗人手中折扇*
86. *" L'automne "秋*
87. *" Dialogue "对话*
88. *" Éventail je puise l'air "折扇汲取空气*
89. *" Non pas trois mots noirs "不足三两黑语*
90. *" En hiver un instant "瞬冬*
91. *" Les iris pour m'amener jusqu'ici "彩虹引我来此*
92. *" Les iris indéfiniment "无尽彩虹*
93. *" J'écoute le torrent "听雷*
94. *" L'étoffe du monde "世界如织物*
95. *" Tant de choses diverses "娑婆世界*
96. *" Le ruisseau devant et derrière moi "前后溪流*
97. *" L'idée contre l'idée "一念住一念起*
98. *" Au plus profond de la forêt "森林最深处*
99. *" Dans la noirceur "暗黑之中*
100. *" Entre le jour et la nuit "日夜之间*
101. *" Chut ! "嘘!*
102. *" Je suis en pourparlers "谈判中*
103. *" Une belle journée d'automne "美丽秋日*
104. *" Fenêtre au lever du soleil "窗台日出*

105. *" Le cèdre et la glycine "雪松和紫藤*
106. *" Un fût énorme et pur "巨大而纯净的树干*
107. *" Cèdre, je gémis "迎雪松而叹*
108. *" Un poëme qui roule de tous côtés "无漏思量的诗*
109. *" Il faut qu'il y ait "应当有*
110. *" Brûlure en moi "身上的烫痕*
111. *" Tout autour du poëme "有关诗的一切*
112. *" Au centre de la pivoine "灯笼当中*
113. *" Cette abeille qui se meurt d'amour "为爱而死的蜜蜂*
114. *" Aucun nombre "无影*
115. *" Encre sève de l'esprit "精神的水墨之魄*
116. *" Que le souffle de l'éventail "扇之精气*
117. *" Par toutes les routes "四方之路*
118. *" Le Fouji, l'ange "富士山，天使*
119. *" Le Fouji à une hauteur "富士山仰止*
120. *" Le Fouji là-haut "富士山上*
121. *" Quatre heures du matin "凌晨四点*
122. *" Quatre heures du soir "下午四点*
123. *" Sous les pieds de la Lune "月亮脚下*
124. *" Comprends cette parole "明白这段话*
125. *" J'écoute à mon oreille "洗耳恭听*
126. *" Ride "涟漪*
127. *" Lève-toi assez tôt "你早点起来*
128. *" J'ai aux poissons muets émiettés "散入沉默的鱼群中*
129. *" Pour donner au riz "给稻米的馈赠*
130. *" Une prune salée "盐渍李子*
131. *" Cette fleur jaune et blanche "黄白花*
132. *" Le Japon "日本*
133. *" Creuse ce jardin "园中掘宝*
134. *" L'amour et l'encens "爱与香*
135. *" Avec une brique "砖块*

136. *" J'ai respiré le paysage "美景怡人*
137. *" Guéri de la mer "恐海症烟消云散*
138. *" Les îles autour de moi "身旁的众岛*
139. *" À la fatale trompette "致魅力十足的小号*
140. *" Je danse sur le monde "我在世间舞蹈*
141. *" La danse du printemps "春天之舞*
142. *" Encre joie "墨之悦*
143. *" L'encre n'est que de l'or "墨为金*
144. *" La rivière sous les feuilles "漂满落叶的小河*
145. *" La nature en grands vers "大自然成长诗*
146. *" L'arbre de la chair "躯体之树*
147. *" Une vapeur d'or "金色蒸汽*
148. *" Bruit de l'eau "水籁*
149. *" La pluie peu à peu "淅沥小雨*
150. *" Dans une écuelle de terre "一盆土*
151. *" Après un long voyage "长途旅行后*
152. *" Temple "庙*
153. *" Départ "出发*
154. *" Sur une planche "石板之上*
155. *" Le souvenir déjà "忆当初*
156. *" Un pin la mer "松之海*
157. *" Il a plu "下雨*
158. *" Éventail c'est l'espace "扇子，咫尺须弥*
159. *" Sur l'eau brune et trouble "棕褐、浑浊的水面上*
160. *" Non, non une cloche "不，大钟*
161. *" Oui, oui de l'autel "是的，祭坛*
162. *" C'est le messager "这是信使*
163. *" Œil oreille "耳目*
164. *" L'automne au-dessus du ruisseau "溪上之秋*
165. *" Apprends que l'or "悟金*
166. *" La goutte d'eau "滴水*

167. *" La rose est plantée "种下玫瑰*

168. *" Verse un vin pur "斟一杯清酒*

169. *" Entre ces paupières "眼睑之间*

170. *" Dieu une seconde "刹那间见神*

171. *" Le miroir Shintô "神道之镜*

172. *" Si l'on veut me séparer "如若众人要隔离我*

来源：Terebess Asia Online（TAO）http://terebess.hu/english/haiku/claudel.html

致谢兼后记

作为一名非汉语语言文学科班出生、本科和硕士的学习研究都囿于法语语言学的门外汉，我在 2011 年迈入比较文学学科的大门时倍感忐忑。非常感谢引领我进入绚丽多彩的文学研究世界的孙景尧教授，先生的人品和学养令晚生后备高山仰止，三言两语的点评，便如高屋建瓴，每每让我有返景入林、拨云见月之感。可惜先生肺疾太重，往生极乐已有数年，至今想来仍然怅惘不已。诚愿先生在彼岸安好喜乐！

上天的确待我不薄。博导刘耘华教授亦是敦厚宽仁、温润如玉的君子，对于我这样拖家带口、教学工作缠身的在职博士生，他始终关心备至。2012 年秋开题后，对于我提出的问题总是不厌其烦，每有疑问必深思之后在电子邮件中条分缕析、细细作答，读来畅快淋漓、感动莫名。克洛岱尔的作品总量庞大，研究的各类著述更是多得惊人。我在撰写过程中，被庞杂的资料牵着鼻子走，不断地更换主题（从“克洛岱尔的道禅诗学”到“克洛岱尔和中国古典诗学”、“克洛岱尔和日本美学”、“克洛岱尔的天主-道诗学”）。几易寒暑，巨大的焦虑将我折磨得死去活来，每到几近崩溃的关键时候，刘老师的点拨和开导总能给我巨大的能量，重建信心，并留给我我极大的自由研究空间，在此表示深深的感谢！

此外，我还想一并感谢法国高等研究院（EPHE）的专任导师德尼·贝勒提耶（Denis Pelletier）教授、道教研究专家高万桑教授（Vincent Goussaert）、国际关系处范克礼副教授（Christophe Vallia-Kollery）、宗教哲学专家樊尚·德勒克洛瓦教授，你们精彩的课程和头脑风暴式的研讨活动让我受益匪浅！还有高等社会研究院（ECHESSE）的同学雷阳博士、庄心恬博士、巴黎外方传教团（PEM）的神甫，同时也是我本科时的外教司马岳先生（Jos Simons）、巴黎佛光山法华禅寺的静惠法师，以及克洛岱尔协会（Société Paul Claudel）会刊主编南岱女士（Marie-Victoire Nantet），感谢你们无私的帮助和知识分享！同样不能忘记欧文亚隆心理关怀中心的史爱平老师，没有这两年来你的疏导和陪伴，我还将在巨大的自我情绪内耗中蹉跎光阴，谢谢你教我学会在困难中成长！

最后，我要感谢妻子黄丽芬，这几年我疏于家务，无法抽出更多的时间陪伴女儿，是你为我承担了照顾家庭的重担。没有你的付出，我或许还要打熬数年才能最终完成论文。

《基督教文化研究丛书》

主编：何光沪、高师宁

（1-7 编书目）

初　编

（2015 年 3 月出版）

ISBN：978-986-404-209-8　　定价（台币）$28,000 元

册　次	作　者	书　名	学科别（／表示跨学科）
第 1 册	刘　平	灵殇：基督教与中国现代性危机	社会学／神学
第 2 册	刘　平	道在瓦器：裸露的公共广场上的呼告——书评自选集	综合
第 3 册	吕绍勋	查尔斯·泰勒与世俗化理论	历史／宗教学
第 4 册	陈　果	黑格尔“辩证法”的真正起点和秘密——青年时期黑格尔哲学思想的发展（1785 年至 1800 年）	哲学
第 5 册	冷　欣	启示与历史——潘能伯格系统神学的哲理根基	哲学／神学
第 6 册	徐　凯	信仰下的生活与认知——伊洛地区农村基督教信徒的文化社会心理研究（上）	社会学
第 7 册	徐　凯	信仰下的生活与认知——伊洛地区农村基督教信徒的文化社会心理研究（下）	
第 8 册	孙晨荟	谷中百合——傈僳族与大花苗基督教音乐文化研究（上）	基督教音乐
第 9 册	孙晨荟	谷中百合——傈僳族与大花苗基督教音乐文化研究（下）	
第 10 册	王　媛	附魔、驱魔与皈信——乡村天主教与民间信仰关系研究	社会学
	蔡圣晗	神谕的再造，一个城市天主教群体中的个体信仰和实践	社会学
	孙晓舒 王修晓	基督徒的内群分化：分类主客体的互动	社会学
第 11 册	秦和平	20 世纪 50－90 年代川滇黔民族地区基督教调适与发展研究（上）	历史
第 12 册	秦和平	20 世纪 50－90 年代川滇黔民族地区基督教调适与发展研究（下）	
第 13 册	侯朝阳	论陀思妥耶夫斯基小说的罪与救赎思想	基督教文学
第 14 册	余　亮	《传道书》的时间观研究	圣经研究
第 15 册	汪正飞	圣约传统与美国宪政的宗教起源	历史／法学

二 编

（2016 年 3 月出版）

ISBN：978-986-404-521-1

定价（台币）$20,000 元

<table>
<tr><th>册 次</th><th>作 者</th><th>书 名</th><th>学科别
（／表示跨学科）</th></tr>
<tr><td>第 1 册</td><td>方 耀</td><td>灵魂与自然——汤玛斯·阿奎那自然法思想新探</td><td>神学／法学</td></tr>
<tr><td>第 2 册</td><td>劉光順</td><td>趋向至善——汤玛斯·阿奎那的伦理思想初探</td><td>神学／伦理学</td></tr>
<tr><td>第 3 册</td><td>潘明德</td><td>索洛维约夫宗教哲学思想研究</td><td>宗教哲学</td></tr>
<tr><td>第 4 册</td><td>孫 毅</td><td>转向：走在成圣的路上——加尔文《基督教要义》解读</td><td>神学</td></tr>
<tr><td>第 5 册</td><td>柏斯丁</td><td>追随论证：有神信念的知识辩护</td><td>宗教哲学</td></tr>
<tr><td>第 6 册</td><td>李向平</td><td>宗教交往与公共秩序——中国当代耶佛交往关系的社会学研究</td><td>社会学</td></tr>
<tr><td>第 7 册</td><td>張文舉</td><td>基督教文化论略</td><td>综合</td></tr>
<tr><td>第 8 册</td><td>趙文娟</td><td>侯活士品格伦理与赵紫宸人格伦理的批判性比较</td><td>神学伦理学</td></tr>
<tr><td>第 9 册</td><td>孫晨薈</td><td>雪域圣咏——滇藏川交界地区天主教仪式与音乐研究（增订版）（上）</td><td rowspan="2">基督教音乐</td></tr>
<tr><td>第 10 册</td><td>孫晨薈</td><td>雪域圣咏——滇藏川交界地区天主教仪式与音乐研究（增订版）（下）</td></tr>
<tr><td>第 11 册</td><td>張 欣</td><td>天地之间一出戏——20 世纪英国天主教小说</td><td>基督教文学</td></tr>
</table>

三　编

(2017 年 9 月出版)

ISBN：978-986-485-132-4

定价(台币)$11,000 元

册　次	作　者	书　名	学科别(/表示跨学科)
第 1 册	赵　琦	回归本真的交往方式——托马斯·阿奎那论友谊	神学/哲学
第 2 册	周兰兰	论维护人性尊严——教宗若望保禄二世的神学人类学研究	神学人类学
第 3 册	熊径知	黑格尔神学思想研究	神学/哲学
第 4 册	邢　梅	《圣经》官话和合本句法研究	圣经研究
第 5 册	肖　超	早期基督教史学探析(西元 1~4 世纪初期)	史学史
第 6 册	段知壮	宗教自由的界定性研究	宗教学/法学

四　编

(2018 年 9 月出版)

ISBN：978-986-485-490-5

定价(台币)$18,000 元

册　次	作　者	书　名	学科别(/表示跨学科)
第 1 册	陈卫真 高　山	基督、圣灵、人——加尔文神学中的思辨与修辞	神学
第 2 册	林庆华	当代西方天主教相称主义伦理学研究	神学/伦理学
第 3 册	田燕妮	同为异国传教人：近代在华新教传教士与天主教传教士关系研究(1807～1941)	历史
第 4 册	张德明	基督教与华北社会研究(1927～1937)(上)	社会学
第 5 册	张德明	基督教与华北社会研究(1927～1937)(下)	
第 6 册	孙晨荟	天音北韵——华北地区天主教音乐研究(上)	基督教音乐
第 7 册	孙晨荟	天音北韵——华北地区天主教音乐研究(下)	
第 8 册	董丽慧	西洋图像的中式转译：十六十七世纪中国基督教图像研究	基督教艺术
第 9 册	张　欣	耶稣作为明镜——20 世纪欧美耶稣小说	基督教文学

五 编

（2019 年 9 月出版）

ISBN：978-986-485-809-5

定价（台币）$20,000 元

册 次	作 者	书 名	学科别（／表示跨学科）
第 1 册	王玉鹏	纽曼的启示理解（上）	神学
第 2 册	王玉鹏	纽曼的启示理解（下）	
第 3 册	原海成	历史、理性与信仰——克尔凯郭尔的绝对悖论思想研究	哲学
第 4 册	郭世聪	儒耶价值教育比较研究——以香港为语境	宗教比较
第 5 册	刘念业	近代在华新教传教士早期的圣经汉译活动研究（1807 ~ 1862）	历史
第 6 册	鲁静如 王宜强 编著	溺女、育婴与晚清教案研究资料汇编（上）	资料汇编
第 7 册	鲁静如 王宜强 编著	溺女、育婴与晚清教案研究资料汇编（下）	
第 8 册	翟风俭	中国基督宗教音乐史（1949 年前）（上）	基督教音乐
第 9 册	翟风俭	中国基督宗教音乐史（1949 年前）（下）	

六 编

（2020 年 3 月出版）

ISBN：978-986-518-085-0

定价（台币）$20,000 元

册 次	作 者	书 名	学科别（／表示跨学科）
第 1 册	陈倩	《大乘起信论》与佛耶对话	哲学
第 2 册	陈丰盛	近代温州基督教史（上）	历史
第 3 册	陈丰盛	近代温州基督教史（下）	
第 4 册	赵罗英	创造共同的善：中国城市宗教团体的社会资本研究——以 B 市 J 教会为例	人类学
第 5 册	梁振华	灵验与拯救：乡村基督徒的信仰与生活（上）	人类学
第 6 册	梁振华	灵验与拯救：乡村基督徒的信仰与生活（下）	
第 7 册	唐代虎	四川基督教社会服务研究（1877 ~ 1949）	人类学
第 8 册	薛媛元	上帝与缪斯的共舞——中国新诗中的基督性（1917 ~ 1949）	基督教文学

七 编

(2021 年 3 月出版)

ISBN：978-986-518-381-3

定价(台币)$22,000 元

册 次	作 者	书 名	学科别 (／表示跨学科)
第 1 册	刘锦玲	爱德华兹的基督教德性观研究	基督教伦理学
第 2 册	黄冠乔	保尔. 克洛岱尔天主教戏剧中的佛教影响研究	宗教比较
第 3 册	宾静	清代禁教时期华籍天主教徒的传教活动(1721～1846)(上)	基督教历史
第 4 册	宾静	清代禁教时期华籍天主教徒的传教活动(1721～1846)(下)	
第 5 册	赵建玲	基督教"山东复兴"运动研究(1927～1937)(上)	基督教历史
第 6 册	赵建玲	基督教"山东复兴"运动研究(1927～1937)(下)	
第 7 册	周浪	由俗入圣: 教会权力实践视角下乡村基督徒的宗教虔诚及成长	基督教社会学
第 8 册	查常平	人文学的文化逻辑——形上、艺术、宗教、美学之比较(修订本)(上)	基督教艺术
第 9 册	查常平	人文学的文化逻辑——形上、艺术、宗教、美学之比较(修订本)(下)